〔梁〕沈約 撰

點校本二十四史修訂本

宋書

第五册

卷四二至卷五八

中華書局

2018 年 5 月北京第 1 版　　2021 年 10 月北京第 2 次印刷

ISBN 978-7-101-10701-2

宋書卷四十二

列傳第二

劉穆之　王弘

劉穆之，字道和，小字道民，東莞莒人，漢齊悼惠王肥後也。世居京口。少好書、傳，博覽多通，爲濟陽江敳所知。敳爲建武將軍、琅邪內史，以爲府主簿。

初，穆之嘗夢與高祖俱泛海，忽值大風，驚懼。俯視船下，見有二白龍夾舫。既而至一山，峯崿聳秀，林樹繁密，意甚悅之。及高祖克京城，問何無忌曰：「急須一府主簿，何由得之？」無忌曰：「無過劉道民。」高祖曰：「吾亦識之。」即馳信召焉。時穆之聞京城有叫譟之聲，晨起出陌頭，屬與信會。穆之直視不言者久之〔一〕。既而反室，壞布裳爲絝，往見高祖。高祖謂之曰：「我始舉大義，方造艱難，須一軍吏甚急，卿謂誰堪其選？」穆之曰：「貴府始建，軍吏實須其才，倉卒之際，當略無見踰者。」高祖笑曰：「卿能自屈，吾事濟矣。」即於坐受署。

從平京邑，高祖始至〔二〕，諸大處分，皆倉卒立定，並穆之所建也。遂委以腹心之任，動止咨焉。穆之亦竭節盡誠，無所遺隱。時晉綱寬弛，威禁不行，盛族豪右，負勢陵縱，小民窮蹙，自立無所。重以司馬元顯政令違舛，桓玄科條繁密。穆之斟酌時宜，隨方矯正，不盈旬日，風俗頓改。遷尚書祠部郎，復爲府主簿，記室録事參軍，領堂邑太守。以平桓玄功，封西華縣五等子。

義熙三年，揚州刺史王謐薨〔三〕，高祖次應入輔，劉毅等不欲高祖入，議以中領軍謝混爲揚州。或欲令高祖於丹徒領州，以內事付尚書僕射孟昶。遣尚書右丞皮沈以二議咨高祖。沈先見穆之，具說朝議。穆之僞起如廁，即密疏白高祖曰：「皮沈始至，其言不可從。」高祖既見沈，且令出外，呼穆之問曰：「卿云沈言不可從，其意何也？」穆之曰：「昔晉朝失政，非復一日，加以桓玄簒奪，天命已移。公興復皇祚，勳高萬古。既有大功，便有大位。位大勳高，非可持久。公今日形勢，豈得居謙自弱，遂爲守蕃之將邪？劉、孟諸公，與公俱起布衣，共立大義，本欲匡主成勳，以取富貴耳。事有前後，故一時推功，非爲委體心服，宿定臣主之分也。力敵勢均，終相吞咀。揚州根本所係，不可假人。前者以授王謐，事出權道，豈是始終大計必宜若此而已哉。今若復以他授，便應受制於人。一失權柄，無由可得。而公功高勳重，不可直置，疑畏交加，異端互起，將來之危難，可不熟念。今朝議如此，宜相酬答，必云在我，厝辭又難。唯應云『神州治本，宰輔崇要，興喪所階，宜加詳擇。此事既大，非可懸論，便暫入朝，共盡同異』。公至京，彼必不敢越公更授餘人明矣。」高祖從其言，由是入輔。

從征廣固，還拒盧循，常居幙中畫策，決斷衆事。劉毅等疾穆之見親，每從容言其權重，高祖愈信仗之。穆之外所聞見，莫不大小必白，雖復閭里言謔，塗陌細事，皆一二以聞〔四〕。高祖每得民間委密消息以示聰明，皆由穆之也。又愛好賓遊，坐客恒滿，布耳目以爲視聽，故朝野同異，穆之莫不必知。雖復親暱短長，皆陳奏無隱。人或譏之，穆之曰：「以公之明，將來會自聞達。我蒙公恩，義無隱諱，此張遼所以告關羽欲叛也。」高祖舉止施爲，穆之皆下節度。高祖書素拙，穆之曰：「此雖小事，然宣彼四遠，願公小復留意。」高祖既不能厝意，又稟分有在。穆之乃曰：「但縱筆爲大字，一字徑尺，無嫌。大既足有所包，且其勢亦美〔五〕。」高祖從之，一紙不過六七字便滿。凡所薦達，不進不止，常云：「我雖不及荀令君之舉善，然不舉不善。」穆之與朱齡石並便尺牘，常於高祖坐與齡石答書。自旦至日中〔六〕，穆之得百函，齡石得八十函，而穆之應對無廢也。轉中軍、太尉司馬。八年，加丹陽尹。

高祖西討劉毅，以諸葛長民監留府，總攝後事。高祖疑長民難獨任，留穆之以輔之。加建威將軍，置佐吏，配給實力。長民果有異謀，而猶豫不能發，乃屏人謂穆之曰：「悠悠之言，皆云太尉與我不平，何以至此？」穆之曰：「公泝流遠伐，而以老母稚子委節下，若一毫不盡，豈容如此邪？」意乃小安。高祖還，長民伏誅。十年，進穆之前將軍，給前軍府年布萬匹，錢三百萬。十一年，高祖西伐司馬休之，中軍將軍道憐知留任，而事無大小，一決穆之。遷尚書右僕射，領選，將軍、尹如故。十二年，高祖北伐，留世子爲中軍將軍，監太尉留府；轉穆之左僕射，領監軍、中軍二府軍司，將軍、尹、領選如故〔七〕。甲仗五十人〔八〕，入居東城。

穆之內總朝政，外供軍旅，決斷如流，事無擁滯。賓客輻輳，求訴百端，內外諮稟，盈堦滿室，目覽辭訟，手答牋書，耳行聽受，口並酬應，不相參涉，皆悉贍舉。又數客暱賓，言談賞笑，引日亘時，未嘗倦苦。裁有閑暇，自手寫書，尋覽篇章，校定墳籍。性奢豪，食必方丈，旦輒爲十人饌。穆之既好賓客，未嘗獨餐，每至食時，客止十人以還者，帳下依常下食，以此爲常。嘗白高祖曰：「穆之家本貧賤，贍生多闕。自叨忝以來，雖每存約損，而朝夕所須，微爲過豐。自此以外，一毫不以負公。」

十三年，疾篤，詔遣正直黃門郎問疾。十一月卒，時年五十八。高祖在長安，聞問驚慟，哀惋者數日。本欲頓駕關中，經略趙、魏。穆之既卒，京邑任虛，乃馳還彭城，以司馬徐羨之代管留任，而朝廷大事常決穆之者，並悉北諮。穆之前軍府文武二萬人，以三千配羨之建威府，餘悉配世子中軍府。追贈穆之散騎常侍、衞將軍、開府儀同三司。

高祖又表天子曰：「臣聞崇賢旌善，王教所先；念功簡勞，義深追遠。故司勳秉策，在勤必書；德之休明，沒而彌著。故尚書左僕射、前將軍臣穆之〔九〕，爰自布衣，協佐義始，內端謀猷〔一〇〕，外勤庶政，密勿軍國，心力俱盡。及登庸朝右，尹司京畿，翼新王化，敷讚百揆。頃戎車遠役，居中作扞，撫寄之勳，實洽朝野。方宣讚盛猷，緝隆聖世，志績未究，遠邇悼心。皇恩褒述，班同三事，榮哀兼備，寵靈已厚。臣伏思尋，自義熙草創，艱患未弭，外虞既殷，內難彌結，時屯世故，靡歲暫寧。豈臣以寡乏，負荷國重，實賴穆之匡翼之益。豈唯讜言嘉謀，溢于民聽；若乃忠規遠畫，潛慮密謨，造膝詭辭，莫見其際。功隱於視聽，事隔於皇朝者〔一一〕，不可稱記。所以陳力一紀，克遂有成，出征入輔，幸不辱命，微夫人之左右，未有寧濟其事者矣。履謙居寡，守之彌固，每議及封賞，輒深自抑絕。所以勳高當年，而未沾茅社，撫事永傷，胡寧可昧。謂宜加贈正司，追甄土宇，俾大賚所及，永秩於善人，忠正之烈，不泯於身後。臣契闊屯泰，旋觀始終，金蘭之分，義深情密。是以獻其乃懷，布之朝聽。」於是重贈侍中、司徒，封南昌縣侯，食邑千五百户。

高祖受禪，思佐命元勳，詔曰：「故侍中、司徒南昌侯劉穆之，深謀遠猷，肇基王跡，勳造大業，誠實匪躬。今理運惟新，蕃屏並肇，感事懷人，寔深悽悼。可進南康郡公，邑三千户。故左將軍、青州刺史王鎮惡，荆、郢之捷，剋翦放命，北伐之勳，參跡方叔。念勤惟績，無忘厥心。可進龍陽縣侯，增邑千五百户。」謚穆之曰文宣公。太祖元嘉九年，配食高祖廟庭。二十五年四月，車駕行幸江寧，經穆之墓，詔曰：「故侍中、司徒、南康文宣公穆之，秉德佐命，翼亮景業，謀猷經遠，元勳克茂，功銘鼎彝，義彰典策，故已嗣徽前哲，宣風後代者矣。近因遊踐，瞻其塋域，九原之想，情深悼歎。可致祭墓所，以申永懷。」

穆之三子，長子慮之嗣，仕至員外散騎常侍卒。子邕嗣。先是郡縣爲封國者，内史、相並於國主稱臣〔一二〕，去任便止。至世祖孝建中，始革此制，爲下官致敬。河東王歆之嘗爲南康相〔一三〕，素輕邕〔一四〕。後歆之與邕俱豫元會，並坐。邕性嗜酒，謂歆之曰：「卿昔嘗見臣，今不能見勸一杯酒乎〔一五〕？」歆之因斅孫晧歌答之曰：「昔爲汝作臣，今與汝比肩。既不勸汝酒，亦不願汝年。」邕所致嗜食瘡痂，以爲味似鰒魚。嘗詣孟靈休，靈休先患灸瘡，瘡痂落牀上，因取食之。靈休大驚。答曰：「性之所嗜。」靈休瘡痂未落者，悉褫取以飴邕。邕既去，靈休與何勗書曰：「劉邕向顧見噉，遂舉體流血。」南康國吏二百許人，不問有罪無罪，遞互與鞭，鞭瘡痂常以給膳。卒，子肜嗣。大明四年，坐刀斫妻，奪爵土，以弟彪紹封。齊受禪，降爲南康縣侯，食邑千户。

穆之中子式之字延叔，通易好士。累遷相國中兵參軍，太子中舍人，黄門侍郎，寧朔將軍、宣城淮南二郡太守。在任贓貨狼藉，揚州刺史王弘遣從事檢校。從事呼攝吏民，欲加辯覆〔一六〕。式之召從事謂曰：「治所還白使君，劉式之於國家粗有微分〔一七〕，偷數百萬錢何有，況不偷邪！吏民及文書不可得〔一八〕。」從事還具白弘〔一九〕，弘曰：「劉式之辯如此奔！」亦由此得停〔二〇〕。還爲太子右率，左衞將軍，吴郡太守。卒，追贈征虜將軍。從征關、洛有功，封德陽縣五等侯〔二一〕，謚曰恭侯。長子敳，世祖初，黄門侍郎。敳弟衍，大明末，以爲黄門郎，出爲豫章内史。晉安王子勛稱僞號，以爲中護軍。事敗伏誅。

衍弟瑀字茂琳，少有才氣，爲太祖所知。始興王濬爲南徐州，以瑀補别駕從事史，爲濬所遇。瑀性陵物護前，不欲人居己上。時濬征北府行參軍吴郡顧邁輕薄而有才能，濬待之甚厚，深言密事，皆與參之。瑀乃折節事邁，深布情款，家内婦女間事，言語所不得至者，莫不倒寫備說。邁以瑀與之款盡，深相感信。濬所言密事，悉以語瑀。瑀與邁共進射堂下，瑀忽顧左右索單衣幘，邁問其所以，瑀曰：「公以家人待卿，相與言無所隱，而卿於外宣泄，致使人無不知。我是公吏，何得不啓。」因而白之。濬大怒，啓太祖徙邁廣州。邁在廣州，值蕭簡爲亂，爲之盡力，與簡俱死。

瑀遷從事中郎，領淮南太守。元嘉二十九年，出爲寧遠將軍、益州刺史。元凶弑立，以爲青州刺史。瑀聞問，即起義遣軍，并送資實於荆州。世祖即位，召爲御史中丞。還至江陵，值南郡王義宣爲逆，瑀陳其不可，言甚切至。義宣以爲丞相左司馬，俱至梁山。瑀猶乘其蜀中船舫，又有義宣故部曲濳於梁山洲外下投官軍。除司徒左長史。明年，遷御史中丞。瑀使氣尚人，爲憲司甚得志。彈王僧達云：「廕籍高華，人品冗末。」朝士莫不畏其筆端。尋轉右衞將軍。瑀願爲侍中，不得，謂所親曰：「人仕宦不出當入，不入當出，安能長居户限上。」因求益州。世祖知其此意，許之。孝建三年，除輔國將軍、益州刺史。既行，甚不得意。至江陵，與顔竣書曰：「朱脩之三世叛兵，一旦居荆州，青油幙下，作謝宣明面見向，使齊帥以長刀引吾下席。於吾何有，政恐匈奴輕漢耳。」其年，坐奪人妻爲妾，免官。大明元年，起爲東陽太守。明年，遷吳興太守。侍中何偃甞案云：「參伍時望。」瑀大怒曰：「我於時望何參伍之有！」遂與偃絶。及偃爲吏部尚書，意彌憤憤〔三三〕。族叔秀之爲丹陽尹，瑀又與親故書曰：「吾家黑面阿秀，遂居劉安衆處〔二三〕，朝廷不爲多士。」其年疽發背，何偃亦發背癰。瑀疾已篤，聞偃亡，懽躍叫呼，於是亦卒。謚曰剛子。子卷，南徐州別駕。卷弟藏，尚書左丞。

穆之少子貞之，中書、黄門侍郎，太子右衛率，寧朔將軍、江夏内史。卒官。子裒，始興相，以贓貨繫東冶内。

穆之女適濟陽蔡祐，年老貧窮。世祖以祐子平南參軍孫爲始安太守。

王弘字休元，琅邪臨沂人也。曾祖導，晉丞相。祖洽，中領軍。父珣，司徒。弘少好學，以清恬知名，與尚書僕射謝混善。弱冠，爲會稽王司馬道子驃騎參軍，主簿。時農務頓息，末役繁興，弘以爲宜建屯田，陳之曰：「近面所諮立屯田事，已具簡聖懷。南畝事興，時不可失，宜早督田畯，以要歲功。而府資役單刻〔二四〕，控引無所，雖復厲以重勸，肅以嚴威，適足令囹圄充積，而無救於事實也。伏見南局諸冶，募吏數百，雖資以廩贍，收入甚微。愚謂若回以配農，必功利百倍矣。然軍器所須，不可都廢，今欲留銅官大治及都邑小治各一所，重其功課，一准揚州，州之求取，亦當無乏，餘者罷之，以充東作之要。又欲二局田曹，各立典軍募吏，依冶募比例，并聽取山湖人，此皆無損於私，有益於公者也。其中亦應疇量，分判番假，及給廩多少，自可一以委之本曹。親局所統，必當練悉，且近東曹板水曹參軍納之領此任，其人頗有幹能，自足了其事耳。頃年以來，斯務弛廢〔一五〕，田蕪廩虛，實亦由此。弘過蒙飾擢，志輸短効，豈可相與寢默，有懷弗聞邪！至於當否，尊自當裁以遠鑒。若所啓謬允者，伏願便以時施行，庶歲有務農之勤，倉有盈廩之實，禮節之興，可以垂拱待也。」道子欲以爲黄門侍郎，珣以其年少固辭。

珣頗好積聚，財物布在民間。珣薨，弘悉燔燒券書，一不收責；餘舊業悉以委付諸弟。未免喪，後將軍司馬元顯以爲諮議參軍，加寧遠將軍，知記室事，固辭不就。道子復以爲諮議參軍，加建威將軍，領中兵，又固辭。時内外多難，在喪者皆不終其哀，唯弘固執得免。桓玄剋京邑，收道子付廷尉，臣吏畏恐，莫敢瞻送。弘時尚在喪，獨於道側拜，攀車涕泣，論者稱焉。

高祖爲鎮軍，召補諮議參軍。以功封華容縣五等侯。遷琅邪王大司馬從事中郎。出爲寧遠將軍、琅邪内史，尚書吏部郎中，豫章相。盧循寇南康諸郡，弘奔尋陽。高祖復命爲中軍諮議參軍，遷大司馬右長史，轉吴國内史。義熙十一年，徵爲太尉長史，轉左長史。

從北征，前鋒已平洛陽，而未遣九錫，弘銜使還京師，諷旨朝廷。時劉穆之掌留任，而旨反從北來，穆之愧懼，發病遂卒。而高祖還彭城，弘領彭城太守。

宋國初建，遷尚書僕射領選，太守如故。奏彈謝靈運曰：「臣聞閑厥有家，垂訓大易，作威專戮，致誡周書。斯典或違，刑茲無赦。世子左衞率康樂縣公謝靈運，力人桂興淫其嬖妾，殺興江涘，棄尸洪流。事發京畿，播聞遐邇。宜加重劾，肅正朝風。案世子左衞率康樂縣公謝靈運過蒙恩奬，頻叨榮授，聞禮知禁，爲日已久。而不能防閑闔閫，致茲紛穢，罔顧憲軌，忿殺自由。此而勿治，典刑將替。請以見事免靈運所居官，上臺削爵土，收付大理治罪。御史中丞都亭侯王准之〔二六〕，顯居要任，邦之司直，風聲噂嗃，曾不彈舉。若知而弗糾，則情法斯撓；如其不知，則尸昧已甚。豈可復預班清階，式是國憲。請免所居官，以侯還散輩中。內臺舊體，不得用風聲舉彈，此事彰赫，曝之朝野，執憲蔑聞，羣司循舊，國典既頽，所虧者重。臣弘忝承人乏，位副朝端，若復謹守常科，則終莫之糾正。所以不敢拱默，自同秉彝。違舊之愆，伏須准裁。」高祖令曰：「靈運免官而已，餘如奏。端右肅正風軌〔二七〕，誠副所期，豈拘常儀。自今爲永制。」

十四年，遷監江州豫州之西陽新蔡二郡諸軍事、撫軍將軍、江州刺史。至州，省賦簡役，百姓安之。永初元年，加散騎常侍。以佐命功，封華容縣公，食邑二千户。三年，入朝，進號衞將軍、開府儀同三司。

高祖因宴集，謂羣公曰：「我布衣，始望不至此。」傅亮之徒並撰辭欲盛稱功德。弘率尒對曰：「此所謂天命，求之不可得，推之不可去。」時人稱其簡舉〔三八〕。

少帝景平二年，徐羨之等謀廢立，召弘入朝。太祖即位，以定策安社稷，進位司空，封建安郡公，食邑千户。上表固辭曰：「臣聞趙武稱隨會夫子之家事治，言於晉國無隱情。臣千載幸會，謬荷榮遇，雖以智能虛薄，政績蔑聞，而言無隱情，竊所庶幾。向令天啓其心，預定大策，而名編司勳，功不見紀，固將請不賞之罪，懸龍蛇之書，豈當稽違成命，苟脩小節。但無功勤，暴之四海，進闕君子勞心之謀，退微小人勞力之効，而聖朝僭賞於上，愚臣苟忝於下，則爲厚誣當時，永貽口實。竊財之誚，比此爲輕，惟塵盛猷，虧玷爲大。微躬所惜，一朝亦盡，非唯仰塵國紀，實亦俯畏友朋。憂心彌疹，胡顏靡託。且凡人之交，尚申知己，況在明主，可用理干。所以敢遂愚狷，守之以死。」乃見許。加使持節、侍中，改監爲都督，進號車騎大將軍，開府、刺史如故。

徐羨之等以廢弑之罪將見誅，弘既非首謀，弟曇首又爲上所親委，事將發，密使報弘。羨之等誅，徵弘爲侍中、司徒、揚州刺史，録尚書。給班劍三十人。上西征謝晦，弘與驃騎彭城王義康居守，入住中書下省，引隊仗出入。司徒府權置參軍。

五年春，大旱，弘引咎遜位，曰：「臣聞三才雖殊，其致則一。故世道休明，五福攸應；政有失德，咎徵必顯。臣抑又聞之，台輔之職，論道讚契，上佐人主，燮理陰陽。位以德授，則和氣淳穆；寇竊非據，則讁見于天。是以陳平有辭，不濫主者之局；邴吉停駕，大懼牛喘之由。斯固有國之所同，天人之遠旨。陛下聖哲御世，光隆中興〔二九〕，宜休徵表祥，醴泉旹涌。而頃陰陽隔并，亢旱成災，秋無嚴霜，冬無積雪，疾厲之氣，彌歷四時。此豈非任失其人，覆餗之咎。臣以庸短，自輩凡流〔三〇〕，謬逢嘉運，叨恩在昔。陛下忘其不腆，又重之以今任。正位槐鼎，統理神州，珥貂衣衮，總録朝端，内外要重，頓萃微躬，窮極寵貴，人臣莫比。令德居之，猶或難稱，矧伊陋昧，何以克任。此之易了，不俟明識。但受命之始，屬值時艱，六戎親戒，憂及社稷，誠是臣下致節忘身之時，當有何心，塵撓聖聽。所以僶俛從事，循牆馳驅，志在宣力，慮不及遠。既鯨鯢折首，西夏底定，便宜訴其本懷，避賢謝拙。而常人偷安，日甘一日，實亦仰佩天眷，未能自已。荏苒推遷，忽及三載。遂令負乘之釁，彰著幽明；愆伏之災，患纏氓庶。上缺皇朝緝熙之美，下增官謗覆折之災。伏念惶赧，五情飛散，雖曰厚顏，何以寧處。不遠而復，大易攸稱，小懲大戒，細人之福。近復之美，非所敢觖，懲戒之幸，竊懷庶幾。今履端惟始，朝慶禮畢，輒還私門，思愆家巷，庶微塞天譴，少弭謗讟。伏願鑑其所守，即而許之。臨啓愧塞，不自宣盡。」

先是彭城王義康爲荆州刺史，鎮江陵。平陸令河南成粲與弘書曰：「僕聞軌物設教，必隨時制宜；世代盈虚，亦與之消息。夫勢之所處，非親不居。是以周之宗盟，異姓爲後。權軸之要，任歸二南，斯前代之明謨，當今之顯轍。明公位極台鼎，四海具瞻，劬勞夙夜，義同吐握。而總録百揆，兼牧畿甸，功實盛大，莫之與儔。天道福謙，宜存挹損。驃騎彭城王道德昭備，上之懿弟，宗本歸源，所應推先，宜入秉朝政，翊贊皇猷。竟陵、衡陽春秋已長，又宜出據列蕃〔三三〕，齊光魯、衞。明公高枕論道，燮理陰陽，則天下和平，灾害不作，福慶與大宋升降，享年與松、喬齊久，名垂萬代，豈不美歟！」弘本有退志，挾粲言，由是固自陳請，乃降爲衞將軍、開府儀同三司。

六年，弘又上表曰：「臣聞異姓爲後，宗周之明義；親不在外，有國之所先。故魯長滕君，春秋所美，楚出棄疾，前史垂誡。矧乃茂親明德，道光一時，述職侯甸，朝政弗及，而以庶族庸陋浮華之臣，超踰先典，居中贊契，豈所以憲章古式，緝熙治道？驃騎將軍臣義康，徽猷淵邈，明德彌劭，敷政江漢，化被荆南，搢紳屬情，想樂當務，周旦之寄，不謀同詞，分陝雖重，比此爲輕。臣實空闇，階恩踰越，俯積素餐，仰玷盛化，公私二三，無一而可。昔孫叔未進，優孟見弢；展季在下，臧文貽譏。況道隆地昵，義兼前禮。臣於古人，無能爲役，負乘竊位，萬物謂何，雖曰厚顔，胡寧以處。斯亡之懼，寔疚其心。乞解州録，以允民望。伏願陛下遠存至公，近鑑丹款，俯順朝野，改授親賢。豈唯下臣，獲免大戾，凡厥衆隸，孰不慶幸。若天眷罔已，脱復遲回，請出臣表，逮聞外内，朝議輿誦，或有可擇。」詔曰：「省表，遠擬隆周經國之體，近述大易卑牧之志，三復沖旨，良用憮然。公體道淵虚，明識經遠，毗翼艱難，勳猷光茂，俾朕獲辰居垂拱，司契委成。豈容高遜總録，固辭神州，使成務有虧，以重朕之不德邪！深存體國，所望僉亮。驃騎親賢之寄，地均旦、奭，還入内輔，參讚機務，輒敬從所執。」義康由是代弘爲司徒，與之分録。

弘又表曰：「近冒表聞，披陳愚管，實冀天鑒，體其至誠。而奉被還詔，未蒙酬察，徒塵聖覽，仰延優旨，顧影慙惶，罔識攸厝。臣忝荷要重，四載于今，既違前史量力之誡，又微古人進賢之美，尸位固寵，日積官謗，旋觀周行，興愧已厚。況在親賢，朝野歸德，甫思引身，曷云能補，惟塵大典，虧喪已多。不悟天眷之隆，復垂恩奬，名器弗改，蒙寵如舊，感愚自揆〔三二〕，茫若無涯。臣義康既總録百揆，毗讚盛化，忝廁下風，諮憑有所。内朝細務，庶可免竭，神州任重，望實兼該，臣何人斯，寇竊不已。爲尒推遷，覆敗將及，就無人事之愆，必有陰陽之患。伏念惟憂，疹如疾首，不知何理，可以自安。但成旨已決，渙汗難反，加臣懦劣，少無此志，進不能抗言陳辭，以死自固，退不能重璽置冰，鮮食爲瘠，祇畏天威，遂復俛仰。至於攝督所部，料綜文案，曹局吏役，所須不多，其餘文武，皆爲冗長。相府初建，或有未充，請留職僚同事而已，自此以外，及諸資實，一送司徒。臣受恩深重，休戚是預，義無虛飾，苟自貶損。伏願聖察，特垂許順，不令誠訴，見其抑奪〔三三〕。」上又詔曰：「衞軍表如此，司徒宜須事力，可順公雅懷，割二千人配府。資儲不煩事送。」

弘博練治體，留心庶事，斟酌時宜，每存優允。與八座丞郎疏曰：「同伍犯法〔三四〕，無士人不罪之科，然每至詰謫，輒有請訴。若垂恩宥，則法廢不可行；依事糾責，則物以爲苦怨。宜更爲其制，使得憂苦之衷也。又主守偷五匹，常偷四十匹，並加大辟，議者咸以爲重，宜進主守偷十匹〔三五〕、常偷五十匹死，四十匹降以補兵。既得小寬民命，亦足以有懲也。想各言所懷。」

左丞江奧議：「士人犯盜贓不及棄市者，刑竟，自在贓汙淫盜之目，清議終身，經赦不原。當之者足以塞愆，聞之者足以鑒誡。若復雷同羣小，謫以兵役，愚謂爲苦。符伍雖比屋鄰居，至於士庶之際，實自天隔，舍藏之罪，無以相關。奴客與符伍交接，有所藏蔽，可以得知，是以罪及奴客。自是客身犯愆，非代郎主受罪也。如其無奴，則不應坐。」

右丞孔默之議：「君子小人，既雜爲符伍，不得不以相檢爲義。士庶雖殊，而理有聞察，譬百司居上，所以下不必躬親而後同坐。是故犯違之日，理自相關〔三六〕。今罪其養子、典計者，蓋義存戮僕。如此，則無奴之室，豈得宴安。但既云復士，宜令輸贖。常盜四十匹，主守五匹，降死補兵。雖大存寬惠，以紓民命，然官及二千石及失節士大夫，時有犯者，罪乃可戮，恐不可以補兵也。謂此制可施小人，士人自還用舊律。」

尚書王准之議：「昔爲山陰令，士人在伍，謂之押符。同伍有愆，得不及坐，士人有罪，符伍糾之。此非士庶殊制，寔使即刑當罪耳。夫束脩之胄，與小人隔絕，防檢無方，宜及不逞之士，事接羣細，既同符伍，故使糾之。于時行此，非唯一處。左丞議奴客與鄰伍相關，可得檢察，符中有犯，使及刑坐。即事而求，有乖實理。有奴客者，類多使役，東西分散，住家者少。其有停者，左右驅馳，動止所須，出門甚寡，典計者在家十無其一。奴客坐伍，濫刑必衆，恐非立法當罪本旨。右丞議士人犯偷，不及大辟者，宥補兵。雖欲弘士，懼無以懲邪。乘理則君子，違之則小人。制嚴於上，猶冒犯之，以其宥科，犯者或衆。使畏法革心〔三七〕，乃所以大宥也。且士庶異制〔三八〕，意所不同。」

殿中郎謝元議謂：「宜先治其本，然後其末可理〔三九〕。本所以探士大夫於符而末所以檢小人邪？可使受檢於小人邪〔四〇〕？士犯坐奴是士庶天隔〔四一〕，則士無弘庶之由，以不知而押之於伍，則是受檢於小人也。然則小人有罪，士人無事，僕隸何罪，而令坐之。若以實相交關，責其聞察〔四二〕，則意有未因。何者？名實殊章，公私異令，奴不押符，是無名也，民乏貲財，是私賤也。以私賤無名之人，豫公家有實之任，公私混淆，名實非允。由此而言，謂不宜坐。還從其主，於事爲宜。無奴之士，不在此例。若士人本檢小人，則小人有過，已應獲罪，而其奴則義歸戮僕，然則無奴之士，未合宴安，使之輸贖，於事非謬。二科所附，惟制之本耳。此自是辯章二本，欲使各從其分。至於求之管見，宜附前科，區别士庶，於義爲美。盜制，按左丞議，士人既終不爲兵革，幸可同寬宥之惠，不必依舊律，於議咸允。」

吏部郎何尚之議：「按孔右丞議，士人坐符伍爲辠，有奴辠奴，無奴輸贖。既許士庶緬隔，則聞察自難，不宜以難知之事，定以必知之法。夫有奴不賢，無奴不必不賢。今多僮者傲然於王憲，無僕者怵迫於時網，是爲恩之所霑，恒在程、卓，法之所設，必加顏、原，求之鄙懷，竊所未愿。謝殿中謂奴不隨主，於名分不明，誠是有理。然奴僕實與閭里相關，今都不問，恐有所失。意同左丞議。」

弘議曰：「尋律令既不分别士庶，又士人坐同伍罹謫者，無處無之，多爲時恩所宥，故不盡親謫耳。吴及義興適有許、陸之徒，以同符合給，二千石論啓丹書。已未問，會稽士人云十數年前，亦有四族坐比被責，以時恩獲停。而王尚書云人舊無同伍坐，所未之解。恐莅任之日，偶不值此事故邪。聖明御世，士人誠不憂至苦，然要須臨事論通，上干天聽爲紛擾，不如近爲定科，使輕重有節也。又尋甲符制，蠲士人不傳符耳，令史復除，亦得如之。共相押領，有違糾列，了無等衰，非許士人閭里之外也。諸議云士庶緬絶，不相參知，則士人犯法，庶民得不知。若庶民不許不知，何許士人不知。小民自非超然簡獨，永絶塵秕者，比門接棟，小以爲意，終自聞知，不必須日夕來往也。右丞百司之言，粗是其況。如衰陵士人，實與里巷關通〔四三〕，相知情狀，乃當於冠帶小民。今謂之士人，便無小人之坐；署爲小民，輒受士人之罰。於情於法，不其頗歟？且都令不及士流，士流爲輕，則小人令使徵預其罰，便事至相糾，閭伍之防，亦爲不同。謂士人可不受同伍之謫耳，罪其奴客，庸何傷邪？無奴客，可令輸贖，又或無奴僮爲衆所明者，官長二千石便當親臨列上，依事遣判。偷五匹、四十匹，謂應見優量者，實以小吏無知，臨財易昧，或由疏慢，事蹈重科，求之於心，常有可愍，故欲小進匹數，寬其性命耳。至於官長以上，荷蒙禄榮，付以局任，當正己明憲，檢下防非，而親犯科律，亂法冒利，五匹乃已爲弘矣。士人無私相偷四十匹理，就使至此，致以明罰，固其宜耳，並何容復加哀矜。且此輩士人，可殺不可謫，有如諸論，本意自不在此也。近聞之道路，聊欲共論，不呼乃爾難精。既衆議糾紛，將不如其已。若呼不應停寢，謂宜集議奏聞，決之聖旨。」太祖詔：「衛軍議爲允。」

弘又上言：「舊制，民年十三半役，十六全役。當以十三以上，能自營私及公，故以充役。而考之見事，猶或未盡。體有彊弱，不皆稱年。且在家自隨，力所能堪，不容過苦。

移之公役，動有定科，循吏隱恤，可無其患，庸宰守常，已有勤劇，況值苛政，豈可稱言。乃有務在豐役，增進年齒，孤遠貧弱，其敝尤深。至令依寄無所，生死靡告，一身之切，逃竄求免，家人遠討，胎孕不育，巧避羅憲，實亦由之。今皇化惟新，四方無事，役召之宜〔四四〕，應存乎消息。十五至十六，宜爲半丁，十七爲全丁〔四五〕。」從之。

其後弘寢疾，弘表屢乞骸骨，上輒優詔不許。九年，進位太保，領中書監，餘如故。其年，薨。時年五十四。即贈太保、中書監，給節，加羽葆、鼓吹，增班劍爲六十人，侍中、録尚書、刺史如故。謚曰文昭公。配食高祖廟廷。其年，詔曰：「乃者三逆煽禍，寔繁有徒，爰初遵養，暨于明罰，外虞內慮，實惟艱難。故太保華容縣公弘、故衞將軍華、故左光禄大夫曇首，抱義懷忠〔四六〕，乃情同至，籌謀廟堂，竭盡智力，經營艱險〔四七〕，簡自朕心。國恥既雪，允膺茅土，而並執謙挹，志不命踰，故用佇朝典，將有後命。盛業不究，相係殞落，永懷傷歎，痛恨無已。弘可增封千户，華、曇首封開國縣侯，食邑各千户。護軍將軍建昌公彦之，深誠密謨，比蹤齊望，其復先食邑，以酬忠勳。」又詔：「聞王太保家便已匱乏，清約之美，同規古人。言念始終，情增悽歎。可賜錢百萬，米千斛。」

世祖大明五年，車駕遊幸，經弘墓。下詔曰：「故侍中、中書監、太保、録尚書事、揚州刺史華容文昭公弘，德猷光劭，鑒識明遠。故散騎常侍、左光禄大夫、太子詹事豫寧文侯曇首〔四八〕，夙尚恬素，理心貞正。並綢繆先眷，契闊屯夷，內亮王道，外流徽譽。以國圖令勳，民思茂惠。朕薄巡都外，瞻覽墳塋，永言想慨，良深于懷。便可遣使致祭墓所。」

弘明敏有思致，既以民望所宗，造次必存禮法，凡動止施爲，及書翰儀體，後人皆依倣之，謂爲王太保家法。雖歷任藩翰〔四九〕，不營財利，薨亡之後，家無餘業。而輕率少威儀，性又褊隘，人忤意者，輒面加責辱。少時嘗摴蒲公城子野舍，及後當權，有人就弘求縣，辭訴頗切。此人嘗以蒲戲得罪，弘詰之曰：「君得錢會戲，何用禄爲！」答曰：「不審公城子野何在？」弘默然。

子錫嗣。少以宰相子，起家爲員外散騎，歷清職，中書郎，太子左衛率，江夏內史。高自位遇。太尉江夏王義恭當朝，錫箕踞大坐，殆無推敬。卒官。子僧亮嗣。齊受禪，降爵爲侯，食邑五百户。弘少子僧達，别有傳。

弘弟虞，廷尉卿。虞子深，有美名，官至新安太守。虞弟抑，光禄大夫。抑弟孺，侍中。孺弟曇首，别有傳。

弘從父弟練，晉中書令珉子也。元嘉中，歷顯官，侍中，度支尚書。練子釗，世祖大明中，亦經清職，黄門郎，臨海王子頊晉安王子勛征虜、前軍長史，左民尚書。太宗初，爲司徒左長史。隨司徒建安王休仁出赭圻，時居母憂，加冠軍將軍。忤犯休仁，出爲始興相。休仁恚之不已，太宗乃收付廷尉，賜死。

史臣曰：晉綱弛紊，其漸有由，孝武守文於上，化不下及，道子昏德居宗，憲章墜矣。重之以國寶啓亂〔五〇〕，加之以元顯嗣虐，元祖宗之遺典〔五一〕，羣公之舊章，莫不葉散冰離，掃地盡矣。主威不樹，臣道專行，國典人殊，朝綱家異，編户之命，竭於豪門，王府之蓄，變爲私藏。由是禍基東妖，難結天下，蕩蕩然王道不絕者若綖。高祖一朝創義，事屬横流，改亂章，布平道，尊主卑臣之義，定於馬棰之間。威令一施，内外從禁，以建武、永平之風，變太元、隆安之俗，此蓋文宣公之爲也。爲一代宗臣，配饗清廟，豈徒然哉！

校勘記

〔一〕穆之直視不言者久之　「直」字原闕，據南監本、局本、南史卷一五劉穆之傳、册府卷九〇〇補。

〔二〕高祖始至　「始至」，原作「至始」，據南監本、北監本、殿本、局本乙正。

〔三〕義熙三年揚州刺史王謐薨　「三年」，原作「王季」，據南監本、殿本、局本改。

〔四〕皆一二以聞　「一二」，册府卷七二二、通志卷一三一作「一」。

〔五〕且其勢亦美　「勢」，原作「名」，據南史卷一五劉穆之傳、册府卷七二二改。

〔六〕自旦至日中　「日」字原闕，據南史卷一五劉穆之傳、建康實録卷一〇、類聚卷五八引宋書、册府卷三八八、卷七一八、卷八五〇補。

〔七〕將軍尹領選如故　「軍」字原闕，據南史卷一五劉穆之傳補。

〔八〕甲仗五十人　南史卷一五劉穆之傳作「甲仗五十人入殿」。

〔九〕故尚書左僕射前將軍臣穆之　「前將軍」，原作「前軍將軍」，據南史卷一五劉穆之傳删正。按上文有「十年，進穆之前將軍」。

〔一〇〕内端謀猷　南史卷一五劉穆之傳、文選卷三八載傅亮爲宋公求加贈劉前軍表並作「内竭謀猷」。

〔一一〕功隱於視聽事隔於皇朝者　南史卷一五劉穆之傳、文選卷三八載傅亮爲宋公求加贈劉前軍表作「事隔於皇朝功隱於視聽者」。

〔一二〕先是郡縣爲封國者内史相並於國主稱臣　「者内」，原作「若自」，據南監本、汲本、殿本、局本、南史卷一五劉穆之傳附劉邕傳改。

〔一三〕河東王歆之嘗爲南康相　「南康」，原作「勑康」，據南監本、北監本、汲本、殿本、局本、南史卷一五劉穆之傳附劉邕傳改。

〔一四〕素輕邕　「輕」，原作「經」，據三朝本、南監本、北監本、殿本、局本改。

〔一五〕今不能見勸一杯酒乎　「勸」，原作「劮」，據南監本、南史卷一五劉穆之傳附劉邕傳改。

〔一六〕欲加辯覆　「辯」，原作「辨」，據殿本、局本改。

〔一七〕劉式之於國家粗有微分　「粗有微分」，原作「耗石發分」，據南監本、北監本、汲本、殿本、局本、南史卷一五劉穆之傳附劉式之傳改。

〔一八〕吏民及文書不可得　「文書不可得」，原作「文章之玄任」，三朝本、南監本、北監本、汲本、殿本、局本作「文章之互在」，今據册府卷七〇〇改。

〔一九〕從事還具白弘　「從事」，原作「促事」，據三朝本、册府卷七〇〇改。

〔二〇〕亦由此得停　原作「一曰也待停」，三朝本作「亦曰也待停」，南監本、北監本、汲本、局本作「一由此得停」，今據殿本改。

〔二一〕封德陽縣五等侯　「五等侯」，原作「二等侯」，據三朝本、南監本、北監本、汲本、殿本、局本、南史卷一五劉穆之傳附劉式之傳改。

〔二二〕及偃爲吏部尚書意彌憤憤　「偃」字原闕，按通志卷一三一作「及偃爲吏部尚書，意彌憤憤」，考本書卷五九何偃傳「偃代竣領選」，則爲吏部尚書者乃何偃而非劉瑀，今據補。

〔二三〕遂居劉安衆處　「劉」，原作「留」，孫虨考論卷二：「『留』當爲『劉』，謂劉湛也。湛父柳，晉時封，湛襲封安衆縣男。」今據南史卷一五劉穆之傳附劉瑀傳改。按本書卷六九劉湛傳云：「湛出繼伯父淡，襲封安衆縣五等男。」

〔二四〕而府資役單刻　「役」字原闕，據册府卷五〇三補。按府資單刻，謂軍府資望不足。府資役單刻，謂軍府役力不足。驃騎府不得謂資望不足。

〔二五〕斯務弛廢　「弛」，原作「弘」，據殿本、局本改。

〔二六〕御史中丞都亭侯王淮之　「王淮之」，原作「王準之」，據本書卷五七蔡廓傳、册府卷五一八改。按「淮」本作「準」，避宋順帝諱改作「淮」。

〔二七〕端右肅正風軌　「肅」，原作「簡」，據三朝本、北監本、汲本、殿本、局本、南史卷二一王弘傳、册府卷五一八改。

〔二八〕時人稱其簡舉　「舉」，三朝本作「與」，北監本、汲本、殿本、局本作「典」。

〔二九〕光隆中興　「中興」二字原闕，據册府卷三三一補。

〔三〇〕自輩凡流　「輩」，原作「畢」，據三朝本、汲本、局本改。

〔三一〕宜入秉朝政翊贊皇猷竟陵衡陽春秋已長又宜出據列蕃　「宜入秉朝政翊贊皇猷竟陵衡陽春秋已長又」十八字原闕，按南史卷二一王弘傳作「彭城王宜入知朝政，竟陵、衡陽宜出據列藩」，蓋此事略文，今據建康實録卷一二補。

〔三二〕感愚自撰　「感愚」，汲本、殿本、局本作「感遇」，册府卷三三一作「愚惑」，永樂大典卷六八八三一引宋書作「感恩」。

〔三三〕見其抑奪　「見其」，原作「其見」，據册府卷三三一乙正。

〔三四〕同伍犯法　「同伍」，原作「同位」，據南監本、殿本、局本、南史卷二一王弘傳、通典卷一七〇刑法八、册府卷六一五改。

〔三五〕宜進主守偷十匹　「守」字原闕，據局本補。

〔三六〕理自相關　「相」字原闕，據册府卷六一五補。

〔三七〕使畏法革心　「革」，原作「其」，據殿本改。

〔三八〕乃所以大宥也且士庶異制　「也且士」，原作三字空格，據三朝本、南監本、北監本、汲本、殿本、局本、册府卷六一五補。

〔三九〕宜先治其本然後其末可理　「宜先治」，原作四字空格，册府卷六一五作「事必先正」，據三朝本、南監本、北監本、汲本、殿本、局本補。「理」，原作一字空格，據三朝本、南監本、北監本、汲本、殿本、局本補。

〔四〇〕本所以探士大夫於符而末所以檢小人邪可使受檢於小人邪　「探」，册府卷六一五作「押」。「而末所」，原作三字空格，册府作「伍者所」，今據三朝本、南監本、北監本、汲本、殿本、局本補。「可」字原作一字空格，册府作「爲」，今據三朝本、南監本、北監本、汲本、殿本、局本補。

〔四一〕士犯坐奴是士庶天隔　「士犯坐奴是」，原作四字空格，册府卷六一五作「案左丞稱」，今據三朝本、南監本、北監本、殿本、局本補。

〔四二〕責其聞察　「責」，原作「貴」，據册府卷六一五改。

〔四三〕實與里巷關通　「通」，原作一字空格，册府卷六一五作「接」，今據三朝本、南監本、北監本、汲本、殿本、局本補。

〔四四〕役召之宜　「宜」字原闕，據通典卷七食貨七、册府卷四八六補。

〔四五〕十七爲全丁　「丁」字原闕，據南史卷二一王弘傳、通典卷七食貨七、册府卷四八六補。

〔四六〕抱義懷忠　「懷」，原作一字空格，永樂大典卷六八三一引宋書作「秉」，今據三朝本、南監本、北監本、汲本、殿本、局本補。

〔四七〕經營艱險　「營艱」，原作二字空格，册府卷三一八作「綸夷」，今據三朝本、南監本、北監本、汲本、殿本、局本、永樂大典卷六八三一引宋書補。

〔四八〕太子詹事豫寧文侯曇首　「豫寧」，原作「豫章」，據本書卷六三王曇首傳改。按本書卷三六州郡志二，豫章郡有豫寧縣，無豫章縣。

〔四九〕雖歷任藩翰　「藩翰」，南史卷二一王弘傳作「藩輔」。

〔五〇〕重之以國寶啓亂　「國寶」，原作「寶國」，據南監本、殿本、局本乙正。

〔五一〕元祖宗之遺典　「元」，南監本、北監本、汲本、殿本、局本作「而」。

宋書卷四十三

列傳第三

徐羨之　傅亮　檀道濟

徐羨之字宗文，東海郯人也。祖寧，尚書吏部郎，江州刺史，未拜卒。父祚之，上虞令。

羨之少爲王雅太子少傅主簿，劉牢之鎮北功曹，尚書祠部郎，不拜，桓脩撫軍中兵曹參軍。與高祖同府，深相親結。義旗建，高祖版爲鎮軍參軍，尚書庫部郎，領軍司馬。與謝混共事，混甚知之。補琅邪王大司馬參軍，司徒左西屬，徐州別駕從事史，太尉諮議參軍。義熙十一年，除鷹揚將軍、琅邪內史，仍爲大司馬從事中郎，將軍如故〔一〕。高祖北伐，轉太尉左司馬，掌留任，以副貳劉穆之。

初，高祖議欲北伐，朝士多諫，唯羨之默然。或問何獨不言，羨之曰：「吾位至二品，官爲二千石，志願久充。今二方已平，拓地萬里，唯有小羌未定，而公寢食不忘。意量乖殊，何可輕豫。」劉穆之卒，高祖命以羨之爲吏部尚書、建威將軍、丹陽尹，總知留任，甲仗二十人出入。轉尚書僕射，將軍、尹如故。

十四年，大司馬府軍人朱興妻周坐息男道扶年三歲，先得癇病，周因其病發，掘地生薶之，爲道扶姑女所告〔二〕，正周棄市刑。羨之議曰：「自然之愛，虎狼猶仁。周之凶忍，宜加顯戮。臣以爲法律之外，故尚弘物之理。母之即刑，由子明法，爲子之道，焉有自容之地。雖伏法者當辜，而在宥者靡容。愚謂可特申之遐裔。」從之。

高祖踐阼，進號鎮軍將軍，加散騎常侍。上初即位，思佐命之功，詔曰：「散騎常侍、尚書僕射、鎮軍將軍、丹陽尹徐羨之，監江州豫州之西陽新蔡諸軍事、撫軍將軍、江州刺史華容侯王弘，散騎常侍、護軍將軍作唐男檀道濟，中書令、領太子詹事傅亮，侍中、中領軍謝晦，前左將軍、江州刺史宜陽侯檀韶，使持節、雍梁南北秦四州荆州之河北諸軍事、後將軍、雍州刺史關中侯趙倫之〔三〕，使持節、督北徐兖青三州諸軍事、征虜將軍、北徐州刺史南城男劉懷慎，散騎常侍、領太子左衞率新淦侯王仲德，前冠軍將軍、北青州刺史安南男向彌，左衞將軍灄陽男劉粹，使持節、南蠻校尉佷山子到彦之，西中郎司馬南郡相宜陽侯張卲〔四〕，參西中郎將軍事、建威將軍、河東太守資中侯沈林子等，或忠規遠謀，扶讚洪業；或肆勤樹績，弘濟艱難。經始圖終，勳烈惟茂，並宜與國同休，饗茲大賚。羨之可封南昌縣公，弘可華容縣公，道濟可改封永脩縣公，亮可建城縣公，晦可武昌縣公，食邑各二千户；詔可更增邑二千五百户，仲德可增邑二千二百户〔五〕；懷慎、彥之各進爵爲侯，粹改封建安縣侯，並增邑爲千户；倫之可封霄城縣侯，食邑千户；卲可封臨沮縣伯，林子可封漢壽縣伯，食邑六百户。開國之制，率遵舊章。」

羨之遷尚書令、揚州刺史，加散騎常侍。進位司空、録尚書事，常侍、刺史如故。羨之起自布衣，又無術學，直以志力局度，一旦居廊廟，朝野推服，咸謂有宰臣之望。沈密寡言，不以憂喜見色。頗工弈棊，觀戲常若未解，當世倍以此推之。傅亮、蔡廓常言：「徐公曉萬事，安異同。」

高祖不豫，加班劍三十人。宮車晏駕，與中書令傅亮、領軍將軍謝晦、鎮北將軍檀道濟同被顧命。少帝詔曰：「平理獄訟，政道所先。朕哀荒在疚，未堪親覽。司空、尚書令可率衆官月一決獄。」

帝後失德，羨之等將謀廢立，而廬陵王義真輕動多過，不任四海，乃先廢義真，然後廢帝。時謝晦爲領軍，以府舍内屋敗應治，悉移家人出宅，聚將士於府内。鎮北將軍、南兗州刺史檀道濟先朝舊將，威服殿省，且有兵衆，召使入朝，告之以謀。事將發，道濟入宿領軍府。中書舍人邢安泰、潘盛爲内應，其日守關。道濟領兵居前，羨之等繼其後，由東掖門雲龍門入，宿衞先受處分，莫有動者。先是帝於華林園爲列肆，親自酤賣，又開瀆聚土，以像破崗，率左右唱呼引船爲樂。是夕，寢於龍舟，在天淵池。兵士進殺二人，又傷帝指。扶帝出東閤，收璽綬。羣臣拜辭，衞送故太子宮，遷於吴郡。侍中程道惠勸立第五皇弟義恭，羨之不許。遣使殺義真於新安，殺帝於吴縣。時爲帝築宮未成，權居金昌亭，帝突走出昌門，追者以門關擊之倒地，然後加害。

太祖即阼，進羨之司徒，餘如故，改封南平郡公，食邑四千户，固讓加封。有司奏車駕依舊臨華林園聽訟，詔曰：「政刑多所未悉，可如先二公推訊。」

元嘉二年，羨之與左光禄大夫傅亮上表歸政，曰：「臣聞元首司契，運樞成務；臣道代終，事盡宣翼。冕旒之道，理絶於上皇；拱己之事，不行於中古。故高宗不言，以三齡爲斷；冢宰聽政，以再朞爲節。百王以降，罔或不然。陛下聖德紹興，負荷洪業，億兆顒顒，思陶盛化。而聖旨謙挹，委成羣司。自大禮告終，鑽燧三改，大明佇照，遠邇傾屬。臣等雖率誠屢聞，未能仰感，敢藉品物之情，謹因蒼生之志。伏願陛下遠存周文日昃之道，近思皇室締構之艱，時攬萬機，躬親朝政，廣闢四聰，博詢庶業，則雍熙可臻，有生幸甚。」

上未許。羨之等重奏曰：「近陳寫下情，言爲心罄，奉被還詔，鑒許未回。豈惟愚臣，秉心有在，詢之朝野，人無異議。何者？形風四方，寔繫王德，一國之事，本之一人。雖世代不同，時殊風異，至於主運臣贊，古今一揆。未有渾心委任，而休明可期，此之非宜，布自遐邇。臣等荷遇二世，休慼以均，情爲國至，豈容順默。重披丹心，冒昧以請。」上猶辭。臣羨之等又固陳曰：「比表披陳，辭誠俱盡，詔旨沖遠，未垂聽納，三復屏營，伏增憂歎。臣聞克隆先構，幹蠱之盛業；昧旦丕顯，帝王之高義。自皇宋創運，英聖有造，殷憂未闋，艱患仍纏。賴天命有底，聖明承業，時屯國故，猶在民心。泰山之安，未易可保，昏明隆替，繫在聖躬。斯誠周詩夙興之辰，殷王待旦之日，豈得無爲拱己，復玄古之風，逡巡虛挹，徇匹夫之事。伏願以宗廟爲重，百姓爲心，弘大業以嗣先軌，隆聖道以增前烈。愚瞽所獻，情盡於此。」上乃許之。羨之仍遜位退還私第，兄子佩之及侍中程道惠、吳興太守王韶之等並謂非宜，敦勸甚苦，復奉詔攝任。

三年正月，詔曰：「民生於三，事之如一，愛敬同極，豈惟名教，況乃施侔造物，義在加隆者乎。徐羨之、傅亮、謝晦，階因緣之才，荷恩在昔，擢自無聞，超居要重，卵翼而長，未足以譬。永初之季，天禍横流，大明傾曜，四海遏密，實受顧託，任同負圖。而不能竭其股肱，盡其心力，送往無復言之節，事居闕忠貞之効，將順靡記，匡救蔑聞，懷寵取容，順成失德。雖末因懼禍，以建大策，而逞其悖心，不畏不義。播遷之始，謀肆酖毒，至止未幾，顯行怨殺，窮凶極虐，荼酷備加，顛沛皂隸之手，告盡逆旅之館，都鄙哀愕，行路飲涕。故廬陵王英秀明遠，徽風夙播，魯衞之寄，朝野屬情。羨之等暴蔑求專，忌賢畏逼，造構貝錦，成此無端，罔主蒙上，橫加流屏，矯誣朝旨，致茲禍害。寄以國命，而翦爲仇讎，旬月之間，再肆醜毒，痛感三靈，怨結人鬼。自書契以來，棄常安忍，反易天明，未有如斯之甚者也。昔子家從弒，鄭人致討；宋肥無辜，蕩澤爲戮。況逆亂倍於往釁，情痛深於國家，此而可容，孰不可忍。即宜誅殛，告謝存亡。而于時大事甫爾，異同紛結，匡國之勳實著，莫大之罪未彰。是以遠酌民心，近聽輿訟，雖欲討亂，慮或難圖，故忍戚含哀，懷恥累載。每念人生實難，情事未展，何嘗不顧影慟心，伏枕泣血。今逆臣之釁，彰暴遐邇，君子悲情，義徒思奮，家讎國恥，可得而雪，便命司寇，肅明典刑。晦據有上流，或不即罪，朕當親率六師，爲其遏防。可遣中領軍到彥之即日電發，征北將軍檀道濟絡驛繼路，符衞軍府州以時收翦。已命征虜將軍劉粹斷其走伏。罪止元凶，餘無所問。感惟永往，心情崩絕。氛霧既祛，庶幾治道。」

爾日詔召羨之。行至西明門外，時謝晦弟皭子肖反。爲黃門郎，正直，報亮云：「殿內有異處分。」亮馳報羨之。羨之回還西州，乘內人問訊車出郭，步走至新林，入陶竈中自剄死，時年六十三。羨之初不應召，上遣中領軍到彥之、右衞將軍王華追討。羨之死，野人以告，載尸付廷尉。子喬之，尚高祖第六女富陽公主，官至竟陵王文學。喬之及弟乞奴從誅。

初，羨之年少時，嘗有一人來，謂之曰：「我是汝祖。」羨之因起拜之。此人曰：「汝有貴相，而有大厄，可以錢二十八文薤宅四角，可以免災。過此可位極人臣。」後羨之隨親之縣，住在縣內，嘗暫出，而賊自後破縣，縣内人無免者，雞犬亦盡，唯羨之在外獲全。隨從兄履之爲臨海樂安縣，嘗行經山中，見黑龍長丈餘，頭有角，前兩足皆具，無後足，曳尾而行。及拜司空，守關將入，彗星晨見危南。又當拜時，雙鸛集太極東鴟尾鳴喚〔六〕。

兄子佩之，輕薄好利，高祖以其姻戚，累加寵任，爲丹陽尹，吳郡太守。景平初，以羨之秉權，頗豫政事。與王韶之、程道惠、中書舍人邢安泰、潘盛相結黨與。時謝晦久病，連灸，不堪見客。佩之等疑其託疾有異圖，與韶之、道惠同載詣傅亮，稱羨之意，欲令亮作詔誅之。亮答以爲：「己等三人，同受顧命，豈可相殘戮。若諸君果行此事，便當角巾步出掖門耳。」佩之等乃止。羨之既誅，太祖特宥佩之，免官而已。其年冬，佩之又結殿中監茅亨謀反，并告前寧州刺史應襲，以亨爲兗州，襲爲豫州。亨密以聞，襲亦告司徒王弘。佩之聚黨百餘人，殺牛犒賜，條牒時人，並相署置，期明年正會，於殿中作亂。未及數日，收斬之。

傅亮字季友，北地靈州人也。高祖咸〔七〕，司隸校尉。父瑗，以學業知名，位至安成太守。瑗與郗超善，超嘗造瑗，瑗見其二子迪及亮。亮年四五歲，超令人解亮衣，使左右持去，初無吝色。超謂瑗曰：「卿小兒才名位宦，當遠踰於兄。然保家傳祚，終在大者。」迪字長猷，亦儒學，官至五兵尚書。永初二年卒，追贈太常。

亮博涉經史，尤善文詞。初爲建威參軍，桓謙中軍行參軍。桓玄篡位，聞其博學有文采，選爲祕書郎，欲令整正祕閣，未及拜而玄敗。義旗初，丹陽尹孟昶以爲建威參軍。義熙元年，除員外散騎侍郎，直西省，典掌詔命。轉領軍長史，以中書郎滕演代之。亮未拜，遭母憂，服闋，爲劉毅撫軍記室參軍，又補領軍司馬。七年，遷散騎侍郎，復代演直西省。仍轉中書黄門侍郎，直西省如故。高祖以其久直勤勞，欲以爲東陽郡，先以語迪，迪大喜告亮。亮不答，即馳見高祖曰：「伏聞恩旨，賜擬東陽，家貧忝禄，私計爲幸。但憑廕之願，實結本心，乞歸天宇，不樂外出。」高祖笑曰：「謂卿之須禄耳，若能如此，甚協所望。」

會西討司馬休之，以爲太尉從事中郎，掌記室。以太尉參軍羊徽爲中書郎，代直西省。

亮從征關、洛〔八〕，還至彭城。宋國初建，令書除侍中，領世子中庶子。徙中書令，領中庶子如故。從還壽陽。高祖有受禪意，而難於發言，乃集朝臣宴飲，從容言曰：「桓玄暴篡，鼎命已移，我首唱大義，復興皇室，南征北伐，平定四海，功成業著，遂荷九錫。今年將衰暮，崇極如此，物戒盛滿，非可久安。今欲奉還爵位，歸老京師。」羣臣唯盛稱功德，莫曉此意。日晚坐散，亮還外，乃悟旨，而宮門已閉，亮於是叩扉請見，高祖即開門見之。亮入便曰：「臣暫宜還都。」高祖達解此意，無復他言，直云：「須幾人自送？」亮曰：「須數十人便足。」於是即便奉辭。亮既出，已夜，見長星竟天。亮拊髀曰：「我常不信天文，今始驗矣。」至都，即徵高祖入輔。

永初元年，遷太子詹事，中書令如故。以佐命功，封建城縣公，食邑二千户。入直中書省，專典詔命。以亮任總國權，聽於省見客。神虎門外，每旦車常數百兩。高祖登庸之始，文筆皆是記室參軍滕演；北征廣固，悉委長史王誕；自此後至于受命，表策文誥，皆亮辭也。演字彦將，南陽西鄂人，官至黄門郎，祕書監。義熙八年卒。二年，亮轉尚書僕射，中書令、詹事如故〔九〕。明年，高祖不豫〔一〇〕，與徐羨之、謝晦並受顧命，給班劍二十人。

少帝即位，進爲中書監，尚書令。景平二年，領護軍將軍。少帝廢，亮率行臺至江陵奉迎太祖。既至，立行門於江陵城南，題曰「大司馬門」。率行臺百僚詣門拜表，威儀禮容甚盛。太祖將下，引見亮，哭慟甚，哀動左右。既而問義真及少帝薨廢本末，悲號嗚咽，侍側者莫能仰視。亮流汗沾背，不能答。於是布腹心於到彥之、王華等，深自結納。太祖登阼，加散騎常侍、左光禄大夫、開府儀同三司，本官悉如故。司空府文武即爲左光禄府。又進爵始興郡公，食邑四千户，固讓進封。

元嘉三年，太祖欲誅亮，先呼入見，省内密有報之者，亮辭以嫂病篤，求暫還家。遣信報徐羨之，因乘車出郭門，騎馬奔兄迪墓〔一二〕。屯騎校尉郭泓收付廷尉，伏誅。時年五十三。初至廣莫門，上遣中書舍人以詔書示亮，并謂曰：「以公江陵之誠，當使諸子無恙。」

初，亮見世路屯險，著論名曰演慎，曰：

大道有言，慎終如始，則無敗事矣。易曰：「括囊無咎。」慎不害也。又曰：「藉之用茅，何咎之有。」慎之至也。文王小心，大雅詠其多福；仲由好勇，馮河貽其苦箴。虞書著慎身之譽，周廟銘陛坐之側。因斯以談，所以保身全德，其莫尚於慎乎。

夫四道好謙，三材忌滿，祥萃虛室，鬼瞰高屋，豐屋有蔀家之灾，鼎食無百年之貴。然而徇欲厚生者，忽而不戒；知進忘退者，曾莫之懲。前車已摧，後鑾不息，乘危以庶安，行險而徼幸，於是有顛墜覆亡之禍，殘生夭命之釁。其故何哉？流溺忘反，而以身輕於物也。

故昔之君子，同名爵於香餌，故傾危不及；思憂患而豫防，則針石無用。洪流壅於涓涓，合拱挫於纖蘖，介焉是式，色斯而舉，悟高鳥以風逝，鑑醴酒而投紱。夫豈敝著而後謀通，患結而後思復云爾而已哉！故詩曰：「慎爾侯度，用戒不虞。」言防萌也。

夫單以營內喪表，張以治外失中，齊、秦有守一之敗，偏恃無兼濟之功，冰炭滌於胸心，巖牆絶於四體。夫然，故形神偕全，表裏寧一，營魄內澄，百骸外固，邪氣不能襲，憂患不能及，然可以語至而言極矣。

夫以嵇子之抗心希古，絶羈獨放，五難之根既拔，立生之道無累，人患殆乎盡矣。徒以忽防於鍾、呂，肆言於禹、湯，禍機發於豪端，逸翩鎩於垂舉。觀夫貽書良友，則匹厚味於甘酖，□□□□□□□□其懼患也，若無轡而乘奔，其慎禍也，猶履冰而臨谷。或振褐高棲，揭竿獨往，或保約違豐，安于卑位。故漆園外楚，忌在龜犧；商洛遐遯，畏此駟馬。平仲辭邑，殷鑒於崔、慶，張臨挹滿，灼戒乎桑、霍。若君子覽茲二塗，則賢鄙之分既明，全喪之實又顯。非知之難，慎之惟艱，慎也者，言行之樞管乎。

夫據圖揮刃，愚夫弗爲，臨淵登峭，莫不惴慄。何則？害交故慮篤，患切而懼深。故詩曰：「不敢暴虎，不敢馮河。」慎微之謂也。故庖子涉族，怵然爲戒，差之一毫，弊猶如此。況乎觸害犯機，自投死地。禍福之具，內充外斥，陵九折於邛僰，泛衝波於吕梁，傾側成於俄頃，性命哀而莫救。嗚呼！嗚呼！故語有之曰，誠能慎之，福之根也。曰是何傷，禍之門爾。言慎而已矣。

亮布衣儒生，僥幸際會，既居宰輔，兼總重權，少帝失德，內懷憂懼，作感物賦以寄意焉。其辭曰：

余以暮秋之月，述職內禁，夜清務隙，遊目藝苑。于時風霜初戒，蟄類尚繁，飛蛾翔羽，翩翾滿室，赴軒幌，集明燭者，必以燋滅爲度。雖則微物，矜懷者久之。退感莊生異鵲之事，與彼同迷而忘反鑒之道，此先師所以鄙智，及齊客所以難日論也〔一二〕。悵然有懷，感物興思，遂賦之云爾。

在西成之暮晷，肅皇命於禁中。聆蜻蛚於前廡，鑒朗月於房櫳。風蕭瑟以陵幌，霜皚皚而被墉。憐鳴蜩之應節，惜落景之懷東。嗟勞人之萃感，何夕永而慮充。眇今古以遐念，若循環之無終。詠倚相之遺矩，希董生之方融。鑽光燈而散袠，温聖哲之遺蹤。墳素杳以難暨，九流紛其異封。領三百於無邪，貫五千於有宗。考舊聞於前史，訪心跡於汙隆。豈夷阻之在運，將全喪之由躬。遊翰林之彪炳，嘉美手於良工。辭存麗而去穢，旨既雅而能通。雖源流之深浩，且揚搉而發蒙。

習習飛蚋，飄飄纖蠅，緣幌求隙，望爓思陵。糜蘭膏而無悔，赴朗燭而未懲。瞻前軌之既覆，忘改轍於後乘。匪微物之足悼，悵永念而捬膺。彼人道之爲貴，參二儀而比靈。禀清曠以授氣，脩緣督而爲經。照安危於心術，鏡纖兆於未形。有徇末而捨本，或躭欲而忘生。碎隨侯於微爵，捐所重而要輕。矧昆蟲之所昧，在智士其猶嬰。悟雕陵於莊氏，幾鑒濁而迷清。仰前脩之懿軌，知吾跡之未并。雖宋元之外占，曷在予之克明。豈知反之徒爾，喟投翰以增情。

初，奉迎大駕，道路賦詩三首，其一篇有悔懼之辭，曰：「夙櫂發皇邑，有人祖我舟。餞離不以幣，贈言重琳球。知止道攸貴，懷祿義所尤。四牡倦長路，君轡可以收。張邴結晨軌，疎董頓夕輈。東隅誠已謝，西景逝不留。性命安可圖，懷此作前脩。敷衽銘篤誨，引帶佩嘉謀。迷寵非予志，厚德良未訓。撫躬愧疲朽，三省慙爵浮。重明照蓬艾，萬品同率由。忠誥豈假知，式微發直謳。」亮自知傾覆，求退無由，又作辛有、穆生、董仲道讚，稱其見微之美。

長子演，祕書郎，先亮卒。演弟悝、湛逃亡，湛弟都，徙建安郡；世祖孝建之中，並還京師。

檀道濟，高平金鄉人，左將軍韶少弟也。少孤，居喪備禮。奉姊事兄，以和謹致稱。

高祖創義，道濟從入京城，參高祖建武軍事，轉征西。討平魯山，禽桓振〔一三〕，除輔國參軍、南陽太守。以建義勳，封吳興縣五等侯。盧循寇逆，羣盜互起，郭寄生等聚作唐，以道濟爲揚武將軍、天門太守討平之。又從劉道規討桓謙、苟林等，率厲文武，身先士卒，所向摧破。及徐道覆來逼，道規親出拒戰，道濟戰功居多。遷安遠護軍、武陵內史。復爲太尉參軍，拜中書侍郎，轉寧朔將軍，參太尉軍事。以前後功封作唐縣男，食邑四百戶。補太尉主簿、諮議參軍。豫章公世子爲征虜將軍鎮京口，道濟爲司馬、臨淮太守。又爲世子西中郎司馬、梁國內史。復爲世子征虜將軍司馬，加冠軍將軍。

義熙十二年，高祖北伐，道濟爲前鋒出淮、肥，所至諸城戍望風降服。進剋許昌，獲僞寧朔將軍、潁川太守姚坦〔一四〕，及大將楊業。至成皋，僞兗州刺史韋華降。逕進洛陽，僞平南將軍陳留公姚洸歸順〔一五〕。凡拔城破壘，俘四千餘人。議者謂應悉戮以爲京觀。道濟曰：「伐罪弔民，正在今日。」皆釋而遣之。於是戎夷感悅，相率歸之者甚衆。進據潼關，與諸軍共破姚紹。長安既平，以爲征虜將軍、琅邪內史。世子當鎮江陵，復以道濟爲西中郎司馬、持節、南蠻校尉。又加征虜將軍。遷宋國侍中，領世子中庶子，兗州大中正。

高祖受命，轉護軍，加散騎常侍，領石頭戍事。聽直入殿省。以佐命功，改封永脩縣公，食邑二千户。徙爲丹陽尹，護軍如故。高祖不豫，給班劍二十人。

出監南徐兗之江北淮南諸郡軍事、鎮北將軍、南兗州刺史。景平元年，虜圍青州刺史竺夔於東陽城，夔告急。加道濟使持節、監征討諸軍事，與王仲德救東陽。未及至，虜燒營，焚攻具遁走。將追之，城内無食，乃開窖取久穀，窖深數丈，出穀作米，已經再宿，虜去已遠，不復可追，乃止。還鎮廣陵。

徐羡之將廢廬陵王義真，以告道濟，道濟意不同，屢陳不可，不見納。羡之等謀欲廢立，諷道濟入朝，既至，以謀告之。將廢之夜，道濟入領軍府就謝晦宿。晦其夕竦動不得眠，道濟就寢便熟，晦以此服之。太祖未至，道濟入守朝堂。上即位，進號征北將軍，加散騎常侍，給鼓吹一部。進封武陵郡公，食邑四千户。固辭進封。又增督青州、徐州之淮陽下邳琅邪東莞五郡諸軍事〔一六〕。

及討謝晦，道濟率軍繼到彦之。彦之戰敗，退保隱圻，會道濟至。晦本謂道濟與羡之等同誅，忽聞來上，人情兇懼，遂不戰自潰。事平，遷都督江州荆州之江夏豫州之西陽新蔡晉熙四郡諸軍事、征南大將軍、開府儀同三司、江州刺史〔一七〕，持節、常侍如故。增封千户。

元嘉七年〔一八〕，到彦之伐索虜，已平河南，尋復失之，金墉、虎牢並没，虜逼滑臺。加道濟都督征討諸軍事，率衆北討。軍至東平壽張縣，值虜安平公乙旃眷。道濟率寧朔將軍王仲德、驍騎將軍段宏奮擊，大破之。轉戰至高梁亭，虜寧南將軍、濟州刺史壽昌公悉頰庫結前後邀戰，道濟分遣段宏及臺隊主沈虔之等奇兵擊之，即斬悉頰庫結。道濟進至濟上，連戰二十餘日，前後數十交，虜衆盛，遂陷滑臺。道濟於歷城全軍而反。進位司空，持節、常侍、都督、刺史並如故。還鎮尋陽。

道濟立功前朝，威名甚重，左右腹心，並經百戰，諸子又有才氣，朝廷疑畏之。太祖寢疾累年，屢經危殆，彭城王義康慮宫車晏駕，道濟不可復制。十二年，上疾篤，會索虜爲邊寇，召道濟入朝。既至，上間。十三年春，將遣道濟還鎮，已下船矣，會上疾動，召入祖道，收付廷尉。詔曰：「檀道濟階緣時幸，荷恩在昔，寵靈優渥，莫與爲比。曾不感佩殊遇，思答萬分，乃空懷疑貳，履霜日久。元嘉以來，猜阻滋結，不義不昵之心，附下罔上之事，固已暴之民聽，彰於遐邇。謝靈運志凶辭醜，不臣顯著，納受邪説，每相容隱。又潛散金貨，招誘剽猾，逋逃必至，寔繁彌廣，日夜伺隙，希冀非望。鎮軍將軍仲德往年入朝，屢陳此迹。朕以其位居台鉉，豫班河岳，彌縫容養，庶或能革。而長惡不悛，凶慝遂遘，因朕寢況罪疾，規肆禍心。前南蠻行參軍龐延祖具悉奸狀，密以啓聞。夫君親無將，刑茲罔赦。況罪釁深重，若斯之甚。便可收付廷尉，肅正刑書。事止元惡，餘無所問。」於是收道濟及其子給事黃門侍郎植、司徒從事中郎粲、太子舍人隰、征北主簿承伯、祕書郎遵等八人，並於廷尉伏誅。又收司空參軍薛彤〔一九〕，付建康伏法。又遣尚書庫部郎顧仲文、建武將軍茅亭至尋陽，收道濟子夷、邕、演及司空參軍高進之誅之。薛彤、進之並道濟腹心，有勇力，時以比張飛、關羽。初，道濟見收，脫幘投地曰：「乃復壞汝萬里之長城！」邕子孺乃被宥，世祖世，爲奉朝請。

史臣曰：夫彈冠出里，結組登朝，道申於夷路，運艱於險轍，是以古人裴回於出處，交戰乎臨岐。若其任重於身，恩結自主，雖復據鼎承劍，悠然不以存歿爲懷。當二公受言西殿，跪承顧託，若使死而可再，固以赴蹈爲期也。及逢權定之機，當震主之地，甫欲攘抑後禍，御蔽身灾，使桐宮有卒迫之痛，淮王非中霧之疾。若以社稷爲存亡，則義異於此。但彭城無燕刺之釁，而有楚英之戮。若使一昆延曆，亦未知定終所在也。謝晦言不以賊遺君父，豈徒言哉。

校勘記

〔一〕將軍如故　「軍」字原闕，孫虨考論卷二：「『將』下當有『軍』字。」按孫説是，今補正。

〔二〕爲道扶姑女所告　「女」，南史卷一五徐羨之傳、通典卷一六七刑法五、御覽卷七三九引續晉陽秋、册府卷六一五作「雙女」，疑是。按「雙女」，道扶姑名。

〔三〕使持節雍梁南北秦四州荆州之河北諸軍事後將軍雍州刺史關中侯趙倫之　按是時刺史領兵者例加都督或督或監，疑「使持節」後有脱文。又趙倫之於晉末參與平桓玄有功，封閬中縣五等侯，至劉裕代晉，又進封霄城縣侯，事見本書卷四六趙倫之傳、南史卷一八趙倫之傳，未嘗有封關中侯事。

〔四〕西中郎司馬南郡相宜陽侯張邵　「相」字原闕。孫虨考論卷二：「『南郡』下脱『相』字。」按本書卷四六張邵傳，「文帝爲中郎將、荆州刺史，以邵爲司馬，領南郡相」。孫説是，今補正。

〔五〕詔可更增邑二千五百户仲德可增邑二千二百户　按劉裕代晉，以徐羨之、王弘、檀道濟、傅亮、謝晦爲元功，故皆封縣公，檀韶、王仲德等功次之，故皆封縣侯。檀韶晉義熙中以破盧循及平廣固功，封宜陽縣侯，食邑七百户，見本書卷四五檀韶傳。若檀韶增邑二千五百户，並前所封，則爲三千二百户，所封不僅遠過於與其功相當之劉懷慎、劉粹、趙倫之等人，亦遠過於徐、王、傅、檀諸人所封之二千户。頗疑「增邑二千五百户」乃「增邑爲千五百户」之訛，「增邑二千二百户」乃「增邑爲千二百户」之訛，蓋訛「爲」爲「二」耳。

〔六〕雙鶴集太極東鴟尾鳴喚　「鶴」，原作「鶴」，據本書卷三二五行志三改。

〔七〕高祖咸　「高」字原闕。孫虨考論卷二：「南史，傅亮晉司隸校尉咸之玄孫。此當脱『高』字。傳隆傳曰高祖咸，又曰族弟亮。」孫説是，今補正。按本書卷五五傅隆傳云：「高祖咸，晉司隸校尉。」

〔八〕亮從征關洛　「關洛」，原作「關絡」，據三朝本、南監本、北監本、汲本、殿本、局本改。

〔九〕二年亮轉尚書僕射中書令詹事如故　「二年」，本書卷三武帝紀下、南史卷一宋本紀上記在三年正月，通鑑卷一一九宋紀記在二年正月。

〔一〇〕高祖不豫　「豫」，原作「意」，據三朝本、南監本、北監本、汲本、殿本、局本改。蓋「豫」俗書「悆」，由「悆」訛「意」也。

〔一一〕騎馬奔兄迪墓　「兄」，原作一字空格，據南監本、北監本、殿本、局本、南史卷一五傅亮傳、建康實録卷一二補。

〔一二〕及齊客所以難日論也　張森楷校勘記：「『日』疑當作『目』。」孫虨考論卷二：「當作『目論』。」

齊使者對越王，目見豪毛而不自見睫。」

〔一三〕討平魯山禽桓振　按本書卷四七劉懷肅傳、晉書卷七四桓彝傳附桓振傳、卷九九桓玄傳、通鑑卷一一四晉紀義熙元年，桓振義熙元年於江陵沙橋爲劉毅部將唐興所斬。

〔一四〕獲僞寧朔將軍潁川太守姚坦　「姚坦」，通鑑卷一一七晉紀義熙十二年作「姚垣」。

〔一五〕僞平南將軍陳留公姚洸歸順　「姚洸」，原作「姚沈」，據本書卷四五王鎮惡傳、晉書卷一一九姚泓載記改。

〔一六〕又增督青州徐州之淮陽下邳琅邪東莞五郡諸軍事　錢大昕考異卷二四：「文云『五郡』而實四郡，當有脱誤。」

〔一七〕遷都督江州荊州之江夏豫州之西陽新蔡晉熙四郡諸軍事征南大將軍開府儀同三司江州刺史　「荊州」二字原闕。錢大昕考異卷二四：「『江州』下當有『荊州』二字。是時江夏屬荊州，孝武紀稱荊州之江夏是也。」按錢説是，今據補。

〔一八〕元嘉七年　「七年」，原作「八年」，據本書卷五文帝紀、南史卷二宋本紀中改。本書卷二六天文志四亦云元嘉七年，「索虜寇青、司，殺刺史，掠居民。遣征南大將軍檀道濟討伐，經歲乃歸」。

〔一九〕又收司空參軍薛彤　「薛彤」，南史卷一五檀道濟傳作「薛彤」。

宋書卷四十四

列傳第四

謝晦

謝晦字宣明，陳郡陽夏人也。祖朗，東陽太守。父重，會稽王道子驃騎長史。兄絢，高祖鎮軍長史，蚤卒。

晦初爲孟昶建威府中兵參軍。昶死，高祖問劉穆之：「孟昶參佐，誰堪入我府？」穆之舉晦，即命爲太尉參軍。高祖嘗訊囚，其旦刑獄參軍有疾，札晦代之，於車中一覽訊牒〔一〕，催促便下。相府多事，獄繫殷積，晦隨問酬辯，曾無違謬。高祖奇之，即日署刑獄賊曹，轉豫州治中從事。義熙八年，土斷僑流郡縣，使晦分判揚、豫民户，以平允見稱。入爲太尉主簿。從征司馬休之。時徐逵之戰敗見殺，高祖怒，將自被甲登岸，諸將諫，不從，怒愈甚。晦前抱持高祖，高祖曰：「我斬卿！」晦曰：「天下可無晦，不可無公，晦死何有！」會胡藩已得登岸〔二〕，賊退走，乃止。

晦美風姿，善言笑，眉目分明，鬢髮如點漆。涉獵文義，朗贍多通。高祖深加愛賞，羣僚莫及。從征關、洛，內外要任悉委之。劉穆之遣使陳事，晦往往措異同，穆之怒曰：「公復有還時不？」高祖欲以爲從事中郎，以訪穆之，堅執不與。終穆之世不遷。穆之喪問至，高祖哭之甚慟。晦時正直，喜甚，自入閤內參審穆之死問。其日教出，轉晦從事中郎。

宋臺初建，爲右衞將軍，尋加侍中。高祖受命，於石頭登壇，備法駕入宮。晦領游軍爲警備，遷中領軍，侍中如故。以佐命功，封武昌縣公，食邑二千户。二年，坐行璽封鎮西司馬、南郡太守王華大封，而誤封北海太守球，版免晦侍中。

尋轉領軍將軍、散騎常侍，依晉中軍羊祜故事，入直殿省，總統宿衞。三月，高祖不豫〔三〕，給班劍二十人，與徐羨之、傅亮、檀道濟並侍醫藥。少帝即位，加領中書令，與羨之、亮共輔朝政。少帝既廢，司空徐羨之録詔命，以晦行都督荆湘雍益寧南北秦七州諸軍事、撫軍將軍、領護南蠻校尉〔四〕、荆州刺史，欲令居外爲援，慮太祖至或別用人，故遽有此授。精兵舊將，悉以配之，器仗軍資甚盛。太祖即位，加使持節，依本位除授。晦慮不得去，甚憂遑，及發新亭，顧望石頭城，喜曰：「今得脱矣。」尋進號衞將軍，加散騎常侍，進封建平郡公，食邑四千户，固讓進封。又給鼓吹一部。

初爲荆州，甚有自矜之色，將之鎮，詣從叔光禄大夫澹别。澹問晦年，晦答曰：「三十五〔五〕。」澹笑曰：「昔荀中郎年二十七爲北府都督〔六〕，卿比之，已爲老矣。」晦有愧色。

至江陵，深結侍中王華，冀以免禍。二女當配彭城王義康、新野侯義賓，元嘉二年，遣妻曹及長子世休送女還京邑。先是景平中，索虜爲寇，覆没河南。至是上欲誅羨之等，并討晦。聲言北伐，又言拜京陵〔七〕，治裝舟艦。傅亮與晦書曰：「薄伐河朔，事猶未已，朝野之慮，憂懼者多。」又言：「朝士多諫北征，上當遣外監萬幼宗往相諮訪。」時朝廷處分異常，其謀頗泄。三年正月，晦弟黄門侍郎瞬馳使告晦，晦猶謂不然，呼諮議參軍何承天，示以亮書，曰：「計幼宗一二日必至，傅公慮我好事，故先遣此書。」承天曰：「外間所聞，咸謂西討已定，幼宗豈有上理。」晦尚謂虚妄，使承天豫立答詔啓草，伐虜宜須明年。江夏内史程道惠得尋陽人書，言「朝廷將有大處分，其事已審」，使其輔國府中兵參軍樂冏封以示晦。晦又謂承天曰：「幼宗尚未至，若復二三日無消息，便是不復來邪？」承天答曰：「詔使本無來理，如程所説，其事已判，豈容復疑。」

晦欲焚南蠻兵籍，率見力決戰。士人多勸發兵，乃立幡戒嚴，謂司馬庾登之曰：「今當自下，欲屈卿以三千人守城，備禦劉粹。」登之曰：「下官親老在都，又素無旅，情計二三〔八〕，不敢受此旨。」晦仍問諸佐：「戰士三千，足守城不？」南蠻司馬周超對曰：「非徒守城而已，若有外寇，可以立勳。」登之乃曰：「超必能辦，下官請解司馬、南郡以授。」即於坐命超爲司馬、建威將軍、南義陽太守，轉登之爲長史，南郡如故。

太祖誅羨之等及晦子新除祕書郎世休，收瞬、瞬子世平、兄子著作佐郎紹等。樂冏又遣使告晦：「徐、傅二公及瞬等並已誅。」晦先舉羨之、亮哀，次發子弟凶問。既而自出射堂，配衣軍旅。數從高祖征討，備覩經略，至是指麾處分，莫不曲盡其宜。二三日中，四遠投集，得精兵三萬人。乃奉表曰：

臣階緣幸會，蒙武皇帝殊常之眷，外聞政事，內謀帷幄，經綸夷險，毗贊王業，預佐命之勳，膺河山之賞。及先帝不豫，導揚末命，臣與故司徒臣羨之、左光祿大夫臣亮、征北將軍臣道濟等，並升御牀，跪受遺詔，載貽話言，託以後事。臣雖凡淺，感恩自厲，送往事居，誠貫幽顯。逮營陽失德，自絕宗廟，朝野岌岌，憂及禍難，忠謀協契，徇國忘己，援登聖朝，惟新皇祚。陛下馳傳乘流，曾不惟疑，臨朝殷勲，增崇封爵。此則臣等赤心已亮於天鑒，遠近萬邦咸達於聖旨。若臣等志欲專權，不顧國典，便當協翼幼主，孤背天日，豈復虛館七旬，仰望鸞旗者哉？故廬陵王於營陽之世，屢被猜嫌，積怨犯上，自貽非命。天祚明德，屬當昌運，不有所廢，將何以興？成人之美，春秋之高義，立帝清館，臣節之所司。耿弇不以賊遺君父，臣亦何負於宋室邪？況釁結閫牆，禍成畏逼，天下耳目，豈伊可誣。

臣忝居藩任，乃誠匪懈，爲政小大，必先啓聞。糾剔羣蠻，清夷境内，分留弟姪，並侍殿省。陛下聿遵先志，申以婚姻，童稚之目，猥荷齒召，薦女遷子，合門相送。事君之道，義盡於斯。臣羨之總録百揆，翼亮三世，年耆乞退，屢抗表疏，優旨綢繆，未垂順許。臣亮管司喉舌，恪虔夙夜，恭謹一心，守死善道。此皆皇宋之宗臣，社稷之鎮衞，而讒人傾覆，妄生國釁，天威震怒，加以極刑，并及臣門，同被孥戮。雖未知臣道濟問，推理即事，不容獨存。先帝顧託元臣翼命之佐，勦於佞邪之手，忠貞匪躬之輔，不免夷滅之誅。陛下春秋方富，始覽萬機，民之情僞，未能鑒悉。王弘兄弟，輕躁昧進，王華猜忌忍害，規弄威權〔九〕，先除執政，以逞其欲。天下之人，知與不知，孰不爲之痛心憤怨者哉！

臣等見任先帝，垂二十載，小心謹慎，無纖介之愆，伏事甫尒，而嬰若斯之罪。若非先帝謬於知人，則爲陛下未察愚款。臣去歲末使反，得朝士及殿省諸將書，並言嫌隙已成，必有今日之事。臣推誠仰期，罔有二心，不圖姦回潛遘，理順難恃，忠賢隕朝，愚臣見襲。到彥之、蕭欣等在近路。昔白公稱亂，諸梁嬰胄，惡人在朝，趙鞅入伐。臣義均休戚，任居分陝，豈可顛而不扶，以負先帝遺旨。輒率將士，繕治舟甲，須其自送，投袂撲討。若天祚大宋，卜世靈長，義師克振，中流清蕩，便當浮舟東下，戮此三豎，申理冤恥，謝罪闕庭，雖伏鑕赴鑊，無恨於心。伏願陛下遠尋永初託付之旨，近存元嘉奉戴之誠，則微臣丹款，猶有可察。臨表哽慨，言不自盡。

太祖時已戒嚴，諸軍相次進路。尚書符荊州曰：

禍福無門，逆順有數，天道微於影響，人事鑒於前圖，未有蹈義而福不延，從惡而禍不至也。故智計之士，審敗以立功，守正之臣，臨難以全節。徐羨之、傅亮、謝晦，安忍鴆殺，獲罪於天，名教所極，政刑所取，已遠暴四海，宣於聖詔。羨之父子、亮及晦息，電斷之初，並即大憲。復王室之讎，攄義夫之憤，國典澄明，人神感悦。三姓同罪，既擒其二，晦之室屬，縲仆獄户，苟幽明所怨，孤根易拔，以順討逆，雖厚必崩。然歸死難圖，獸困則噬，是以爰整其旅，用爲過防。京師之衆，天下雲集，士練兵精，大號響震。

使持節、中領軍佷山縣開國侯到彥之率羽林選士果勁二萬，雲旍首路，組甲曜川。使持節、散騎常侍、都督南徐兗之江北淮南青州徐州之淮陽下邳琅邪東莞七郡諸軍事〔一〇〕、征北將軍、南兗州刺史、永脩縣開國公檀道濟統勁銳武卒三萬，戈船蔽江，星言繼發，千帆俱舉，萬棹遄征。散騎常侍、驍騎將軍段宏鐵馬二千，風驅電擊，步自竟陵，直至鄢郢。又命征虜將軍、雍州刺史劉粹控河陰之師，衝其巢窟。湘州刺史張邵提湘川之衆，直據要害。巴、蜀杜荆門之險，秦、梁絶丹圻之逕，雲網四合，走伏路盡。然後鑾輿劾駕，六軍鵬翔，警蹕前臨，五牛整旆。雖以英布之氣，彭寵之資，登陴無名，授兵誰御？加以西土之人，咸沐皇澤，東吴將士，懷本首丘，必不自陷罪人之黨，横爲亂亡之役。置軍則魚潰，嬰城則鳥散，其勢然矣。聖上慇懃哀愍，其罪由晦，士民何辜。是用一分前麾，宣示朝旨。符到，其即共收擒晦身，輕舟護送。若已猖蹶，先事阻衞，宜飜然背亂，相率歸朝。頃大刑所加，洪恩曠洽，傅亮三息，特蒙全宥，晦同産以下，羡之諸姪，咸無所染。況彼府州文武，並列王職，荷國榮任，身雖在外，乃心辰極。夫轉禍貴速，後機則凶，遂使王師臨郊，雷電皆至，噬臍之恨，亦將何及。

時益州刺史蕭摹之、巴西太守劉道産被徵還，始至江陵，晦並縶繫，没其財貨，以充軍資。竟陵内史殷道鸞未之郡，以爲諮議參軍。以弟遯爲冠軍、竟陵内史，總留任，兄子世猷爲建威將軍、南平太守。劉粹若至，周超能破之者，即以爲龍驤將軍、雍州刺史。晦率衆二萬〔一一〕，發自江陵，舟艦列自江津至于破冢，旍旆相照，蔽奪日光。晦乃歎曰：「恨不得以此爲勤王之師！」自領湘州刺史，以張邵爲輔國將軍，邵不受命。

晦檄京邑曰：

王室多故，禍難荐臻。營陽失德，自絶宗廟。廬陵王構閾有本，屢被猜嫌，且居喪失禮，遐邇所具，積怨犯上，自貽非道。羣后釋位，爰登聖明，亂之未乂，職有所係。按車騎大將軍王弘、侍中王曇首，謬蒙時私，叨竊權要。弘於永初之始，實荷不世之恩，元嘉之讓，自謂任遇浮淺，進誣先皇委誠之寄，退長嫌隙異同之端。曇首往因使下，訪以今上起居，不能光揚令德，彰於朝聽，其言多誣，故不具說。王華賊亡之餘，賞擢之次，先帝常見訪逮，庶有一分可取，而華禀性凶猜，多所忍害，曩者縱人入城，託疾辭事，此都士庶，咸所聞知。以其所啓及上手答示宗叔獻，又令宣告徐、傅二公。及周糾使下，又令見咨，云：「欲自攬政事，求離任還都，并令曇首具述此意。」又惠觀道人說，外人告華及到彦之謀反，不謂無之。城内東將，數日之内，操戈相待。華説數爲秋當所譖，常不自安。凡此諸事，豈有忠誠冥契若此者邪。自以父亡道側，情事異人，外絶酒醴，而宵飲是恣。靦兒□□□□□□凡厥士庶，誰不側目。又常歎宰相頓有數人，是何憒憒，規總威權，不顧國典。保祐皇家者，罹屠戮之誅，效勤社稷者，致殲夷之禍。搢紳之徒，孰不忼慨。遂矯違詔旨，遣到彦之、蕭欣之輕舟見襲。即日監利左尉露檄衆軍已至揚子。

雖以不武，忝荷蕃任，國家艱難，悲憤兼集。若使小人得志，君子道消，凡百有殄瘁之哀，蒼生深横流之懼。輒糾勒義徒，繕治舟甲，舳艫亘川，駟介蔽野，武夫鷙勇，人百其誠。今遣南蠻司馬寧遠將軍庾登之統參軍事建武將軍建平太守安泰、宣威將軍昭弘宗、參軍事宣威將軍王紹之等，精鋭一萬，前鋒致討。南蠻參軍、振武將軍魏像統參軍事、宣威將軍陳珍虎旅二千，參軍事、建威將軍、新興太守賀愔甲卒三千，相係取道。南蠻參軍、振威將軍郭卓鐵騎二千，水步齊舉。大軍三萬，駱驛電邁。行冠軍將軍竟陵内史河東太守謝遯、建威將軍南平太守謝世猷驍勇一萬，留守江陵。分命參軍、長寧太守竇應期步騎五千，直出義陽。司馬、建威將軍、行南義陽太守周超之統軍司馬、振武將軍胡崇之精悍一萬〔二〕，北出高陽，長兼行參軍、寧遠將軍朱澹之步騎五千，西出鴈塞，同討劉粹，並趨襄陽。奇兵尚速，指景齊奮。諸賢並同國恩，情兼義烈，今誠志士忘身之日，義夫著績之秋，見機而動，望風而不待勗。

晦至江口，到彦之已到彭城洲。庾登之據巴陵，畏懦不敢進。會霖雨連日，參軍劉和之曰：「彼此共有雨耳，檀征北尋至，東軍方彊，唯宜速戰。」登之恇怯，使小將陳祐作大囊，貯茅數千斛，縣於騙檣，云可以焚艦，用火宜須晴，以緩戰期。晦然之，遂停軍十五日。乃攻蕭欣於彭城洲，中兵參軍孔延秀率三千人進戰，甚力。欣於陳後擁楯自衛，又委軍還船，於是大敗。延秀又攻洲口柵陷之，彥之退保隱圻。

晦又上表曰：

臣聞凶邪敗國，先代成患；讒豎亂朝，異世齊禍。故趙高矯逼，秦氏用傾，董卓階亂，漢祚伊覆。雖哲王宰世，大明照臨，未能使其漸弗興，茲害不作。姦臣王弘等竊弄威權，興造禍亂，遂與弟華內外影響，同惡相成，忌害忠賢，圖希非望。故司徒臣羨之、左光祿大夫臣亮橫被酷害，并及臣門。雖未知征北將軍臣道濟存亡，不容獨免。遂遣蕭欣、到彥之等輕舟見襲，姦僞之甚，一至於斯。羨之及亮，或宿德元臣，姻婭皇極，或任總文武，位班三事，道濟職惟上將，扞城是司，皆受遇先朝，棟梁一代。臣昔因時幸，過蒙先眷，內聞政事，外經戎旅，與羨之、亮等同被齒盼。既經啓王基，協濟大業，爰自權輿，暨于揖讓，誠積雖微，仍見紀録，並蒙丹書之誓，各受山河之賞，欲使與宋升降，傳之無窮。及聖體不預，穆卜無吉，召臣等四人，同升御牀，顧命領遺，委以家國。仰奉成旨，俯竭股肱，忠貞不效，期之以死。但營陽悖德，自絕於天〔一三〕，社稷之危，憂在託付，不有所廢，將焉以興。乃遠稽殷、漢，用升聖德。陛下順流乘傳，不聽張武之疑，入邸龍飛，非俟宋昌之議，斯乃主臣相信，天人合契，九五當陽，化形四海。羨之及亮，内贊皇猷，臣與道濟，分翰于外，普天之下，孰曰不宜。遂蒙寵授，來鎮此方，分留弟姪，以侍臺省。到任以來，首尾三載，雖形在遠外，心係本朝，事無大小，動皆咨啓，八州之政，罔一專輒，尊上之心，足貫幽顯。陛下遠述先旨，申以婚姻，大息世休，復蒙引召，是以去年送女遣兒，闔家俱下，血誠如此，未知所愧。而凶狡無端，妄生釁禍，羨之内誅，臣受外伐，顧省諸懷，不識何辜？天聽遐邈，陳訴靡由。弘等既蒙寵任，得侍左右，自謂勢擅狐鼠，理隔熏掘。又以陛下富於春秋，始覽政事，欲馮陵恩幸，闚望國權，親從磐跱，規自封殖。不除臣等，罔得專權，所以交結讒慝[一四]，成是亂階。又惟弘等所構，當以營陽爲言，廬陵爲辠。又以臣等位高功同，内外膠固。陛下信其厚皃，忘厥左道，三至下機，能不暫惑。

伏自尋省，廢昏立明，事非爲己。廬陵之事，不由傍人，内積蕭牆之釁，外行叔段之罰，既制之有主，臣何預焉。然廬陵爲性輕險，悌順不足，武皇臨崩，亦有口詔，比雖發自營陽，實非國禍。至於羨之、亮等，周旋同體，心腹内外，政欲戮力皇家，盡忠報主。若令臣等頗欲執權，不專爲國，初廢營陽，陛下在遠，武皇之子，尚有童幼，擁以號令，誰敢非之。而泝流三千，虚館三月，奉迎鑾駕，以遵下武，血心若斯，易爲可鑒。且臣等奉事先朝，十有七年，並居顯要，世稱恭謹，不圖一旦致茲釁罰。夫周公大賢，尚有流言之謗，伯奇至孝，不免譖愬之禍。慈父非無情於仁子，明君豈有志於貞臣。姦邁所移，勢回山岳，況乃精誠微淺，而望求信者哉。詩不云乎：「讒人罔極，交亂四國。愷悌君子，無信讒言。」陛下躬覽篇籍，研覈是非，舋兆之萌，宜應深察。臣竊懼王室小有皇甫之患，大有閻樂之禍，夙夜殷憂，若無首領。夫周道浸微，桓、文稱伐，君側亂國，趙鞅入誅。況今凶禍滔天，辰極危逼，台輔拏戮，岳牧傾陷。臣才非絳侯，安漢是職，人愧博陸，廟奉遺旨。國難既深，家痛亦切〔一五〕。輒簡徒繕甲，軍次巴陵，蕭欣窘懾，望風奔迸。臣誠短劣，在國忘身，仰憑社稷之靈，俯厲義勇之氣，將長驅電掃，直入石頭，梟翦元凶，誅夷首惡，弔二公之冤魂，寫私門之禍痛。然後分歸司寇，甘赴鼎鑊，雖死之日，猶生之年。

伏惟陛下德合乾元，道侔玄極，鑒凶禍之無端，察貞亮之有本，回日月之照，發霜電之威，梟四凶於廟庭，懸三監於絳闕，申二台之匪辜，明兩藩之無罪，上謝祖宗，下告百姓，遣一乘之使，賜咫尺之書，臣便勒衆旋旗，還保所任。須次近路，尋復表聞。

初，晦與徐羨之、傅亮謀爲自全之計，晦據上流，而檀道濟鎮廣陵，各有彊兵，以制持朝廷；羨之、亮於中秉權，可得持久。及太祖將行誅，王華之徒咸云：「道濟不可信。」太祖曰：「道濟止於憎從，本非事主。殺害之事，又所不關。吾召而問之，必異。」於是詔道濟入朝，授之以衆，委之西討。晦聞羨之等死，謂道濟必不獨全，及聞率衆來上，惶懼無計。

道濟既至，與彥之軍合，牽艦緣岸〔一六〕。晦始見艦數不多，輕之，不即出戰。至晚，因風帆上，前後連咽，西人離阻，無復鬬心。臺軍至忌置洲尾，列艦過江，晦大軍一時潰散。晦夜出，投巴陵，得小船還江陵。初，雍州刺史劉粹遣弟竟陵太守道濟與臺軍主沈敞之襲江陵，至沙橋，周超率萬餘人與戰，大破之。俄而晦敗問至。晦至江陵，無它處分，唯愧謝周超而已。超其夜舍軍單舸詣到彥之降。衆散略盡，乃攜其弟遯、兄子世基等七騎北走。遯肥壯不能騎馬，晦每待之，行不得速。至安陸延頭，爲戍主光順之所執。順之，晦故吏也。檻送京師，於路作悲人道，其詞曰：

悲人道兮，悲人道之實難。哀人道之多險，傷人道之寡安。懿華宗之冠胄，固清流而遠源。樹文德於庭户，立操學於衡門。應積善之餘祐，當履福之所延。何小子之凶放，實招禍而作愆。

值革變之大運，遭一顧於聖皇。參謀猷於刱物，贊帝制於宏綱。出治戎於禁衛，入關言於帷房。分河山之珪組，繼文武之龜章。稟顧命於西殿，受遺寄於御牀。伊懦劣其無節，實懷此而不忘。荷隆遇於先主，欲報之於後王。憂託付之無効，懼愧言於存亡。謂繼體其嗣業，能增輝於前光。居遏密之未幾，越禮度而湎荒。普天壤而殞氣，必社稷之淪喪。矧吾儕之體國，實啓處而匪遑。藉億兆之一志，固昏極而明彰。諒主尊而民晏，信卜祚之無疆。國既危而重構，家已衰而載昌。獲扶顛而休否，冀世道之方康。

朝褒功以疏爵，祇命服於西蕃。奏簫管之嘈囋，擁朱旄之赫煌〔一七〕。臨八方以作鎮，響文武之桓桓。厲薄弱以爲政，實忘食於日旰。豈申甫之敢慕，庶惟宋之屏翰。甫逾歷其三稔，實周回其未再。豈有慮於內□□□□其云裁。痛夾輔之二宰，並加辟而靡貸。哀弱息之從禍，悲發中而心痗。

伊荆漢之良彥，逮文武之子民。見忠貞而弗亮，覩理屈而莫申。皆義概而同憤，咸荷戈而競臻。浮舳艫之弈弈，陳車騎之轔轔。觀人和與師整，謂茲兵其誰陳。庶亡魂之雪怨，反涇、渭於彝倫。齊輕舟於江曲，殄銳敵其皆湮。勒陸徒於白水，寇無反於隻輪。氣有捷而益壯，威既肅而彌振。嗟時哉之不與，迕風雨以踰旬。我謀戰而不克，彼繼奔其躡塵。乏智勇之奇正，忽孟明而是遵。苟成敗其有數，豈怨天而尤人。恨矢石之未竭，遂摧師而覆陳。誠得喪之所遭，固當之其無吝。痛同懷之弱子，横遭罹之殃釁。智未窮而事傾，力未極而莫振。誓同盡於鋒鏑，我怯劣而愆信。愍弟姪之何辜，實吾咎之所嬰。謂九夷其可處，思致免以全生。嗟性命之難遂，乃窘絏於邊亭。亦何忤於天地，備艱危而是丁。

我聞之於昔誥，功彌高而身蹙。霍芒刺而幸免，卒傾宗而滅族。周嘆貴於獄吏，終下蕃而靡鞫。雖明德之大賢，亦不免於殘戮。懷今憚而忍人，忘向惠而莫復。續無賞而震主〔一八〕，將何方以自牧。非砏石之圜照〔一九〕，孰違禍以取福。著殷鑑於自古，豈獨嘆於季叔。能安親而揚名，諒見稱於先哲。保歸全而終孝，傷在余而皆缺。辱歷世之平素，忽盛滿而傾滅。惟烝嘗與灑埽，痛一朝而永絕。問其誰而爲之，寔孤人之險戾。皐有踰於丘山，雖百死其何雪。

羈角偃兮衡閭，親朋交兮平義。雖履尚兮不一，隆分好兮情寄。俱憚耕兮從祿，覩世道兮艱詖。規志局兮功名，每謂之兮爲易。今定謚兮闔棺，慙明智兮昔議。雖待盡兮爲恥，嗟厚顏兮靡寘。長揖兮數子，謝爾兮明智。百齡兮浮促，終焉兮斟克。臥盡兮斧斤，理命兮同得。世安彼兮非此，豈曉分兮辨惑。御莊生之達言，請承風以爲則。

周超既降，到彥之以參府事，劉粹遣參軍沈敞之告彥之沙橋之敗，事由周超，彥之乃執之。先繫嚼等，猶未即戮，於是與晦、遯、兄子世基、世猷及同黨孔延秀、周超、費愔、竇應期、蔣虔、嚴千斯等並伏誅〔三〇〕。世基，絢之子也，有才氣。臨死爲連句詩曰：「偉哉橫海鱗，壯矣垂天翼。一旦失風水，翻爲螻蟻食。」晦續之曰：「功遂侔昔人，保退無智力。既涉太行險，斯路信難陟。」晦死時，年三十七。庾登之、殷道鸞、何承天並皆原免。

初，河東人商玄石爲晦參軍，晦爲逆，玄石密欲推西人庾田夫及到彥之從弟爲主，田夫等不敢許。玄石知獨謀不立〔三一〕，遂爲晦領幢。事既平，恨本心之不遂，投水死。太祖嘉之，以其子懷福爲衡陽王義季右軍參軍督護。晦走，左右皆棄之，唯有延陵蓋追隨不舍。太祖嘉之，後以蓋爲長沙王義欣鎮軍功曹督護。

史臣曰：謝晦坐璽封違謬，遂免侍中，斯有以見高祖之識治，宰臣之稱職也。夫拏戮所施，事行重釁，左黜或用，義止輕愆。輕愆，物之所輕，重釁，人之所重。故斧鉞希行於世，徽簡日用於朝，雖貴臣細故，不以任隆弛法，至乎下肅上尊，用此道也。自太祖臨務，茲典稍違，網以疏行，法爲恩息，妨德害美，抑此之由。降及大明，傾詖愈甚，自非訐竊深私〔三二〕，陵犯密諱，則左降之科，不行於權戚。若有身觸盛旨，釁非國刑，免書裁至，弔客固望其門矣。由是律無恒條，上多弛行，綱維不舉，而網目隨之。所以吉人防著在微，慎大由小，蓋爲此云。

校勘記

〔一〕於車中一覽訊牒　「覽」，原作「鑑」，據南史卷一九謝晦傳、御覽卷六三一引宋書、册府卷七九九、通鑑卷一一六晉紀義熙七年改。

〔二〕會胡藩已得登岸　「胡藩」，原作「胡蕃」，據殿本、局本改。按本書卷五〇有胡藩傳。

〔三〕尋轉領軍將軍散騎常侍依晉中軍羊祜故事入直殿省總統宿衞三月高祖不豫　按本書卷三武帝紀下、通鑑卷一一九宋紀，謝晦爲領軍將軍在永初三年正月，劉裕不豫在永初三年三月。

〔四〕領護南蠻校尉　「護」，原作「諸」，據局本、南史卷一九謝晦傳、册府卷三二二改。

〔五〕晦荅曰三十五　「三十五」，原作「三十三」，據殿本、南史卷一九謝晦傳、建康實録卷一二、御覽卷四九一引宋書、册府卷四五一改。按晦死時年三十七，其爲荆州刺史在死前二年，則作「三十五」是。

〔六〕昔荀中郎年二十七爲北府都督　「二十七」，晉書卷七五荀崧傳附荀羡傳作「二十八」。

〔七〕又言拜京陵　「京陵」，原作「景陵」，據南史卷一九謝晦傳、通鑑卷一二〇宋紀元嘉三年改。通鑑胡注：「京陵，興寧陵也。」

〔八〕又素無旅情計二三　孫彪考論卷二：「『旅』上脱『部』字。通鑑云：『素無部衆，情計二三。』」

〔九〕規弄威權　「弄」，原作「筭」，據南監本、北監本、汲本、殿本、局本改。

〔一〇〕都督南徐兗之江北淮南青州徐州之淮陽下邳琅邪東莞七郡諸軍事　錢大昕考異卷二四：「實四郡，『七』字誤。」

〔一一〕晦率衆二萬　「衆」字原闕，據南史卷一九謝晦傳補。按通鑑卷一二〇宋紀元嘉三年亦云謝晦時「帥衆二萬發江陵」。

〔一二〕司馬建威將軍行南義陽太守周超之統軍司馬振武將軍胡崇之精悍一萬　「周超之」即前後文之周超，六朝人名後之「之」字，有時可省去。此檄文則仍存「之」字。

〔一三〕但營陽悖德自絕於天　「悖」，原作「勃」，「自」，原作「日」，據三朝本、南監本、北監本、汲本、殿本、局本改。

〔一四〕所以交結讒慝　「讒」，原作「纔」，據南監本、殿本、局本改。

〔一五〕家痛亦切　「切」，原作「竊」，據三朝本、南監本、北監本、汲本、殿本、局本改。

〔一六〕牽艦緣岸　「艦」，原作「盤」，據通鑑卷一二〇宋紀元嘉三年改。

〔一七〕擁朱旄之赫煌　張森楷校勘記：「『煌』字與上『蕃』，下『桓』、『盱』、『翰』等不叶韻，疑當作『烜』。廣韻：『烜，光明也。』」孫彪考論卷二：「『煌』字非韻，蓋『烜』字誤也。」

〔一八〕續無賞而震主　句不可通。按張森楷校勘記：「『續』疑當作『績』。」

〔一九〕非砏石之圜照　吴金華宋書校點續議（續二）：「『砏』字無義。盧文弨讀史札記云：『砏石，當作砎石。易「介于石」，釋文云「古文作砎」。』其説是。『砎石』是『介石』的古文，喻指能够預測禍福的先知先覺。（中略）晉書卷九二伏滔傳所載正淮論：『夫王淩面縛，得之於砎石；仲恭接刃，成之於後覺也。』」

〔二〇〕於是與晦遯兄子世基世猷及同黨孔延秀周超費愔竇應期蔣虔嚴千斯等並伏誅　「孔延秀」上，原有「庾登之」三字。錢大昕考異卷二四：「按下文云庾登之、殷道鸞、何承天並皆原免，則登之實未誅也。」錢説是，今據删。按庾登之本書卷五三有傳，云「晦敗，登之以無任免罪，禁錮還家」。又張森楷校勘記：「『費愔，當即前之賀愔，作『費』者蓋形似之訛。」

〔二一〕玄石知獨謀不立　「玄石知」，原作「知玄石」，孫虨考論卷二：「當云『玄石知獨謀不立』。」按孫説是，今訂正。

〔二二〕自非訐竊深私　「訐」，原作「許」，據南監本、汲本、局本改。

宋書卷四十五

列傳第五

王鎮惡　檀韶　向靖　劉懷慎　劉粹

王鎮惡，北海劇人也。祖猛，字景略，苻堅僭號關中，猛爲將相，有文武才，北土重之。父休，僞河東太守。

鎮惡以五月五日生，家人以俗忌，欲令出繼疎宗。猛見奇之，曰：「此非常兒，昔孟嘗君惡月生而相齊，是兒亦將興吾門矣。」故名之爲鎮惡。年十三而苻氏敗亡，關中擾亂，流寓崤、澠之間。嘗寄食澠池人李方家，方善遇之。謂方曰：「若遭遇英雄主，要取萬户侯，當厚相報。」方答曰：「君丞相孫，人才如此，何患不富貴。至時願見用爲本縣令足矣。」後隨叔父曜歸晉，客居荆州。頗讀諸子兵書，論軍國大事，騎乘非所長，關弓亦甚弱，而意略縱橫，果決能斷。

廣固之役，或薦鎮惡於高祖，時鎮惡爲天門臨澧令，即遣召之。既至與語，甚異焉。因留宿。明旦謂諸佐曰：「鎮惡，王猛之孫，所謂將門有將也。」即以爲青州治中從事史，行參中軍太尉軍事，署前部賊曹。拒盧循於查浦，屢戰有功，封博陸縣五等子。

高祖謀討劉毅，鎮惡曰：「公若有事西楚，請賜給百舸爲前驅。」義熙八年，劉毅有疾，求遣從弟兗州刺史藩爲副貳，高祖僞許之。九月，大軍西討，轉鎮惡參軍事，加振武將軍。高祖至姑孰，遣鎮惡率龍驤將軍蒯恩百舸前發，其月二十九日也。戒之曰：「若賊知吾上，比軍至，亦當少日耳。政當岸上作軍，未辦便下船也。卿至彼，深加籌量，可擊，便燒其船艦，且浮舸水側，以待吾至。慰勞百姓，宣揚詔旨并赦文、及吾與衞軍府文武書。罪止一人，其餘一無所問。若賊都不知消息，未有備防，可襲便襲。今去，但云劉兗州上。」鎮惡受命，便晝夜兼行，於鵲洲、尋陽、河口、巴陵守風凡四日〔一〕，十月二十二日，至豫章口，去江陵城二十里。

自鎮惡進路，揚聲劉兗州上，毅謂爲信然，不知見襲。鎮惡自豫章口捨船步上，蒯恩軍在前，鎮惡次之。舸留一二人，對舸岸上豎六七旗，下輒安一鼓。語所留人：「計我將至城，便長嚴，令如後有大軍狀〔二〕。」又分隊在後，令燒江津船艦。鎮惡逕前襲城，語前軍：「若有問者，但云劉兗州至。」津戍及百姓皆言劉藩實上，晏然不疑。

未至城五六里，逢毅要將朱顯之，與十許騎，步從者數十，欲出江津。問是何人，答云：「劉兗州至。」顯之馳前問藩在所，答云：「在後。」顯之既見軍不見藩，而見軍人擔彭排戰具，望見江津船艦已被燒，烟焰張天，而鼓嚴之聲甚盛，知非藩上，便躍馬馳去告毅：「外有大軍，似從下上，垂已至城，江津船悉被火燒矣。」行令閉諸城門。鎮惡亦馳進，軍人緣城得入，門猶未及下關，因得開大城東門。大城內，毅凡有八隊，帶甲千餘，已得戒嚴。蒯恩入東門，便北回擊射堂，前攻金城東門。鎮惡入東門，便直擊金城西門。軍分攻金城南門。毅金城內東從舊將，猶有六隊千餘人〔三〕，西將及能細直吏快手，復有二千餘人。食時就鬭，至中晡，西人退散及歸降略盡。鎮惡入城，便因風放火，燒大城南門及東門。又遣人以詔及赦文并高祖手書凡三函示毅，毅皆燒不視。金城內亦未信高祖自來。有王桓者，家在江陵，昔手斬桓謙，爲高祖所賞拔，常在左右。求還西迎家，至是率十餘人助鎮惡戰。下晡間，於金城東門北三十步鑿城作一穴，桓便先衆入穴，鎮惡自後繼之，隨者稍多，因短兵接戰。鎮惡軍人與毅東來將士〔四〕，或有是父兄子弟中表親親者，鎮惡令且鬭且共語，衆並知高祖自來，人情離懈。一更許，聽事前陣散潰，斬毅勇將趙蔡。毅左右兵猶閉東西閤拒戰，鎮惡慮闇夜自相傷犯，乃引軍出，繞金城，開其南面，以爲退路。毅慮南有伏兵，三更中，率左右三百許人開北門突出。初，毅常所乘馬在城外不得入，蒼卒無馬，毅便就子肅民取馬，肅民不與。朱顯之謂曰：「人取汝父，而惜馬不與，汝今自走，欲何之？」奪馬以授毅。初出，政值鎮惡軍，衝之不得去；回衝蒯恩軍，軍人鬭已一日，疲倦，毅得從大城東門出奔牛牧佛寺，自縊死。鎮惡身被五箭，射鎮惡手所執矟，於手中破折。江陵平後二十日，大軍方至。

署中兵，出爲安遠護軍、武陵內史。以討劉毅功，封漢壽縣子，食邑五百户。蠻帥向博抵根據阮頭，屢爲凶暴，鎮惡討平之。初行，告刺史司馬休之，求遣軍以爲聲援，休之遣其將朱襄領衆助鎮惡。會高祖西討休之，鎮惡乃告諸將曰：「百姓皆知官軍已上，朱襄等復是一賊，表裏受敵，吾事敗矣。」乃率軍夜下，江水迅急，倏忽行數百里，直據都尉治。既至，乃以竹籠盛石，堙塞水道，襄軍下，夾岸擊之，斬襄首，殺千餘人。鎮惡性貪，既破襄，因停軍抄掠諸蠻，不時反。及至江陵，休之已平，高祖怒，不時見之。鎮惡笑曰：「但令我一見公，無憂矣。」高祖尋登城喚鎮惡，鎮惡爲人彊辯，有口機，隨宜酬應，高祖乃釋。休之及魯宗之奔襄陽，鎮惡統蒯恩諸軍水路追之，休之等奔羌，鎮惡追躡，盡境而還。除游擊將軍。

十二年，高祖將北伐，轉鎮惡爲諮議參軍，行龍驤將軍，領前鋒。將發，前將軍劉穆之見鎮惡於積弩堂，謂之曰：「公慜此遺黎，志蕩逋逆。昔晉文王委伐蜀於鄧艾，今亦委卿以關中，想勉建大功，勿孤此授。」鎮惡曰：「不剋咸陽，誓不復濟江而還也！」

鎮惡入賊境，戰無不捷，邵陵、許昌，望風奔散，破虎牢及柏谷塢，斬賊帥趙玄。軍次洛陽，僞陳留公姚洸歸順。進次澠池，造故人李方家，升堂見母，厚加酬賚，即版授方爲澠池令。遣司馬毛德祖攻僞弘農太守尹雅於蠡城，生擒之。仍行弘農太守。方軌長驅，徑據潼關。僞大將軍姚紹率大衆拒嶮，深溝高壘以自固。鎮惡懸軍遠入，轉輸不充，與賊相持久，將士乏食，乃親到弘農督上民租，百姓競送義粟，軍食復振。初，高祖與鎮惡等期，若剋洛陽，須大軍至，未可輕前。既而鎮惡等逕向潼關，爲紹所拒不得進，而軍又乏食，馳告高祖，求遣糧援。時高祖沿河，索虜屯據河岸，軍不得前。高祖呼所遣人開舫北户，指河上虜示之曰：「我語令勿進，而輕佻深入。岸上如此，何由得遣軍？」鎮惡既得義租，紹又病死，僞撫軍姚讚代紹守險，衆力猶盛。高祖至湖城，讚引退。

大軍次潼關，謀進取之計，鎮惡請率水軍自河入渭。僞鎮北將軍姚彊屯兵涇上，鎮惡遣毛德祖擊破之，直至渭橋。鎮惡所乘皆蒙衝小艦，行船者悉在艦内，羌見艦泝渭而進，艦外不見有乘行船人，北土素無舟檝〔五〕，莫不驚惋，咸謂爲神。鎮惡既至，令將士食畢，便棄船登岸。渭水流急，倏忽間，諸艦悉逐流去。時姚泓屯軍在長安城下，猶數萬人。鎮惡撫慰士卒曰：「卿諸人並家在江南，此是長安城北門外，去家萬里，而舫乘衣糧，並已逐流去，豈復有求生之計邪！唯宜死戰，可以立大功，不然，則無遺類矣。」乃身先士卒，衆亦知無復退路，莫不騰踊爭先，泓衆一時奔潰，即陷長安城。泓挺身逃走，明日，率妻子歸降。城内夷、晉六萬餘户，鎮惡宣揚國恩，撫慰初附，號令嚴肅，百姓安堵。

高祖將至，鎮惡於灞上奉迎，高祖勞之曰：「成吾霸業者，真卿也。」鎮惡再拜謝曰：「此明公之威，諸將之力，鎮惡何功之有焉！」高祖笑曰：「卿欲學馮異也。」是時關中豐全，倉庫殷積，鎮惡極意收斂，子女玉帛，不可勝計。高祖以其功大，不問也。進號征虜將軍。時有白高祖以鎮惡既克長安，藏姚泓僞輦，爲有異志。高祖密遣人覘輦所在，泓輦飾以金銀，鎮惡悉剔取，而棄輦於垣側。高祖聞之，乃安。

高祖留第二子桂陽公義真爲安西將軍、雍秦二州刺史，鎮長安。鎮惡以本號領安西司馬、馮翊太守，委以扞禦之任。時西虜佛佛彊盛，姚興世侵擾北邊，破軍殺將非一。高祖既至長安，佛佛畏憚不敢動。及大軍東還，便寇逼北地。義真遣中兵參軍沈田子距之。虜甚盛，田子屯劉回堡，遣使還報鎮惡。鎮惡對田子使，謂長史王脩曰：「公以十歲兒付吾等，當各思竭力，而擁兵不進，寇虜何由得平。」使還，具説鎮惡言，田子素與鎮惡不協，至是益激怒。二人常有相圖志，彼此每相防疑。鎮惡率軍出北地，爲田子所殺，事在序傳。時年四十六。田子又於鎭惡營內，殺鎭惡兄基、弟鴻、遵、淵及從弟昭、朗、弘，凡七人。是歲，十四年正月十五日也。

高祖表曰：「故安西司馬、征虜將軍王鎭惡，志節亮直，機略明舉。自策名州府，屢著誠績。荆南遘釁，勢據上流，難興彊蕃，憂兼內侮。鎭惡輕舟先邁，神兵電臨，旰食之虞，一朝霧散。及王師西伐，有事中原，長驅洛陽，肅清湖、陝。入渭之捷，指麾無前，遂廓定咸陽，俘執僞后，克成之効，莫與爲疇，實扞城所寄，國之方邵也。近北虜遊魂，寇掠渭北，統率衆軍，曜威撲討。賊既還奔，還次涇上，故龍驤將軍沈田子忽發狂易，奄加刃害，忠勳未究，受禍不圖，痛惜兼至，惋悼無已，伏惟聖懷，爲之傷惻。田子狂悖，即已備憲。鎭惡誠著艱難，勳參前烈，殊績未酬，宜蒙追寵，願敕有司，議其褒贈。」於是追贈左將軍、青州刺史。高祖受命，追封龍陽縣侯，食邑千五百户，謚曰壯侯。配食高祖廟廷。

子靈福嗣，位至南平王鑠右軍諮議參軍。靈福卒，子述祖嗣。述祖卒，子叡嗣。齊受禪，國除。

鎭惡弟康，留關中，及高祖北伐，鎭惡爲前鋒，康逃匿田舍。鎭惡次潼關，康將家奔之，高祖板爲彭城公前將軍行參軍。鎭惡被害，康逃藏得免，攜家出洛陽，到彭城，歸高祖。即以康爲相國行參軍。求還洛陽視母，尋值關、陝不守，康與長安徙民張旰醜、劉雲等唱集義徒，得百許人，驅率邑郭僑户七百餘家，共保金墉城，爲守戰之備。時有一人邵平，率部曲及并州乞活一千餘户屯城南，迎亡命司馬文榮爲主。又有亡命司馬道恭自東垣率三千人屯城西，亡命司馬順明五千人屯陵雲臺。順明遣刺殺文榮，平復推順明爲主。又有司馬楚之屯柏谷塢，索虜野坂戍主黑矟公遊騎在芒上〔六〕，攻逼交至，康堅守六旬。宋臺建，除康寧朔將軍、河東太守。遣龍驤將軍姜□率軍救之，諸亡命並各奔散。高祖嘉康節，封西平縣男，食邑三百户，進號龍驤將軍。迎康家還京邑。勸課農桑，百姓甚親賴之。永初元年卒金墉，時年四十九，葬於偃師城西。追贈輔國將軍。無子，以兄河西太守基子天祐嗣。當太祖元嘉二十七年，隨劉康祖伐索虜敗没，子懷祖嗣。

檀韶字令孫，高平金鄉人也。世居京口。初辟本州從事，西曹主簿，輔國司馬。高祖建義，韶及弟祗、道濟等從平京城，行參高祖建武將軍事。都邑既平，爲鎮軍參軍〔七〕，加寧遠將軍、東海太守，進號建武將軍，遷龍驤將軍、秦郡太守，北陳留内史。以平桓玄功，封巴丘縣侯，食邑五百户。復參車騎將軍事，加龍驤將軍，遷驍騎將軍〔八〕，中軍諮議參軍，加寧朔將軍。

從征廣固，率向彌、胡藩等五十人攻臨朐城，克之。及圍廣固，慕容超夜燒樓當韶圍分，降號橫野將軍。城陷之日，韶率所領先登，領北琅邪太守，進號寧朔將軍、琅邪內史。從討盧循於左里，又有戰功，并論廣固功，更封宜陽縣侯，食邑七百户，降先封一等爲伯，減户之半二百五十户，賜祇子臻。坐六門内乘輿，白衣領職。義熙七年，號輔國將軍。八年，丁母憂，起爲冠軍將軍。明年，復爲琅邪内史，淮南太守，將軍如故。鎮姑孰。尋進號左將軍，領本州大中正。十二年，遷督江州豫州之西陽新蔡二郡諸軍事、江州刺史，將軍如故。有罪，免官。高祖受命，以佐命功，增八百户，并前千五百户。韶嗜酒貪橫，所莅無績，上嘉其合門從義，弟道濟又有大功，故特見寵授。永初二年，卒於京邑，時年五十六。追贈安南將軍，加散騎常侍。

子緒嗣。緒卒，無子，國除。祇子臻。臻卒，子遐嗣，齊受禪，國除。祇、弟道濟並別有傳。

向靖字奉仁，小字彌，河内山陽人也。名與高祖祖諱同〔九〕，改稱小字。世居京口，與高祖少舊。從平京城，參建武軍事。進平京邑，板參鎮軍軍事，加寧遠將軍。京邑雖平，而羣寇互起，彌與劉蕃、孟龍符征破桓歆、桓石康、石綏於白茅，攻壽陽剋之。義熙三年，遷建武將軍、秦郡太守，北陳留内史，戍堂邑。以平京城功，封山陽縣五等侯。

從征鮮卑，大戰於臨朐，累月不決。彌與檀韶等分軍自間道攻臨朐城。彌擐甲先登，即時潰陷，斬其牙旗，賊遂奔走。攻拔廣固，彌又先登。盧循屯據蔡洲，以親黨阮賜爲豫州刺史，攻逼姑孰。彌率譙國内史趙恢討之。時輔國將軍毛脩之戍姑孰，告急續至，彌兼行進討，破賜，收其輜重。除中軍諮議參軍，將軍如故。盧循退走，高祖南征，彌爲前鋒，於南陵、雷池、左里三戰〔一〇〕，並大捷。軍還，除太尉諮議參軍、下邳太守，將軍如故。八年，轉游擊將軍，尋督馬頭淮西諸郡軍事、龍驤將軍、鎮蠻護軍、安豐汝陰二郡太守、梁國内史，戍壽陽。以平廣固、盧循功，封安南縣男，食邑五百户。十年，遷冠軍將軍、高陽内史，臨淮太守，領石頭戍事。高祖西伐司馬休之，以彌爲吳興太守，將軍如故。明年，高祖北伐，彌以本號侍從，留戍碻磝，進屯石門、柏谷。遷督北青州諸軍事、北青州刺史，將軍如故。高祖受命，以佐命功，封曲江縣侯，食邑千户。遷太子左衛率，加散騎常侍。二年，卒官。時年五十九。追贈前將軍。彌治身儉約，不營室宇，無園田商貨之業，時人稱之。

子植嗣，多過失，不受母訓，奪爵。更以植次弟楨紹封〔一一〕，又坐殺人，國除。

植弟柳，字玄季，有學義才能，立身方雅，無所推先，諸盛流並容之。太尉袁淑、司空徐湛之、東揚州刺史顔竣皆與友善〔一二〕。歷始興王濬征北中兵參軍，始興内史，南康相。臧質爲逆，召柳至尋陽，與之俱下。質敗歸降，下獄死。

彌弟劭，永初中，爲宣城太守。劭弟子亮，以私忿殺彌妻施氏，託云奴客所殺，劭輒於墓所殺亮及彌妾并奴婢七八人，匿不聞官，爲有司所奏，詔無所問。元嘉初，卒於義興太守。

劉懷慎，彭城人，左將軍懷肅弟也。少謹慎質直。始參高祖鎮軍、車騎將軍事〔一三〕，振威將軍、彭城内史。從征鮮卑，每戰必身先士卒，及克廣固，懷慎率所領先登。從高祖距盧循於石頭，屢戰克捷，加輔國將軍。義熙八年，以本號監北徐州諸軍事，鎮彭城。尋加徐州刺史。爲政嚴猛，境内震肅。九年，亡命王靈秀爲寇，討平之。十一年，進北中郎將。以平廣固、盧循功，封南城縣男，食邑五百户。十三年，高祖北伐，以爲中領軍、征虜將軍，衛輦轂。坐府中相殺，免官。雖名位轉優，而恭恪愈至，每所之造位任不踰己者，皆束帶門外下車，其謹退類如此。宋臺立，召爲五兵尚書，仍督江北淮南諸軍、前將軍、南青州刺史〔一四〕。復徵爲度支尚書，加散騎常侍。高祖遷都壽春，留懷慎督北徐兗青淮北諸軍事、中軍將軍、徐州刺史。以亡命入廣陵城，降號征虜將軍。永初元年，以佐命功，進爵爲侯，增邑千户。進號平北將軍。徵爲五兵尚書，加散騎常侍，光禄大夫。景平元年，遷護軍將軍，常侍如故〔一五〕。禄賜班於宗族〔一六〕，家無餘財。二年卒，時年六十一。追贈撫軍，謚曰肅侯。

子德願嗣。世祖大明初，爲游擊將軍，領石頭戍事。坐受賈客韓佛智貨，下獄，奪爵土。後復爲秦郡太守。德願性麤率，爲世祖所狎侮。上寵姬殷貴妃薨，葬畢，數與羣臣至殷墓。謂德願曰：「卿哭貴妃若悲，當加厚賞。」德願應聲便號慟，撫膺擗踴，涕泗交流。上甚悦，以爲豫州刺史。又令醫術人羊志哭殷氏，志亦嗚咽。他日有問志：「卿那得此副急淚？」志時新喪愛姬，答曰：「我爾日自哭亡妾耳〔一七〕。」志滑稽善爲諧謔，上亦愛狎之。德願善御車，嘗立兩柱，使其中劣通車軸，乃於百餘步上振轡長驅，未至數尺，打牛奔從柱間直過，其精如此。世祖聞其能〔一八〕，爲之乘畫輪車，幸太宰江夏王義恭第。德願岸著籠冠，短朱衣，執轡進止，甚有容狀。永光中，爲廷尉，與柳元景厚善。元景敗，下獄誅。

懷慎庶長子榮祖，少好騎射，爲高祖所知〔一九〕。及盧循攻逼，時賊乘小艦，入淮拔栅。高祖宣令三軍，不得輒射賊，榮祖不勝憤怒，冒禁射之，所中應弦而倒，帝益奇焉。以戰功參太尉軍事。從討司馬休之，彭城内史徐逵之敗没，諸將意沮，榮祖請戰愈厲，高祖乃解所著鎧以授之。榮祖率所領陷陣，身被數創，會賊破走。加振威將軍，尋參世子征虜軍事，領遂成令〔二〇〕。高祖北伐，轉鎮西中兵參軍，寧遠將軍。水軍入河，與朱超石大破索虜於半城，又攻劉度壘克之。高祖大饗戰士，謂榮祖曰：「卿以寡克衆，攻無堅城，雖古名將，何以過此。」轉爲太尉中兵參軍，加建威將軍。既破長安，姚泓女婿徐衆率其餘衆連營叛走，榮祖與檀道濟等攻營破之，斬首擒馘，不可稱計。十四年，除彭城内史，又補相國參軍。其年，遣榮祖還都，爲世子中兵參軍。永初元年，除越騎校尉，尋轉右軍將軍。索虜南寇，司州刺史毛德祖陷没，榮祖時居父艱，起爲輔國將軍。追論半城之功，賜爵都鄉侯。榮祖爲人輕財貴義，善撫將士，然性偏險褊隘，頗失士君子之心。領軍將軍謝晦深接待之，廢立之際，要榮祖，固辭獲免。及晦出鎮荆楚，欲請爲南蠻校尉，榮祖又固止之。其年冬卒。德願弟興祖，青州刺史。

懷慎弟懷默，冠軍將軍、江夏内史，太中大夫。懷默子道球〔二一〕，巴東、建平二郡太守。

道球弟孫登，武陵内史。孫登子亮，世祖大明中〔二二〕，爲武康令。時境内多盜鑄錢，亮掩討無不禽，所殺以千數。太宗泰始初，爲巴陵王休若鎮東中兵參軍，北伐南討，功冠諸將，封順陽縣侯，食邑六百户。歷黄門郎，梁、益二州刺史。在任廉儉，不營財貨，所餘公禄，悉以還官。太宗嘉之，下詔褒美。亮在梁州，忽服食修道，欲致長生。迎武當山道士孫道胤，令合仙藥。至益州，泰豫元年藥始成，而未出火毒。孫不聽亮服，亮苦欲服，平旦開城門取井華水服，至食鼓後，心動如刺，中間便絶。後人逢見，乘白馬，將數十人，出關西行，共語分明，此乃道家所謂尸解者也。追贈冠軍將軍，謚曰剛侯。

孫登弟道隆，元嘉二十二年，爲廬江太守。世祖舉義，棄郡來奔，以補南中郎參軍事，加龍驤將軍。時世祖分麾下以爲三幢，道隆與中兵參軍王謙之、馬文恭各領其一。大明中，歷黄門侍郎，徐、青、冀三州刺史。前廢帝景和中，以爲右衛將軍，永昌縣侯，食邑五百户，委以腹心之任。泰始初，爲太宗盡力，遷左衛將軍〔二三〕，中護軍，尋賜死，事在建安王休仁傳。

王謙之字休光，琅邪臨沂人。晉司州刺史胡之曾孫也。世祖初，歷驍騎將軍，御史中丞，吴興太守。以南下之功，封石陽縣子，食邑五百户。大明三年卒，贈前將軍，謚曰肅。子應之嗣。大明末，爲衡陽内史。晉安王子勛反，應之起義拒湘州行事何慧文，爲慧文所殺，事在鄧琬傳，追贈侍中。應之弟雲之，順帝昇明中貴達。

馬文恭，扶風人也。亦以功封泉陵縣子，食邑五百户。世祖即位，爲游擊將軍。頃之卒。

劉粹字道沖，沛郡蕭人也。祖恢，持節、監河中軍事，征虜將軍。粹家在京口。少有志幹，初爲州從事，高祖克京城，參建武軍事。從平京邑，轉參鎮軍事，尋加建武將軍、沛郡太守，又領下邳太守。復爲車騎中軍參軍。從征廣固，戰功居多。以義功，封西安縣五等侯。軍還，轉中軍諮議參軍。盧循逼京邑，京口任重，太祖時年四歲，高祖使粹奉太祖鎮京城。轉游擊將軍。

遷建威將軍、江夏相。衞將軍毅，粹族兄也，粹盡心高祖，不與毅同。高祖欲謀毅，衆並疑粹在夏口，高祖愈信之。及大軍至，粹竭其誠力。事平，封灄陽縣男〔二四〕，食邑五百户。母憂去職。俄而高祖討司馬休之，起粹爲寧朔將軍、竟陵太守，統水軍入河。明年，進號輔國將軍，遷相國右司馬、侍中，中軍司馬、冠軍將軍，遷左衞將軍。永初元年，以佐命功，改封建安縣侯，食邑千户。二年，以役使監吏，免官。尋督江北淮南郡事、征虜將軍、廣陵太守。三年，以本號督豫司雍并四州南豫州之梁郡弋陽馬頭三郡諸軍事、豫州刺史，領梁郡太守，鎮壽陽，治有政績。

少帝景平二年，譙郡流離六十餘家叛没虜，趙㚖、秦剛等六家悔倍還投陳留襄邑縣，頓謀等村，粹遣將苑縱夫討叛户不及，因誅殺謀等三十家，男丁一百三十七人，女弱一百六十二口，收付作部。粹坐貶號爲寧朔將軍。時索虜南寇，粹遣將軍李元德襲許昌〔二五〕，殺僞潁川太守庾龍〔二六〕，於是陳留人董道自稱小黄盟主，斬僞征虜將軍、廣州刺史司馬世賢，傳首京都。

太祖即位，遷使持節、督雍梁南北秦四州荆州之南陽竟陵順陽襄陽新野隨六郡諸軍事、征虜將軍、領寧蠻校尉、雍州刺史、襄陽新野二郡太守。在任簡役愛民，罷諸沙門二千餘人，以補府史。元嘉三年討謝晦，遣粹弟車騎從事中郎道濟、龍驤將軍沈敞之就粹，自陸道向江陵。粹以道濟行竟陵内史，與敞之及南陽太守沈道興步騎至沙橋，爲晦司馬周超所敗，士衆傷死者過半，降號寧朔將軍。初，晦與粹厚善，以粹子曠之爲參軍，粹受命南討，一無所顧，太祖以此嘉之。晦遣送曠之還粹，亦不害也。明年，粹卒，時年五十三。追贈安北將軍，持節、本官如故。

曠之嗣，官至晉熙太守。曠之卒，子琛嗣。琛卒，無子，國除。琛弟亮，順帝昇明末，尚書駕部郎。粹庶長子懷之，爲臨川內史，與臧質同逆，伏誅。

粹弟道濟，尚書起部郎，王弘車騎從事中郎，江夏王義恭撫軍司馬、河東太守，仍遷振武將軍、益州刺史。長史費謙、別駕張熙、參軍楊德年等，並聚斂興利，而道濟委任之，傷政害民，民皆怨毒。太祖聞之，與道濟詔，戒之曰：「聞卿在任，未盡清省，又頗爲殖貨，若萬一有此，必宜改之。比傳人情不甚緝諧〔二七〕，當以法御下，深思自警，以副本望。」道濟雖奉此旨，政化如初。

有司馬飛龍者，自稱晉之宗室，晉末走仇池。元嘉九年，聞道濟綏撫失和，遂自仇池入綿竹，崩動羣小，得千餘人，破巴興縣，殺令王貞之。進攻陰平，陰平太守沈法興焚城遁走。道濟遣軍擊飛龍斬之。初，道濟以五城人帛氐奴、梁顯爲參軍督護，費謙固執不與。遠方商人多至蜀土資貨，或有直數百萬者，謙等限布絲綿各不得過五十斤，馬無善惡，限蜀錢二萬。府又立冶，一斷民私鼓鑄〔二八〕，而貴賣鐵器，商旅吁嗟，百姓咸欲爲亂。氐奴既懷恚忿，因聚黨爲盜賊。其年七月，道濟遣羅習爲五城令，氐奴等謀曰：「羅令是使君腹心，而卿猶有作賊盜不止者，一旦發露，則爲禍不測。宜結要誓，共相禁檢。」乃殺牛盟誓。俄而氐奴及趙廣等唱曰：「官禁殺牛，而村中公違法禁，脱使羅令白使君，疑吾徒更欲作賊，則無餘類矣。」因詐言司馬殿下猶在陽泉山中，若能共建大事，則功名可立；不然，立滅不久。衆既樂亂，因相率從之，得數千人，復向廣漢。道濟遣參軍程展會、治中李抗之五百人擊之，並爲所殺。賊於是逕向涪城，巴西人唐頻聚衆應之，寧遠將軍、巴西梓潼二郡太守王懷業再遣軍拒之，戰敗失利。懷業及司馬、南漢中太守韋處伯並棄城走。涪陵太守阮惠、江陽太守杜玄起、遂寧太守馮遷聞涪城不守，並委郡出奔。蜀土僑舊，翕然並反。道濟惶懼，乃免吳兵三十六營以爲平民，分立宋興、宋寧二郡，又招集商賈及免道俗奴僮，東西勝兵可有四千人。賊衆數萬屯城西及城北，道濟嬰城自守。

趙廣本以譎詐聚兵，頓兵城下，不見飛龍，各欲分散。廣懼，乃將三千人及羽儀，詐其衆云迎飛龍。至陽泉寺中，謂道人程道養曰：「但自言是飛龍，則坐享富貴；若不從，即日便斬頭。」道養惶怖許諾。道養，枹罕人也，廣改名爲龍興，號爲蜀王、車騎大將軍、益梁二州牧，建號泰始元年，備置百官。以道養弟道助爲驃騎將軍、長沙王，鎮涪城。廣自號鎮軍，帛氐奴征虜將軍，梁顯鎮北將軍，同黨大帥張寧秦州刺史，嚴遐前將軍。奉道養還成都，衆十餘萬，四面圍城。就道濟索費謙、張熙，曰：「但送此人來，我等自不復作賊。」

道濟遣中兵參軍裴方明、任浪之各將千餘人出西門戰，皆失利。十一月，方明等復出戰，破賊營，焚其積聚。賊黨江陽人楊孟子領千餘人屯城南，道濟參軍梁儁之統南樓，屢與孟子交言，因投書曉以禍福，要使入城。孟子許諾，入見道濟，道濟大喜，即板爲主簿，遣子爲任，克期討賊。趙廣知其謀，孟子懼，將所領奔晉原。晉原太守文仲興拾合得二千餘人，與孟子并力自固。廣遣同黨袁玄子攻晉原，爲仲興所殺。廣又遣帛氏奴攻之，連戰，仲興軍敗，及孟子並死。

方明復出東門，破賊三營，斬首數百級。賊雖敗，已復還合。方明復僞出北門，仍回軍擊城東大營，殺千餘人，斬僞僕射蔡滔。時天大霧，方明等復揚聲出東門，而潛自北門出攻城北城西諸營，賊衆大潰，於是奔散。道養收合得七千人還廣漢，趙廣以別卒五千餘人還涪城。

初，別駕張熙説道濟令糶太倉穀，賊以九月末圍城，至十二月末，廩糧便盡。方明將二千人出城求食，爲賊所敗，匹馬獨還。賊因追之，衆復大集。方明夜於城西縋上，道濟爲設食，饐不能飡，唯泣涕而已。道濟時有疾已篤，自力慰勉之曰：「卿非大丈夫，小敗何苦。賊勢既衰，臺兵垂至，但令卿還，何憂於賊。」即減左右數十人配之。賊城外云：「方明已死，可來取喪。」城中大恐。道濟夜列炬火，方明自出，衆見之乃安。道濟悉出財物於北射堂，令方明募人。時城中或傳道濟已亡，莫有至者。梁儁之說道濟曰：「將軍氣息綿綿，而外論互有同異。今軍師屢敗，妖寇未殄，若一旦不虞，則危禍立至。宜稱小損，聽左右給使暫出，不然敗矣。」道濟從之，即喚左右三十餘人告之曰：「吾疾久，汝等扶侍疲勞。今既小損，各聽歸家休息，喚復還。」給使既出，其父兄皆問：「使君亡來幾日？」子弟皆言：「君漸差，誰言亡者！」傳相告語，城内乃安，由是應募者一日千餘人。十年正月，賊衆大至，攻逼成都。道濟卒，梁儁之與方明等，及其故舊門生數人，共埋尸於後齋。使書與道濟相似者爲教命，酬答籤疏，不異常日，故雖母妻，不知也。

二月，道養於毁金橋升壇郊天，方就柴燎，方明將三千人出擊之。賊列陣營前死戰，日夕乃大敗。臨陣斬僞征虜將軍趙石之等八百餘級，道養等退保廣漢。是月，平西將軍臨川王義慶，以揚武將軍、巴東太守周籍之即本號督巴西梓潼宕渠遂寧巴郡五郡諸軍事、巴西梓潼二郡太守，率平西參軍費淡、龍驤將軍羅猛二千人援成都。廣等屯據廣漢，分守郪川，連營百數，處處屯結。籍之與方明及費淡等攻郪，剋之。廣等退據郡城，傍竹自固。羅猛率隊主王盱等并力追討。張尋自涪城率衆二萬來助廣等，方明、淡斬竹開逕邀之，戰敗，退還郪縣。廣等又移營屯箭竿橋，方明等破其六營，乘勝追奔，逕至廣漢。廣等走還涪及五城。四月十日，發道濟喪。五月，方明進軍向涪城〔三九〕。張尋、唐頻渡水拒戰，方明擊破之，生擒僞驃騎將軍、雍秦二州刺史司馬龍伸斬之。龍伸，道助也。州吏嚴道度斬嚴遐首，廣等並奔散，涪、蜀皆平。俄而張尋攻破陰平，復與道養合。帛氏奴攻廣漢，費淡督將軍种松等與戰，斬其梁州刺史杜承等百餘級。

九月，益州刺史甄法崇至成都，誅費謙之〔三〇〕，道濟喪及方明等並東反。道養等領二千餘家逃于郪山，其餘羣賊，亦各擁户藏竄，出爲寇盜不絶。

十三年六月，太祖遣寧朔將軍蕭汪之統軍討之。軍次郪口，帛氏奴斬僞衞將軍司馬飛燕歸降。汪之擊破道養，道養還入郪山。十四年四月，趙廣、張尋、梁顯各率部曲歸降，僞輔國將軍王道恩斬道養，送首，餘黨悉平。遷趙廣、張尋等於京師。十六年，廣、尋復與國山令司馬敬琳謀反，伏誅。

先是，道濟振武司馬、蜀郡太守任薈之雖不任軍事，事寧，以爲正員郎。裴方明虎賁中郎將，仍爲義慶平西中兵參軍、龍驤將軍、河東太守。費淡，太子屯騎校尉。周籍之後爲益州刺史。

粹族弟損，字子騫，衞將軍毅從父弟也。父鎮之字仲德，以毅貴歷顯位，閑居京口，未嘗應召。常謂毅：「汝必破我家。」毅甚憚之，每還京，未嘗敢以羽儀人從入鎮之門。左光禄大夫徵，不就。元嘉二年，年九十餘，卒於家。損，元嘉中歷職義興太守。東土殘飢，太祖遣揚州治中沈演之東入賑卹，以損綏撫有方，稱爲良守。官至吴郡太守，追贈太常。

史臣曰：帝王受命，自非以功靜亂，以德濟民，則其道莫由也。自三代以來，醇風稍薄，成功濟務，尊出權道，雖復負扆南面，比號軒、犧，莫不自謝王風〔三一〕，率由霸德。高祖屈起布衣，非藉民譽，義無曹公英傑之響〔三二〕，又闕晉氏輔魏之基，一旦驅烏合，不崇朝而制國命，功雖有餘，而德未足也。是故王謐以内懼流奔，王綏以外侮成釁，若非樹奇功於難立，震大威於四海，則不能承配天之業，一異同之心〔三三〕。義熙以後，大功仍建，自桓温旍旆所臨，莫不獻珍受朔。及金墉請吏，元勳將舉，九命之禮既行，代終之符已及，方復觀兵函、渭，用師天險，獨克之舉，振古難稱。若使閉門反政，寘兵散地〔三四〕，後敗責其前功，一眚虧其盛業，豈復得以黄屋朱户，爲衰晉之貞臣乎。及其靈威薄震，重關莫守，故知英筭所苞，先勝而後戰也。王鎮惡推鋒直指，前無彊陳，爲宋方叔，壯矣哉！

校勘記

〔一〕於鵲洲尋陽河口巴陵守風凡四日　「河口」，册府卷四二〇作「江口」。孫彪考論卷二：

「『河』疑『沔』訛。」

〔二〕令如後有大軍狀　「如」字原闕，據御覽卷三一六引晉書、册府卷四二〇補。通鑑卷一一六晉紀義熙八年作「若」字。

〔三〕軍分攻金城南門殺金城內東從舊將猶有六隊千餘人　「南門殺金城」五字原闕，據御覽卷三一六引晉書補。

〔四〕鎮惡軍人與殺東來將士　「東來將士」，原作「東將」二字，南史卷一六王鎮惡傳作「下將」二字，今據通典卷一五四兵七、御覽卷三一六引晉書訂補。

〔五〕北土素無舟檝　「北土」，原作「北士」，據南史卷一六王鎮惡傳、建康實録卷一〇、册府卷三四四改。

〔六〕索虜野坂戍主黑䂏公遊騎在芒上　「黑䂏公」，原作「異䂏公」，據册府卷七六一改。錢大昕考異卷二四：「『異』當作『黑』。黑䂏公即于栗磾也。栗磾爲河內鎮將，好操黑矟以自標，宋武帝與之書，題曰『黑矟公麾下』，魏因拜爲黑矟將軍。『䂏』、『矟』聲相近，亦即槊字。」

〔七〕爲鎮軍參軍　「參軍」，原作「將軍」。按錢大昕考異卷二四：「是時宋武帝爲鎮軍將軍，韶爲其府參軍，不當云爲鎮軍將軍也。依史例，當云轉鎮軍參軍。此傳寫之訛，非史本文之誤。」錢說是，今改正。

〔八〕遷驍騎將軍　原作「遷騎將」，不可通。孫虨考論卷二：「『騎將』二字脱誤，蓋當云『驍騎將軍』。」按孫説是，今補正。

〔九〕名與高祖祖諱同　「祖諱」二字原闕，據南史卷一七向靖傳補。錢大昕考異卷二四：「宋武帝王父名靖，當云名與高祖祖諱同。」

〔一〇〕於南陵雷池左里三戰　「雷池」，原作「雹池」，據局本、册府卷三四四改。

〔一一〕更以植次弟楨紹封　「楨」，原作「植」，南監本、北監本、汲本、殿本作「楂」，今據局本、南史卷一七向靖傳改。

〔一二〕太尉袁淑司空徐湛之東揚州刺史顔竣皆與友善　「顔竣」，原作「顔立」，據局本、南史卷一七向靖傳改。

〔一三〕始參高祖鎮軍車騎將軍事　「車」字原闕，據御覽卷三〇二引宋書補正。

〔一四〕仍督江北淮南諸軍前將軍南青州刺史　「南青州」，原作「南晉州」，據局本改。錢大昕考異卷二四：「『晉』，當作『青』。是歲青州刺史檀祇卒於廣陵，故以懷慎代之。」

〔一五〕常侍如故　「如」，原作「士」，據三朝本、南監本、北監本、汲本、殿本、局本改。

〔一六〕禄賜班於宗族　「禄」，原作「特」，據南史卷一七劉懷肅傳、册府卷四〇六、卷八一二改。

〔一七〕我爾日自哭亡妾耳　「爾日」，原作「爾白」，北監本、汲本、殿本、局本作「爾時」，今據南史卷一七劉懷肅傳、類聚卷三四引沈約宋書、御覽卷四八七引沈約宋書、册府卷九四四改。

〔一八〕世祖聞其能　「世祖」，原作「孝武」，據册府卷八四五改。按本書於宋有廟號諸帝，多稱廟號，鮮舉謚法。

〔一九〕爲高祖所知　「高祖」，原作「武帝」，據册府卷八八六改。下「高祖宣令三軍」之「高祖」，原亦作「武帝」，並據册府改。

〔二〇〕領遂成令　孫虨考論卷二：「遂成屬廣州蒼梧郡，不得遠領此縣。南徐州南彭城蕃縣，志云義旗初，免軍户立遂誠縣，永初元年改從舊名。是晉末徐州有遂誠縣，世子時爲徐、兗二州刺史，榮祖以府僚帶本州令禄也。」

〔二一〕懷默子道球　「懷默」，原作「懷點」，據三朝本、南監本、北監本、汲本、殿本、局本及本卷上文改。

〔二二〕世祖大明中　「中」，原作「守」，據三朝本、南監本、北監本、汲本、殿本、局本改。

〔二三〕遷左衞將軍　「左」字原闕，據南史卷一七劉懷肅傳補正。按本書卷八明帝紀云，泰始元年十二月「左衞將軍劉道隆爲中護軍」。

〔二四〕封灄陽縣男　「陽」字原闕，據本書卷四三徐羨之傳補。錢大昕考異卷二四：「『灄』下脱『陽』字。州郡志，江夏郡有灄陽縣。徐羨之傳作灄陽縣男。」

〔二五〕粹遣將軍李元德襲許昌　「李元德」，原作「李德元」，據局本、本書卷九五索虜傳、魏書卷三太宗紀乙正。

〔二六〕殺僞潁川太守庾龍　「庾龍」，原作「庫龍」，據局本、本書卷四少帝紀、卷九五索虜傳、通鑑卷一一九宋紀景平元年改。

〔二七〕比傳人情不甚緝諧　「甚」，原作「政」，據明本册府卷一九六改。

〔二八〕一斷民私鼓鑄　「民私」，原作「私民」，據册府卷六九七乙正。

〔二九〕方明進軍向涪城　「明」字原闕，據通鑑卷一二三宋紀元嘉十年補正。

〔三〇〕誅費謙之　「費謙之」，即上文之「費謙」，六朝人名下之「之」字，有時可省去。

〔三一〕莫不自謝王風　「王」字原闕，據南監本、北監本、汲本、殿本、局本補。

〔三二〕義無曹公英傑之響　「英傑」下原衍「之傑」二字，據三朝本、北監本、汲本、殿本、局本删。

〔三三〕則不能承配天之業一異同之心　「業一異同之」五字原闕，三朝本作「□異同之心」，今據南監本、北監本、汲本、殿本、局本補。

〔三四〕若使閉門反政寘兵散地　「政寘」，原作「投兵」，據南監本、北監本、殿本、局本改。

宋書卷四十六

列傳第六〔一〕

趙倫之　到彥之闕　王懿　張邵

趙倫之字幼成，下邳僮人也。孝穆皇后之弟〔二〕。幼孤貧，事母以孝稱。武帝起兵，以軍功封閬中縣五等侯，累遷雍州刺史。武帝北伐，倫之遣順陽太守傅弘之、扶風太守沈田子出嶢柳〔三〕，大破姚泓於藍田。及武帝受命，以佐命功，封霄城縣侯，安北將軍，鎮襄陽。少帝即位，徵拜護軍。元嘉三年，拜鎮軍將軍，尋遷左光禄大夫、領軍將軍。

倫之雖外戚貴盛，而以儉素自處。性野拙，人情世務，多所不解。久居方伯，頗覺富盛，入爲護軍，資力不稱，以爲見貶。光禄大夫范泰好戲〔四〕，謂曰：「司徒公缺，必用汝老奴。我不言汝資地所任，要是外戚高秩次第所至耳。」倫之大喜，每載酒肴詣泰。五年，卒。子伯符嗣。

伯符字潤遠。少好弓馬。倫之在襄陽，伯符爲竟陵太守。時竟陵蠻屢爲寇，伯符征討，悉破之，由是有將帥之稱。後爲寧遠將軍，總領義徒，以居宮城北，每有火起及賊盜，輒身貫甲冑，助郡縣赴討，武帝甚嘉之。文帝即位，累遷徐、兗二州刺史，爲政苛暴，吏人畏之若豺虎，然而寇盜遠竄，無敢犯境。元嘉十八年，徵爲領軍將軍。先是，外監不隸領軍，宜相統攝者，自有別詔，至此始統領焉。二十一年，轉豫州刺史。明年，爲護軍將軍。復爲丹陽尹，在郡嚴酷，吏人苦之，或至委叛被録赴水而死。典筆吏取筆不如意，鞭五十。子倩，尚文帝第四女海鹽公主。初，始興王濬以潘妃之寵，故得出入後宮，遂與公主私通。及適倩，倩入宮而怒，肆詈搏擊，引絶帳帶。事上聞，有詔離婚，殺主所生蔣美人，伯符慙懼發病卒。謚曰肅。傳國至孫勗，齊受禪，國除。

王懿字仲德〔五〕，太原祁人。自言漢司徒允弟幽州刺史懋七世孫也〔六〕。祖宏，事石季龍，父苗，事苻堅，皆爲二千石。

仲德少沈審，有意略，通陰陽，解聲律。苻氏之敗，仲德年十七，與兄叡同起義兵，與慕容垂戰，敗，仲德被重創走，與家屬相失。路經大澤，不能前，困臥林中。忽有青衣童兒騎牛行，見仲德，問曰：「食未？」仲德告飢。兒去，頃之復來，攜食與之。仲德食畢欲行，會水潦暴至，莫知所如。有一白狼至前，仰天而號，號訖銜仲德衣，因渡水，仲德隨之，獲濟，與叡相及。渡河至滑臺，復爲翟遼所留，使爲將帥。積年，仲德欲南歸，乃奔泰山，遼遣騎追之急，夜行，忽有炬火前導，仲德隨之，行百許里，乃免。

晉太元末，徙居彭城。兄弟名犯晉宣、元二帝諱，並以字稱。叡字元德。北土重同姓，謂之骨肉，有遠來相投者，莫不竭力營贍，若不至者，以爲不義，不爲鄉里所容。仲德聞王愉在江南，是太原人，乃往依之，愉禮之甚薄，因至姑孰投桓玄。值玄篡，見輔國將軍張暢〔七〕，言及世事，仲德曰：「自古革命，誠非一族，然今之起者，恐不足以成大事。」

元德果敢有智略，武帝甚知之，告以義舉，使於都下襲玄。仲德聞其謀，謂元德曰：「天下之事，不可不密，應機務速，不在巧遲。玄每冒夜出入，今若圖之，正須一夫力耳。」事泄，元德爲玄所誅，仲德奔竄。會義軍剋建業，仲德抱元德子方回出候武帝，帝於馬上抱方回與仲德相對號泣，追贈元德給事中，封安復縣侯，以仲德爲中兵參軍。

武帝伐廣固，仲德爲前鋒，大小二十餘戰，每戰輒剋。及盧循寇逼，敗劉毅於桑落，帝北伐始還，士卒創痍，堪戰者可數千人。賊衆十萬，舳艫百里，奔敗而歸者，咸稱其雄。衆議並欲遷都，仲德正色曰：「今天子當陽而治，明公命世作輔，新建大功，威震六合。妖賊豕突，乘我遠征〔八〕，既聞凱入，將自奔散。今自投草間，則同之匹夫，匹夫號令，何以威物？義士英豪，當自求其主爾。此謀若行，請自此辭矣。」帝悅之，以仲德屯越城。及賊自蔡洲南走，遣仲德追之。賊留親黨范崇民五千人〔九〕，高艦百餘，城南陵。仲德攻之，大破崇民，焚其舟艦，收其散卒，功冠諸將，封新淦縣侯。

義熙十二年北伐，進仲德征虜將軍，加冀州刺史，爲前鋒諸軍事。冠軍將軍檀道濟、龍驤將軍王鎮惡向洛陽，寧朔將軍劉遵考、建武將軍沈林子出石門，寧朔將軍朱超石、胡藩向半城，咸受統於仲德。仲德率龍驤將軍朱牧〔一〇〕、寧遠將軍竺靈秀、嚴綱等開鉅野入河，乃總衆軍，進據潼關。長安平，以仲德爲太尉諮議參軍。

武帝欲遷都洛陽，衆議咸以爲宜。仲德曰：「非常之事，常人所駭。今暴師日久，士有歸心，固當以建業爲王基，俟文軌大同，然後議之可也。」帝深納之，使衞送姚泓先還彭城。武帝受命，累遷徐州刺史，加都督。

元嘉三年，進號安北將軍〔一一〕。與到彥之北伐，大破虜軍。諸軍進屯靈昌津。司、兗既定，三軍咸喜，仲德獨有憂色，曰：「胡虜雖仁義不足，而凶狡有餘，今斂戈北歸，并力完聚，若河冰冬合，豈不能爲三軍之憂。」十月，虜於委粟津渡河，進逼金墉，虎牢、洛陽諸軍，相繼奔走。彦之聞二城不守，欲焚舟步走，仲德曰：「洛陽既陷，則虎牢不能獨全，勢使然也。今賊去我千里，滑臺猶有彊兵，若便舍舟奔走，士卒必散。且當入濟至馬耳谷口，更詳所宜。」乃回軍沿濟南歷城步上，焚舟棄甲，還至彭城。仲德與彦之並免官。尋與檀道濟救滑臺，糧盡而歸。

九年，又爲鎮北將軍、徐州刺史。明年，加領兗州刺史。仲德三臨徐州，威德著於彭城，立佛寺作白狼、童子像於塔中，以河北所遇也。十三年，進號鎮北大將軍。十五年，卒，謚曰桓侯。亦於廟立白狼、童子壇，每祭必祠之。子正脩嗣，爲家僮所殺。

張邵字茂宗〔二〕，會稽太守裕之弟也。初爲晉琅邪內史王誕龍驤府功曹，桓玄徙誕於廣州，親故咸離棄之，惟邵情意彌謹，流涕追送。時變亂饑饉，又饋送其妻子。

桓玄篡位，父敞先爲尚書，以答事微謬，降爲廷尉卿。及武帝討玄，邵白敞表獻誠欵，帝大說，命署其門曰：「有犯張廷尉者，以軍法論。」後以敞爲吴郡太守。王謐爲揚州，召邵爲主簿〔三〕。劉毅爲亞相，愛才好士，當世莫不輻湊，獨邵不往。或問之，邵曰：「主公命世人傑，何煩多問。」劉穆之聞以白，帝益親之，轉太尉參軍，署長流賊曹。盧循寇迫京師，使邵守南城，時百姓臨水望賊，帝怪而問邵，邵曰：「若節鉞未反，奔散之不暇，亦何能觀望。今當無復恐耳。」尋補州主簿。

邵悉心政事，精力絶人。及誅劉藩，邵時在西州直廬，即夜誡衆曹曰：「大軍當大討，可各修舟船倉庫，及曉取辦。」旦日，帝求諸簿署，應時即至，怪問其速，諸曹答曰：「昨夜受張主簿處分。」帝曰：「張邵可謂同我憂慮矣。」九年，世子始開征虜府，補邵録事參軍，轉號中軍，遷諮議參軍，領記室。

十二年，武帝北伐，邵請見，曰：「人生危脆，必當遠慮。穆之若邂逅不幸，誰可代之？尊業如此，苟有不諱，事將如何？」帝曰：「此自委穆之及卿耳。」青州刺史檀祗鎮廣陵，時滁中結聚亡命〔一四〕，祗率衆掩之，劉穆之恐以爲變，將發軍。邵曰：「檀韶據中流，道濟爲軍首，若疑狀發露，恐生大變。宜且遣慰勞，以觀其意。」既而祗果不動。及穆之卒，朝廷恇懼，便欲發詔以司馬徐羨之代之，邵對曰：「今誠急病，任終在徐，且世子無專命，宜須北咨。」信反，方使世子出命曰：「朝廷及大府事，悉咨徐司馬，其餘啓還。」武帝重其臨事不撓，有大臣體。十四年，以世子鎮荆州，邵諫曰：「儲貳之重，四海所繫，不宜處外，敢以死請。」從之。

文帝爲中郎將、荆州刺史，以邵爲司馬，領南郡相，衆事悉決於邵。武帝受命，以佐命功，封臨沮伯。分荆州立湘州，以邵爲刺史。將署府，邵以爲長沙内地，非用武之國，置署妨人，乖爲政要。帝從之。謝晦反，遣書要邵，邵不發函，馳使呈帝。

元嘉五年，轉征虜將軍，領寧蠻校尉、雍州刺史，加都督。初，王華與邵有隙，及華參要，親舊爲之危心。邵曰：「子陵方弘至公，必不以私讎害正義。」是任也，華實舉之。及至襄陽，築長圍，修立隄堰，開田數千頃，郡人賴之富贍。丹、淅二川蠻屢爲寇〔一五〕，邵誘其帥，因大會誅之，悉掩其徒黨。既失信羣蠻，所在並起，水陸斷絶。子敷至襄陽定省，當還都，羣蠻伺欲取之。會蠕蠕國遣使朝貢，賊以爲敷，遂執之，邵坐降號揚烈將軍。

江夏王義恭鎮江陵，以邵爲撫軍長史、持節、南蠻校尉。坐在雍州營私蓄聚〔一六〕，贓貨二百四十五萬，下廷尉，免官，削爵土。後爲吴興太守，卒，追復爵邑，謚曰簡伯。邵臨終，遺命祭以菜果，葦蓆爲轜車，諸子從焉。子敷、演、敬，有名於世。

敷字景胤。生而母亡，年數歲，問知之，雖童蒙，便有感慕之色。至十歲許，求母遺物，而散施已盡，唯得一扇，乃緘録之。每至感思，輒開笥流涕。見從母，悲感嗚咽。性整貴，風韻端雅，好玄言，善屬文。初，父邵使與南陽宗少文談繫象，往復數番，少文每欲屈，握麈尾歎曰：「吾道東矣。」於是名價日重。武帝聞其美，召見奇之，曰：「真千里駒也。」以爲世子中軍參軍，數見接引。累遷江夏王義恭撫軍記室參軍。義恭就文帝求一學義沙門，會敷赴假江陵，入辭，文帝令以後車載沙門往，謂曰：「道中可得言晤。」敷不奉詔，上甚不説。遷正員中書郎。敷小名查，父邵小名梨，文帝戲之曰：「查何如梨？」敷曰：「梨爲百果之宗，查何可比。」

中書舍人秋當、周赳並管要務[二七]，以敷同省名家，欲詣之。赳曰：「彼恐不相容接，不如勿往。」當曰：「吾等並已員外郎矣，何憂不得共坐。」敷先設二牀，去壁三四尺，二客就席，敷呼左右曰：「移我遠客！」赳等失色而去。其自標遇如此。善持音儀，盡詳緩之致，與人別，執手曰：「念相聞。」餘響久之不絕。張氏後進皆慕之，其源起自敷也。

遷黄門侍郎，始興王濬後將軍長史、司徒左長史[二八]。未拜，父在吴興亡，成服凡十餘日，方進水漿，葬畢，不進鹽菜，遂毁瘠成疾。伯父茂度每譬止之，敷益更感慟，絶而復續。茂度曰：「我比止汝，而乃益甚。」自是不復往，未朞年而卒[二九]。孝武即位，旌其孝道，追贈侍中，改其所居爲孝張里。

敷弟柬，襲父封，位通直郎。柬有勇力，手格猛獸，元凶以爲輔國將軍。孝武至新亭，柬出奔，墜淮死。子式嗣。

暢字少微，邵兄偉之子也。偉少有操行〔二〇〕，爲晉琅邪王國郎中令，從王至洛，還京都，武帝封藥酒一罌付偉，令密加鴆毒，受命於道自飲而卒。

暢少與從兄敷、演、敬齊名，爲後進之秀。起家爲太守徐佩之主簿，佩之被誅，暢馳出奔赴，制服盡哀，時論美之。弟枚嘗爲猘犬所傷〔二一〕，醫者云食蝦蟇可療，枚難之。暢含笑先嘗，枚因此乃食，由是遂愈。累遷太子中庶子。

孝武鎮彭城，暢爲安北長史、沛郡太守。元嘉二十七年，魏主托跋燾南征，太尉江夏王義恭統諸軍出鎮彭城。虜衆近城數十里，彭城衆力雖多，而軍食不足，義恭欲棄彭城南歸，計議彌日不定。時歷城衆少食多，安北中兵參軍沈慶之議欲以車營爲函箱陳，精兵爲外翼，奉二王及妃媛直趨歷城，分城兵配護軍將軍蕭思話留守。太尉長史何勗不同，欲席卷奔鬱洲，自海道還都。二議未決，更集羣僚議之。暢曰：「若歷城、鬱洲可至，下官敢不高讚。今城内乏食，人無固心，但以關局嚴密，不獲走耳。若一搖動，則潰然奔散，雖欲至所在，其可得乎！今食雖寡，然朝夕未至窘乏，豈可捨萬全之術，而即危亡之道。此計必行，下官請以頸血汙君馬跡！」孝武聞暢議，謂義恭曰：「張長史言，不可違也。」義恭乃止。

魏主既至，登城南亞父冢，於戲馬臺立氈屋。先是，隊主蒯應見執，其日晡時，遣送應至小市門，致意求甘蔗及酒。孝武遣送酒二器，甘蔗百挺。求駱駝。明日，魏主又自上戲馬臺，復遣使至小市門，求與孝武相見〔二二〕，遣送駱駝，并致雜物，使於南門受之。暢於城上與魏尚書李孝伯語，孝伯問：「君何姓？」答曰：「姓張。」孝伯曰：「張長史乎？」暢曰：「君何得見識？」孝伯曰：「君名聲遠聞，足使我知。」城內有具思者，嘗在魏，義恭使視，知是孝伯，乃開門餉物。魏主又求酒及甘橘，孝武又致螺盃雜物，南土所珍。魏主復令孝伯傳語曰：「魏主有詔借博具。」暢曰：「博具當爲申致，有詔之言，正可施於彼國，何得施之於此？」孝伯曰：「以隣國之臣耳。」孝伯又言：「太尉、鎮軍，久闕南信，殊當憂邑。若遣信，當爲護送。」暢曰：「此中間道甚多，亦不須煩魏。」孝伯曰：「亦知有水路，似爲白賊所斷。」暢曰：「君著白衣，故號白賊也。」孝伯笑曰：「今之白賊，亦不異黃巾、赤眉，但不在江南耳。」又求博具，俄送與。魏主又遣送氈及九種鹽并胡豉，云：「此諸鹽，各有宜。白鹽是魏主所食〔二三〕。黑者療腹脹氣滿，刮取六銖，以酒服之。胡鹽療目痛。柔鹽不用食，療馬脊創。赤鹽、駮鹽、臭鹽、馬齒鹽四種，並不中食。胡豉亦中噉。」又求黃甘，并云：「魏主致意太尉、安北，何不遣人來問，觀我儀貌，察我爲人。」暢又宣旨答曰：「魏主形狀才力，久爲來往所具〔二四〕。李尚書親自銜命，不患彼此不盡〔二五〕，故不復遣。」又云：

「魏主恨向所送馬殊不稱意，安北若須大馬，當送之，脱須蜀馬，亦有佳者。」暢曰：「安北不乏良駟，送在彼意，此非所求。」義恭又送炬燭十挺，孝武亦致錦一匹。又曰：「知更須黄甘，若給彼軍，即不能足；若供魏主，未嘗乏絶，故不復致。」孝伯又曰：「君南土膏粱，何爲著屩？君且如此，將士云何？」暢曰：「膏粱之言，誠以爲愧。但以不武，受命統軍，戎陣之間，不容緩服。」魏主又遣就二王借箜篌、琵琶等器及棊子。孝伯足詞辯，亦北土之美。暢隨宜應答，甚爲敏捷，音韻詳雅，魏人美之。

時魏聲云當出襄陽，故以暢爲南譙王義宣司空長史、南郡太守。元凶弑逆，義宣發哀之日，即便舉兵。暢爲元佐，舉哀畢，改服著黄袴褶，出射堂簡人，音儀容止，衆皆矚目，見者皆爲盡命。事平，徵爲吏部尚書，封夷道縣侯。

及義宣有異圖，蔡超等以暢人望，勸義宣留之，乃解南蠻校尉以授暢，加冠軍將軍，領丞相長史。暢遣門生苟僧寶下都〔二六〕，因顔竣陳義宣釁狀。僧寶有私貨，止巴陵不時下。會義宣起兵，津路斷絶，遂不得前。義宣將爲逆，使嬖人翟靈寶告暢，暢陳必無此理，請以死保之。靈寶還白義宣，云暢必不可回，請殺以徇衆，賴丞相司馬竺超民得免〔二七〕。進號撫軍，別立軍部，以收人望。暢雖署文檄，飲酒常醉，不省其事。及義宣敗於梁山，暢爲軍人所掠，衣服都盡。遇右將軍王玄謨乘輿出營，暢已得敗衣，遂排玄謨上輿，玄謨甚不悦。

諸將請殺之，隊主張世救之得免〔二八〕。執送都下，付廷尉，見原。

起爲都官尚書，轉侍中。孝武宴朝賢，暢亦在坐。何偃因醉曰：「張暢信奇才也〔二九〕，與義宣作賊，而卒無咎。苟非奇才，安能致此！」暢曰：「太初之時，誰黃其閤？」帝曰：「何事相苦。」初，尚之爲元凶司空，及義師至新林門，人皆逃，尚之父子共洗黃閤，故暢以此譏之。

孝建二年，出爲會稽太守。卒，謚曰宣。暢愛弟子輯〔三〇〕，臨終遺命與輯合墳〔三一〕，時議非之。

弟悅，亦有美稱〔三二〕，歷侍中，臨海王子頊前將軍長史〔三三〕、南郡太守。晉安王子勛建僞號，召拜爲吏部尚書，與鄧琬共輔僞政。及事敗，悅殺琬歸降，復爲太子中庶子。後拜雍州刺史。泰始六年，明帝於巴郡置三巴校尉，以悅補之，加持節、輔師將軍，領巴郡太守。未拜，卒。

暢子浩，官至義陽王昶征北諮議參軍。浩弟淹，黃門郎，封廣晉縣子，太子右衛率〔三四〕，東陽太守。逼郡吏燒臂照佛，百姓有罪，使禮佛贖刑，動至數千拜。免官禁錮。起爲光祿勳，與晉安王子勛同逆，軍敗見殺焉。

臣穆等案高氏小史，趙倫之傳下有到彥之傳，而此書獨闕。約之史法，諸帝稱廟號，而謂魏爲虜。今帝稱帝號，魏稱魏主，與南史體同，而傳末又無史臣論，疑非約書。然其辭差與南史異，故特存焉〔三五〕。

校勘記

〔一〕列傳第六　崇文總目：「此一卷闕。」按本書此卷北宋初已闕失，後人以南史及高氏小史補之，說見卷後鄭穆校語。今一仍其舊。

〔二〕孝穆皇后之弟　「孝穆」，原作「武穆」，據本書卷四一后妃孝穆趙皇后傳、南史卷一八趙倫之傳改。按此謂武帝母孝穆皇后，不當簡稱「武穆皇后」。

〔三〕扶風太守沈田子出嶢柳　「嶢柳」，本書卷一〇〇自序作「堯柳」。

〔四〕光祿大夫范泰好戲　「戲」，南史卷一八趙倫之傳作「戲笑」，義更長。

〔五〕王懿字仲德　通鑑考異卷五：「宋書仲德傳闕。」是此篇亦爲後人所補。

〔六〕自言漢司徒允弟幽州刺史懋七世孫也　「允」，原作「元」，據殿本、局本、南史卷二五王懿傳改。

〔七〕見輔國將軍張暢　孫彪考論卷二：「此別一張暢，非張邵兄子也。劉懷肅傳有江夏相張暢之，蓋其人。」上云「值玄篡」，按晉書卷九九桓玄傳亦有「江夏相張暢之」。

〔八〕乘我遠征　「征」，原作「往」，據南史卷二五王懿傳、册府卷七一七改。

〔九〕賊留親黨范崇民五千人　「五千人」，原作「五十人」，據局本、本書卷一武帝紀上、册府卷七二四改。

〔一〇〕仲德率龍驤將軍朱牧　「朱牧」，本書卷四八朱齡石傳作「朱林」，南史卷一六朱齡石傳作「朱枚」。「林」、「枚」、「牧」字形相似，未知孰是。

〔一一〕元嘉三年進號安北將軍　本書卷五文帝紀，元嘉二年「三月乙丑，左將軍、徐州刺史王仲德進號安北將軍」。

〔一二〕張邵字茂宗　李慈銘札記：「宋書張邵傳本亡，後人雜取南史等書補之，故邵子敷，兄子暢，皆别有傳，而此卷邵傳後復重出敷傳。」

〔一三〕召邵爲主簿　「爲主」，原作「□二」，南史卷三二張邵傳作「補主」，今據三朝本、南監本、北監本、汲本、殿本、局本、册府卷七八八訂正。

〔一四〕時滁中結聚亡命　「滁中」，原作「滁州」，據南史卷三二張邵傳改。按時無「滁州」，當作「滁中」。

〔一五〕丹淅二川蠻屢爲寇　「淅」，原作「浙」，據殿本、局本、南史卷三二張邵傳改。「川」，原作「州」，按時無丹州及淅州，有丹水、淅水，「州」當作「川」，今訂正。

〔一六〕坐在雍州營私蓄聚　「聚」，原作「取」。「蓄取」義不可通，今據通鑑卷一二二宋紀元嘉八年改。

〔一七〕中書舍人秋當周赳並管要務　「秋當」，原作「狄當」。廣韻卷二：秋，「又姓，宋中書舍人秋當」，今據改。按秋當見本書卷四四謝晦傳、南齊書卷四六陸慧曉傳、南齊書卷五六倖臣傳、南史卷二九蔡廓傳附蔡興宗傳。通鑑卷一三二宋紀泰始四年胡注：「秋當，人姓名。姓譜，秋姓，秋胡之後。」

〔一八〕遷黄門侍郎始興王濬後將軍長史司徒左長史　「後將軍長史」之「長史」二字原闕，據本書卷六二張敷傳補。按始興王濬未嘗任司徒，本書張敷傳云：「遷黄門侍郎，始興王濬後軍長史、司徒左長史。」蓋張敷先爲始興王後將軍府長史，後爲司徒府左長史也。

〔一九〕未朞年而卒　「未」，原作「來」，據南監本、本書卷六二張敷傳、南史卷三二張邵傳改。

〔二〇〕暢字少微邵兄偉之子也偉少有操行　二「偉」字，局本、晉書卷八九忠義傳、南史卷三二張邵傳作「褘」，本書卷五九張暢傳作「禕」。

〔二一〕弟枚嘗爲猘犬所傷　「枚」，南監本、殿本、本書卷五九張暢傳、南史卷三二張邵傳、册府卷八五一作「牧」，御覽卷五一六引宋書、卷八六二引沈約宋書作「收」。下「枚難之」、「枚因此乃食」之「枚」，南監本等亦作「牧」。

〔二二〕求與孝武相見　「求」，原作「志」，據三朝本、南監本、北監本、汲本、殿本、局本、南史卷三二張邵傳改。

〔二三〕白鹽是魏主所食　「白鹽」下，魏書卷五三李孝伯傳有「食鹽」二字，正合九種鹽之數，疑是。又下「柔鹽」，魏書李孝伯傳作「戎鹽」。

〔二四〕魏主形狀才力久爲來往所具　「所具」，原作「所見」，據魏書卷五三李孝伯傳、南史卷三二張邵傳、册府卷八三四改。

〔二五〕不患彼此不盡　「患」，原作「忍」，據本書卷五九張暢傳、魏書卷五三李孝伯傳、南史卷三二張邵傳、册府卷六六〇改。

〔二六〕暢遣門生荀僧寶下都　「荀僧寶」，本書卷五九張暢傳作「苟僧寶」。「下都」，原作「下郡」，據本書卷五九張暢傳、南史卷三二張邵傳改。

〔二七〕賴丞相司馬竺超民得免　「竺超民」，原作「竺超之」，據殿本、本書卷五九張暢傳改。按南齊書卷四一張融傳：「父暢以不同將見殺，司馬竺超民諫免之。」

〔二八〕隊主張世救之得免　「張世」，原作「張榮」，據本書卷五九張暢傳、南史卷三二張邵傳附張暢傳改。錢大昕考異卷二四：「即張興世也，本單名世。」南齊書卷四一張融傳：「欣時父興世，宋世討南譙王義宣，官軍欲殺融父暢，興世以袍覆暢而坐之，以此得免。」即言其事。

〔二九〕何偃因醉曰張暢信奇才也　「曰張」，原作「子彊」，據南監本、北監本、汲本、殿本、局本、南史卷三二張邵傳附張暢傳、御覽卷一八四引宋書改。

〔三〇〕暢愛弟子輯　「子」字原闕，據本書卷五九張暢傳、册府卷九三六、卷九四六補。

〔三一〕臨終遺命與輯合墳　「與」，原作「貴」，據南監本、北監本、汲本、殿本、局本、本書卷五九張暢傳、南史卷三二張邵傳附張暢傳改。

〔三二〕亦有美稱　「亦」，原作「取」，據殿本、本書卷五九張暢傳、南史卷三二張邵傳附張暢傳改。

〔三三〕臨海王子頊前將軍長史　「子頊」，原作「子瑣」，據南監本、北監本、汲本、殿本、局本、本書卷五九張暢傳、南史卷三二張邵傳附張暢傳改。

〔三四〕浩弟淹黃門郎封廣晉縣子太子右衛率　「右衛率」，原作「左衛率」，據三朝本、南監本、北監本、汲本、殿本、局本、本書卷五九張暢傳、南史卷三二張邵傳附張淹傳改。

〔三五〕然其辭差與南史異故特存焉　「異」，原作「要」；「特」，原作「將」，據三朝本、南監本、北監本、汲本、殿本、局本改。

宋書卷四十七

列傳第七

劉懷肅　孟懷玉　劉敬宣　檀祇

劉懷肅，彭城人，高祖從母兄也。家世貧窶，而躬耕好學。

初爲劉敬宣寧朔府司馬，東征孫恩，有戰功，又爲龍驤司馬、費令。聞高祖起義，棄縣來奔。京邑平定，振武將軍道規追桓玄，以懷肅爲司馬。玄留何澹之、郭銓等戍桑落洲，進擊破之。潁川太守劉統平，除高平太守。玄既死，從子振大破義軍於楊林，義軍退尋陽。懷肅與江夏相張暢之攻澹之於西塞，破之。僞鎮東將軍馮該戍夏口東岸，孟山圖據魯山城〔一〕，桓仙客守偃月壘〔二〕，皆連壁相望。懷肅與道規攻之，躬擐甲冑，陷二城，馮該走石城，生擒仙客。義熙元年正月，振敗走，道規遣懷肅平石城，斬馮該及其子山靖。三月，桓振復襲江陵〔三〕，荆州刺史司馬休之出奔，懷肅自雲杜馳赴，日夜兼行〔四〕，七日而至。振勒兵三萬，旗幟蔽野，躍馬橫矛，躬自突陳。流矢傷懷肅額，衆懼欲奔，懷肅瞋目奮戰，士氣益壯。於是士卒爭先，臨陣斬振首。江陵既平，休之反鎮，執懷肅手曰：「微子之力，吾無所歸矣。」僞輔國將軍符嗣、馬孫、僞龍驤將軍金符青、樂志等屯結江夏〔五〕，懷肅又討之，梟樂志等。道規加懷肅督江夏九郡，權鎮夏口。

除通直郎，仍爲輔國將軍、淮南歷陽二郡太守〔六〕。二年，又領劉毅撫軍司馬，軍、郡如故。以義功封東興縣侯，食邑千户。其冬，桓石綏、司馬國璠、陳襲於胡桃山聚衆爲寇，懷肅率步騎討破之。江淮間羣蠻及桓氏餘黨爲亂，自請出討，既行失旨，毅上表免懷肅官。三年，卒，時年四十一。追贈左將軍。無子，弟懷慎以子蔚祖嗣封，官至江夏内史。

蔚祖卒，子道存嗣。太祖元嘉末，爲太尉江夏王義恭諮議參軍。世祖伐元凶，義軍至新亭，道存出奔，元凶殺其母以狥。前廢帝景和中，爲義恭太宰從事中郎，義恭敗，以黨與下獄死。

懷肅次弟懷敬，澀訥無才能。初，高祖產而皇妣殂，孝皇帝貧薄，無由得乳人，議欲不舉高祖。高祖從母生懷敬，未朞，乃斷懷敬乳，而自養高祖。高祖以舊恩，懷敬累見寵授，至會稽太守，尚書，金紫光禄大夫。

懷敬子真道，爲錢唐令。元嘉十三年，東土饑，上遣揚州治中從事史沈演之巡行在所，演之上表曰：「宰邑敷政，必以簡惠成能，莅職閫治，務以利民著績。故王奂見紀於前，叔卿流稱於後〔七〕。竊見錢唐令劉真道、餘杭令劉道錫，皆奉公卹民，恪勤匪懈，百姓稱詠，訟訴希簡。又蒴蕩凶非，屢能擒獲。災水之初，餘杭高堤崩潰，洪流迅激，勢不可量，道錫躬先吏民，親執板築，塘既還立，縣邑獲全。經歷諸縣，訪覈名實，並爲二邦之首最，治民之良宰。」上嘉之，各賜穀千斛，以真道爲步兵校尉。

十四年，出爲梁、南秦二州刺史。十八年，氐賊楊難當侵寇漢中，真道率軍討破之。而難當寇盜猶不已，太祖遣龍驤將軍裴方明率禁兵五千，受真道節度。十九年，方明至武興，率太子積弩將軍劉康祖、後軍參軍梁坦、陳彌、裴肅之、安西參軍段叔文、魯尚期、始興王國常侍劉僧秀、綏遠將軍馬洗、振武將軍王奂之等，進次濬谷，去蘭皋數里〔八〕。難當遣其建節將軍符弘祖、啖元等固守蘭皋，鎮北將軍符德義於外爲游軍〔九〕，難當子撫軍大將軍和重兵繼其後。方明進擊，大破之於濁水，斬弘祖并三千餘級。遣康祖追之，過蘭皋二千餘里。和又遣德義助戰〔一〇〕，康祖又大破之，和退保脩城。難當遣建忠將軍楊林、振威將軍姚憲領二千騎就和，方明又率諸將攻之，和敗走，追至赤亭，難當席卷奔叛。方明遣康祖直趣百頃，僞丞相楊萬壽等一時歸降。難當第三息虎先戍陰平，難當既走，虎逃竄民間，生禽之，送京都，斬于建康市。

秦州刺史胡崇之西鎮百頃，行至濁水，爲索虜所邀擊，敗没。以真道爲建威將軍、雍州刺史，方明輔國將軍、梁南秦二州刺史。方明辭不拜。詔曰：「往年氐豎楊難當造爲叛亂，俛首者衆。其長史楊萬壽、建節將軍姚憲，情不違順，屢進矢言。及凶醜宵遁，闔境崩擾，建忠將軍呂訓衞倉儲以候王師。寧朔將軍姜檀果烈懇到，志在宣力，濁水之捷，厥庸顯然，近者協贊義奮，乃心無替。略陽符昭〔一二〕，誠係本朝，亦同斯舉，俘擒僞將，獨克武興，推鋒致效，隕命寇手。並事著屯險，感于予懷，宜蒙旌敍，榮慰存亡。可贈萬壽龍驤將軍，昭武都太守，憲補員外散騎侍郎，訓駙馬都尉、奉朝請，檀征西大將軍司馬、仇池太守，宜並内徙。可符雍、梁二州，厚加贍卹。」呂訓，略陽氐人呂先子也〔一三〕。又詔曰：「故晉壽太守姜道盛，前討仇池，志輸誠力，即戎著效，臨財能清。近先登濁水，殞身鋒鏑，誠節俱亮，矜悼于懷。可贈給事中，賜錢十萬〔一三〕。」道盛注古文尚書，行於世。

真道、方明並坐破仇池，斷割金銀諸雜寶貨，又藏難當善馬，下獄死。劉康祖等繫免各有差。方明，河東人，爲劉道濟振武中兵參軍，立功蜀土，歷潁川、南平昌太守，皆坐贓私免官。

孟懷玉，平昌安丘人也。高祖玩，晉河南尹。祖淵，右光禄大夫。父綽，義旗後爲給事中，光禄勳，追贈金紫光禄大夫。世居京口。

高祖東伐孫恩，以懷玉爲建武司馬。豫義旗，從平京城，進定京邑。以功封鄱陽縣侯，食邑千户。高祖鎮京口，以懷玉爲鎮軍參軍、下邳太守。義熙三年，出爲寧朔將軍、西陽太守、新蔡内史，除中書侍郎，轉輔國將軍，領丹陽府兵，戍石頭。

盧循逼京邑，懷玉於石頭岸連戰有功，爲中軍諮議參軍。賊帥徐道覆屢欲以精鋭登岸，畏懷玉不敢上。及循南走，懷玉與衆軍追躡，直至嶺表。徐道覆屯結始興，懷玉攻圍之，身當矢石，旬月乃陷。仍南追循，循平，又封陽豐縣男，食邑二百五十户。復爲太尉諮議參軍，征虜將軍。八年，遷江州刺史，尋督江州豫州之西陽新蔡汝南潁川司州之弘農揚州之松滋六郡諸軍事〔一四〕、南中郎將，刺史如故。時荆州刺史司馬休之居上流，有異志，故授懷玉此任以防之。十一年，加持節。丁父艱，懷玉有孝性，因抱篤疾，上表陳解，不許。又自陳弟仙客出繼，喪主唯己，乃見聽。未去任，其年卒官。時年三十一〔一五〕。追贈平南將軍。子元卒，無子，國除。懷玉别封陽豐男，子慧熙嗣，坐廢祭祀奪爵。慧熙子宗嗣〔一六〕，竟陵太守，中大夫。

龍符，懷玉弟也。驍果有膽氣，幹力絶人。少好游俠，結客於閭里。早爲高祖所知，既克京城，以龍符爲建武參軍。江乘、羅落、覆舟三戰，並有功。參鎮軍軍事，封平昌縣五等子，加寧遠將軍、淮陵太守。與劉藩、向彌征桓歆、桓石康，破斬之。除建威將軍、東海太守。索虜斛蘭、索度真侵邊，彭、沛騷擾，高祖遣龍符、建威將軍道憐北討，一戰破之。追斛蘭至光水溝邊，被創奔走。

高祖伐廣固，以龍符爲車騎參軍〔一七〕，加龍驤將軍、廣川太守，統步騎爲前鋒。軍達臨朐，與賊爭水，龍符單騎衝突，應手破散，即據水源，賊遂退走。龍符乘勝奔逐，後騎不及，賊數千騎圍繞攻之，龍符奮矟接戰，每一合輒殺數人，衆寡不敵，遂見害，時年三十三。高祖深加痛悼，追贈青州刺史。又表曰：「故龍驤將軍、廣川太守孟龍符，忠勇果毅，隕身王事，宜蒙甄表，以顯貞節，聖恩嘉悼，寵贈方州。龍符投袂義初，前驅效命，推鋒三捷，每爲衆先。及西剿桓歆，北殄索虜，朝議爵賞，未及施行。會今北伐，復統前旅，臨朐之戰，氣冠三軍。于時逆徒寔繁，控弦掩澤，龍符匹馬電躍，所向摧靡，奮戈深入，知死弗吝。賊超奔遁，依險鳥聚，大軍因勢，方軌長驅。考其庸績，豫參濟不，竊謂宜班爵土，以褒勳烈。」

乃追封臨沅縣男，食邑五百户。無子，弟仙客以子微生嗣封。太祖元嘉中，有罪奪爵，徙廣州。以微生弟彦祖子佛護襲爵。齊受禪，國除。

孝武大明初，諸流徙者悉聽還本，微生已死，子係祖歸京都，有筋幹異力，能儋負數人。入隸羽林，爲殿中將軍。二年，索虜寇青、冀，世祖遣軍援之，係祖自占求行。戰於杜梁，挺身入陳，所殺狼籍，遂見殺。詔書追贈潁川郡太守。

劉敬宣字萬壽，彭城人，漢楚元王交後也。祖建，征虜將軍。父牢之，鎮北將軍。敬宣八歲喪母，晝夜號泣，中表異之。輔國將軍桓序鎮蕪湖，牢之參序軍事。四月八日，敬宣見衆人灌佛，乃下頭上金鏡以爲母灌，因悲泣不自勝。序歎息，謂牢之曰：「卿此兒既爲家之孝子，必爲國之忠臣。」起家爲王恭前軍參軍，又參會稽世子元顯征虜軍事。

隆安二年，王恭起兵於京口，以誅司馬尚之兄弟爲名。牢之時爲恭前軍司馬、輔國將軍、晉陵太守，置佐領兵。而恭以豪戚自居，甚相陵忽，牢之心不能平。及恭此舉，使牢之爲前鋒。太傅會稽王道子與牢之書，備言禍福，使以兵反恭。牢之呼敬宣謂曰：「王恭昔蒙先帝殊恩，今居伯舅之重，義心未彰，唯兵是縱。吾不能審恭事捷之日，必能奉戴天子，緝穆宰相與不。今欲奉國威靈，以明逆順，汝以爲何如？」敬宣曰：「朝廷雖無成、康之隆，未有桓、靈之亂，而恭怙亂阻兵，志陵京邑。大人與恭親無骨肉，分非君臣，雖共事少時，意好不協。今日討之，於情何有。」牢之至竹里，斬恭大將顏延，遣敬宣率高雅之等還京襲恭，恭方出城耀軍，馳騎橫擊之，一時散潰。元顯進號後將軍，以敬宣爲諮議參軍，加寧朔將軍。

三年，孫恩爲亂，東土騷擾，牢之自表東討，軍次虎疁。賊皆死戰，敬宣請以騎傍南山趣其後，吴賊畏馬，又懼首尾受敵，遂大敗。進平會稽。尋加臨淮太守，遷後軍從事中郎。五年，孫恩又入浹口，高祖戍句章，賊頻攻不能拔，敬宣請往爲援，賊恩於是退遠入海。

是時四方雲擾，朝廷微弱，敬宣每慮艱難未已。高祖既累破妖賊，功名日盛，故敬宣深相憑結，情好甚隆。元顯進號驃騎，敬宣仍隨府轉，軍、郡如故。元顯驕婬縱肆，羣下化之，敬宣每預燕會，未嘗飲酒，調戲之來，無所酬答，元顯甚不說。尋進號輔國將軍，餘如故。

元興元年，牢之南討桓玄，元顯爲征討大都督，日夜昏酣，牢之驟詣門，不得相見，帝出餞行，方遇公坐而已。桓玄既至溧洲，遣信説牢之，牢之以道子昏闇，元顯淫凶，慮平玄之日，亂政方始，假手於玄，誅除執政，然後乘玄之隙，可以得志於天下，將許玄降。敬宣諫曰：「方今國家亂擾，四海鼎沸，天下之重，在大人與玄。玄藉先父之基，據荆南之勢，雖無姬文之德，實爲參分之形。一朝縱之，使陵朝廷，威望既成，則難圖也。董卓之變，將生於今。」牢之怒曰：「吾豈不知今日取玄如反覆手，但平玄之後，令我那驃騎何？」遣敬宣爲任〔一八〕，玄板爲其府諮議參軍。

玄既得志，害元顯，廢道子，以牢之爲征東將軍、會稽太守。牢之與敬宣謀共襲玄，期以明旦。值尒日大霧，府門晚開，日旰，敬宣不至，牢之謂所謀已泄，率部曲向白洲，欲奔廣陵。而敬宣還京口迎家，牢之尋求不得，謂已爲玄所擒，乃自縊死。敬宣奔喪，哭畢，即渡江就司馬休之、高雅之等，俱奔洛陽〔一九〕，往來長安，各以子弟爲質，求救於姚興。興與之符信，令關東募兵，得數千人，復還至彭城間，收聚義故。玄遣孫無終討冀州刺史劉軌〔二〇〕，軌要敬宣、雅之等共據山陽破之，不剋。又進昌平澗，戰不利，衆各離散，乃俱奔鮮卑慕容德。

敬宣素曉天文，知必有興復晉室者。尋夢丸土服之，既覺，喜曰：「丸者桓也，桓既吞矣，吾復本土乎。」乃結青州大姓諸崔、封〔二一〕，并要鮮卑大帥免逵，謀滅德，推休之爲主，剋日垂發。時劉軌爲德司空，大被委任，雅之又欲要軌，敬宣曰：「此公年老，吾觀其有安齊志，必不動，不可告也。」雅之以爲不然，遂告軌，軌果不從。謀頗泄，相與殺軌而去。至淮、泗間，會高祖平京口，手書召敬宣，左右疑其詐，敬宣曰：「吾固知其然矣。下邳不誘我也。」即便馳還。既至京師，以敬宣爲輔國將軍、晉陵太守，襲封武岡縣男。是歲，安帝元興三年也。

桓歆率氐賊楊秋寇歷陽，敬宣與建威將軍諸葛長民大破之，歆單騎走渡淮，斬楊秋於練固而還。遷建威將軍、江州刺史〔二二〕。敬宣固辭，言於高祖曰：「讎恥既雪，四海清蕩，所願反身草澤，以終餘年。恩遇不遺〔二三〕，遂復偃俛，即目所忝，已爲優渥。且盤龍、無忌猶未遇寵，賢二弟位任尚卑，一朝先之，必貽朝野之責。」不許。敬宣既至江州，課集軍糧，搜召舟乘，軍戎要用，常有儲擬。故西征諸軍雖失利退據〔二四〕，因之每即振復。其年，桓玄兄子亮自號江州刺史，寇豫章，亮又遣苻宏寇廬陵，敬宣並討破之。

初，劉毅之少也，爲敬宣寧朔參軍。時人或以雄傑許之，敬宣曰：「夫非常之才〔二五〕，當別有調度，豈得便謂此君爲人豪邪？其性外寬而內忌，自伐而尚人，若一旦遭逢，亦當以陵上取禍耳。」毅聞之，深以爲恨。及在江陵，知敬宣還，乃使人言於高祖曰：「劉敬宣父子，忠國既昧，今又不豫義始。猛將勞臣，方須敍報，如敬宣之比，宜令在後。若使君不忘平生，欲相申起者，論資語事，正可爲員外常侍耳。聞已授其郡，實爲過優；尋知復爲江州，尤所駭惋。」敬宣愈不自安。安帝反正，自表解職。於是散徹，賜給宅宇，月給錢三十萬。高祖數引與游宴，恩款周洽，所賜錢帛車馬及器服玩好，莫與比焉。

尋除冠軍將軍、宣城内史、襄城太守。宣城多山縣，郡舊立屯以供府郡費用，前人多發調工巧，造作器物，敬宣到郡，悉罷私屯，唯伐竹木，治府舍而已。亡叛多首出，遂得三千餘户。

高祖方大相寵任，欲先令立功，義熙三年，表遣敬宣率衆五千伐蜀。國子博士周祇書諫高祖曰：「自義旗之建，所征無不必克，此可謂天人交助，信順之徵也。今大難已夷，君臣俱泰。頃五穀轉豐，民無饑苦，劫盜之患，亦爲弭息，此誠漸足無事，宜大寧治本。蜀賊宜平，六合宜一，非爲不爾也。古人有言，天時不如地利，地利不如人和。今往伐蜀，萬有餘里，泝流天險，動經時歲。若此軍直指成都，徑禽譙氏者，復是將帥奮威，一快之舉耳。然益土荒殘，野無青草，成都之内，殆無孑遺。計得彼利，與今行軍之費，不足相補也。而今往艱險，雨雪方降，驅三州三吴之人，投之三巴三蜀之土，其中疾病死亡，豈可稱計。此一疑也。賊必不守窮城，將決力戰。今我往勞困，彼來甚逸。若忽使師行不利，人情波駭，大勢挫衄。此二疑也。且千里饋糧，士有饑色。況今泝險萬里，所在無儲。若兵不解，運漕不繼，雖韓、白之將，何以成功。此三疑也。今云可征者云：『彼親離衆叛。』愚謂不然。彼以一匹夫，而能致今日之事，若衆力離散，亦何以至此。官所遣兵皆烏合受募之人，亦必無千人一心，有前無退矣。爲治者固先定其内而理其外，先安其近而懷其遠。自頃狂狡不息，誅戮相繼，未可謂人和也。天險如彼，未可謂地利也。毛脩之家讎不雪，不應以得死爲恨〔二六〕，劉敬宣蒙生存之恩，亦宜性命仰報，今將軍欲驅二死之甘心，而忘國家之重計，愚情竊所未安。閾門之外，非所宜豫，苟其有心，不覺披盡。」不從。

假敬宣節，監征蜀諸軍事，郡如故。既入峽〔二七〕，分遣振武將軍、巴東太守温祚以二千人揚聲外水，自率益州刺史鮑陋、輔國將軍文處茂、龍驤將軍時延祖由墊江而進。敬宣率先士卒，轉戰而前，達遂寧郡之黄虎，去成都五百里。僞輔國將軍譙道福等悉衆距險，相持六十餘日，大小十餘戰，賊固守不敢出。敬宣不得進，食糧盡，軍中多疾疫，死者太半，引軍還。譙縱送毛璩一門諸喪，其妻女、文處茂母何，并諸士人喪柩，浮之中流，敬宣皆拯接致歸。爲有司所奏，免官，削封三分之一。

五年，高祖伐鮮卑，除中軍諮議參軍，加冠軍將軍。從至臨朐，慕容超出軍距戰，敬宣與兗州刺史劉藩等奮擊，大破之。龍驤將軍孟龍符戰没，敬宣并領其衆，圍廣固，屢獻規略。

盧循逼京師〔二八〕，敬宣分領鮮卑虎班突騎，置陣甚整，循等望而畏之。遷使持節、督馬頭淮西諸軍郡事、鎮蠻護軍、淮南安豐二郡太守、梁國内史，將軍如故。循既走，仍從高祖南討，轉左衛將軍，加散騎常侍。

敬宣寬厚善待士，多伎藝，弓馬音律，無事不善。時尚書僕射謝混自負才地，少所交納，與敬宣相遇，便盡禮著歡。或問混曰：「卿未嘗輕交於人，而傾蓋於萬壽，何也？」混曰：「人之相知，豈可以一塗限，孔文舉禮太史子義，夫豈有非之者邪！」

初，敬宣回師於蜀，劉毅欲以重法繩之，高祖既相任待，又何無忌明言於毅，謂不宜以私憾傷至公，若必文致爲戮，已當入朝以廷議決之。毅雖止，猶謂高祖曰：「夫生平之舊，豈可孤信。光武悔之於龐萌，曹公失之於孟卓，公宜深慮之。」毅出爲荆州，謂敬宣曰：「吾忝西任，欲屈卿爲長史、南蠻，豈有見輔意乎？」敬宣懼禍及，以告高祖。高祖笑曰：「但令老兄平安，必無過慮。」出爲使持節、督北青州軍郡事、征虜將軍、北青州刺史，領清河太守，尋領冀州刺史。

時高祖西討劉毅，豫州刺史諸葛長民監太尉軍事，貽敬宣書曰：「盤龍狼戾專恣，自取夷滅，異端將盡，世路方夷，富貴之事，相與共之。」敬宣報曰：「下官自義熙以來，首尾十載，遂忝三州七郡。今此杖節，常懼福過禍生，實思避盈居損，富貴之旨，非所敢當。」遣使呈長民書，高祖謂王誕曰：「阿壽故爲不負我也。」十一年正月，進號右將軍。

司馬道賜者，晉宗室之賤屬也，爲敬宣參軍。至高祖西征司馬休之，道賜乃陰結同府辟閭道秀及左右小將王猛子等謀反。道賜自號齊王，以道秀爲青州刺史，規據廣固，舉兵應休之。敬宣召道秀有所論，因屏人，左右悉出户，猛子逡巡在後，取敬宣備身刀殺敬宣，時年四十五。文武佐吏即討道賜、猛子等，皆斬之。先是敬宣未死，嘗夜與僚佐宴集，空中有放一隻芒屩於坐中〔二九〕，墜敬宣食槃上，長三尺五寸，已經人著，耳鼻間並欲壞。頃之而敗。喪至，高祖臨哭甚哀。子祖嗣〔三〇〕。宋受禪，國除。

檀祗字恭叔，高平金鄉人，左將軍韶第二弟也〔三一〕。少爲孫無終輔國參軍，隨無終東征孫恩，屢有戰功。復爲王誕龍驤參軍。從高祖克京城，參建武軍事。至羅落，檀憑之戰没之後，仍以憑之所領兵配祗。京邑既平，參鎮軍事，加振武將軍，隸振武大將軍道規追討桓玄〔三二〕，每戰克捷。江陵平定，道規遣祗征湞、沔亡命桓道兒、張靖、苻嗣等，皆悉平之。除龍驤將軍、秦郡太守、北陳留内史，又爲寧朔將軍、竟陵太守，不拜。破桓亮於長沙，苻宏於湘東。武陵内史庾悦疾病，道規以祗代悦，加寧朔將軍，封西昌縣侯，食邑千户。五年，入爲中書侍郎。

盧循逼京邑，加輔國將軍，領兵屯西明門外。循退走，祗率所領，步道援江陵，未發，遇疾停。八年，遷右衛將軍，出爲輔國將軍、宣城内史，即本號督江北淮南軍郡事、青州刺史、廣陵相。進號征虜將軍，加節。

十年，亡命司馬國璠兄弟自北徐州界聚衆數百，潛得過淮，因天夜陰闇，率百許人緣廣陵城得入，叫喚直上聽事。祗驚起，出門將處分，賊射之，傷股，乃入〔三三〕。祗語左右：「賊乘闇得入，欲掩我不備。但打五鼓，懼曉，必走矣。」賊聞鼓鳴，謂爲曉，於是奔散，追討殺百餘人。祗降號建武將軍。十一年，進號右將軍〔三四〕。十二年，高祖北伐，而亡命司馬□寇涂涂涂或作滁。中，秦郡太守劉基求救，分軍掩討，即破斬之。

十四年，宋國初建，天子詔曰：「宋國始立，內外草創，禁旅王要，總司須才。右將軍祗可爲宋領軍將軍，加散騎常侍。」祗性矜豪，樂在外放恣，不願內遷，甚不得志。發疾不自治，其年卒廣陵，時年五十一。贈散騎常侍、撫軍將軍，謚曰威侯。

子獻嗣，元熙中卒，無子，祗次子朗紹封。朗卒，子宣明嗣。宣明卒，子逸嗣。齊受禪，國除。

史臣曰：劉敬宣與高祖恩結龍潛，義分早合，雖興復之始，事隔逢迎，而深期久要，未之或爽。隆赫之任，義止於人存，飾終之數，無聞於身後，恩禮之有厚薄者，將有以乎。

校勘記

〔一〕孟山圖據魯山城　「魯山城」，原作「曾山城」，本書卷五一宗室臨川烈武王道規傳、晉書卷八五劉毅傳作「魯城」，今據局本、册府卷七二四改。

〔二〕桓仙客守偃月壘　「偃月壘」，原作「月壘」，據局本、本書卷一武帝紀上、卷四九蒯恩傳、卷五一宗室臨川烈武王道規傳、晉書卷八五劉毅傳補正。

〔三〕三月桓振復襲江陵　「三月桓振」，原作「子月神振」，據册府卷三四四、卷七二四改。按晉書卷一〇安帝紀亦云是年三月「桓振復襲江陵」。

〔四〕日夜兼行　「兼」，原作「者」，據三朝本、南監本、北監本、汲本、殿本、局本、册府卷三九四、卷七二四改。

〔五〕樂志等屯結江夏　「江夏」，原作「軍夏」，册府卷三四四、卷七二四作「中夏」，今據殿本、局本改。

〔六〕仍爲輔國將軍淮南歷陽二郡太守　「淮南」，原作「淮馬」，據南監本、殿本、局本、南史卷一七劉懷肅傳、册府卷三四四、卷七九八改。

〔七〕叔卿流稱於後　「叔卿」，原作「升卿」，據册府卷六五八改。

〔八〕去蘭皋數里　「蘭皋」，原作「皋蘭」，據本書卷九八氐胡傳乙正。南齊書卷一高帝紀上謂「武興西北有蘭皋戍，去仇池二百里」。元豐九域志卷三秦鳳路，階州將利縣有蘭皋鎮。下出

「皋蘭」，並乙正。

〔九〕難當遣其建節將軍符弘祖啖元等固守蘭皋鎮北將軍符德義於外爲游軍　「符弘祖」、「符德義」，通鑑卷一二四宋紀元嘉十九年胡注：「『符』恐當作『苻』。楊氏、苻氏，皆氐種也。」

〔一〇〕和又遣德義助戰　「助」，原作「祖」，册府卷三五一作「來」，今據三朝本、殿本、局本改。

〔一一〕略陽符昭　「略陽」，原作「洛陽」。張森楷校勘記：「『洛陽』當作『略陽』。」按張説是，略陽爲氐族聚居之地，今改正。

〔一二〕呂訓略陽氐人呂先子也　「陽」字原闕，張森楷校勘記：「『略』下當有『陽』字。」按張説是，今據補。「呂先」，張森楷校勘記：「『呂先』當是『呂光』。」按呂光，爲後涼主。

〔一三〕賜錢十萬　「十萬」，原作「千萬」，據南史卷一七劉懷肅傳改。

〔一四〕尋督江州豫州之西陽新蔡汝南潁川司州之弘農揚州之松滋六郡諸軍事　「弘農揚州之」五字原闕，錢大昕考異卷二四：「庾悦傳亦云六郡，今數之，止五郡，且松滋郡屬揚州，不屬司州，蓋有脱文也。」又云：「傳文當云司州之弘農、揚州之松滋，今本脱去五字耳。」今據補。

〔一五〕未去任其年卒官時年三十一　按今以懷玉義熙十一年（四一五）年三十一計之，當生於晉孝武帝太元十年（三八五）。考上文云「高祖東伐孫恩，以懷玉爲建武司馬」，據本書卷一武帝紀上，時在晉安帝隆安五年（四〇一），是年懷玉年僅十七，不可能有此任。下文又載懷玉弟龍符義熙五年（四〇九）北伐廣固之役戰死，時年三十三，則龍符生於晉孝武帝太元二年（三七七），生年又早於其兄。是此「三十一」當誤。

〔一六〕慧熙子宗嗣　「子」，原作「己」。孫虨考論卷二：「字誤，蓋『子』字或『弟』字。」今改作「子」。

〔一七〕以龍符爲車騎參軍　「參軍」，原作「將軍」，孫虨考論卷二：「當是爲『車騎參軍』。」按孫説是，今改正。

〔一八〕遺敬宣爲任　「遺」，原作「遣」，據南史卷一七劉敬宣傳改。

〔一九〕俱奔洛陽　「俱」，原作「祖」，據南監本、北監本、汲本、殿本、局本、晉書卷八四劉牢之傳、南史卷一七劉敬宣傳改。

〔二〇〕玄遣孫無終討冀州刺史劉軌　「孫無終」，原作「孫無絡」，據殿本、局本、册府卷四三八改。

〔二一〕乃結青州大姓諸崔封　「崔」，原作「省」，據册府卷七五八改。按青州大姓有崔氏、封氏，無「省氏」。

〔二二〕遷建威將軍江州刺史　「建威將軍」，原作「侯威將軍」，據南監本、北監本、汲本、殿本、局本、晉書卷八四劉牢之傳、册府卷四〇八改。

〔二三〕恩遇不遺　「遺」，原作「遣」，據册府卷四〇八改。

〔二四〕故西征諸軍雖失利退據　「西」，原作一字空格，據册府卷六九六補。

〔二五〕夫非常之才　「夫」，原作「人」，據通鑑卷一一四晉紀義熙元年改。

〔二六〕不應以得死爲恨　「恨」，原作「限」，據殿本、南史卷一七劉敬宣傳改。

〔二七〕既入峽　「峽」，原作「陜」，據册府卷四三八改。

〔二八〕盧循逼京師　「逼」，原作「過」，據南監本、殿本、局本、南史卷一七劉鍾傳改。

〔二九〕空中有放一隻芒屩於坐中　「放」，南史卷一七劉敬宣傳、御覽卷六八九、卷八八五引宋書作「投」。

〔三〇〕子祖嗣　「祖」，南史卷一七劉敬宣傳作「光祖」，疑是。

〔三一〕左將軍韶第二弟也　「韶」，原作「歆」，據本書卷四五檀韶傳改。

〔三二〕加振武將軍隸振武大將軍道規追討桓玄　按本書卷五一宗室臨川烈武王道規傳，道規但爲振武將軍，此云「振武大將軍」，疑有誤。

〔三三〕傷股乃入　「股」，原作「敗」，據局本、南史卷一五檀道濟傳附檀祗傳改。

〔三四〕進號右將軍　「右」字下原衍「衞」字。孫虨考論卷二：「『右衞』非號，『衞』字衍也。下文『右將軍祗』可證。」按孫說是，今訂正。

宋書卷四十八

列傳第八

朱齡石　毛脩之　傅弘之

朱齡石字伯兒，沛郡沛人也。家世將帥。祖騰，建威將軍、吳國內史。伯父憲及斌，並爲西中郎袁真將佐，憲爲梁國內史，斌爲汝南內史。大司馬桓温伐真於壽陽，真以憲兄弟與温潛通，並殺之。齡石父綽逃走歸温，攻戰常居先，不避矢石。壽陽平，真已死，綽輒發棺戮尸，温怒，將斬之，温弟沖苦請得免。綽爲人忠烈，受沖更生之恩，事沖如父。參沖車騎軍事、西陽廣平太守。及沖薨，綽歐血死。沖諸子遇齡石如兄弟。

齡石少好武事，頗輕佻，不治崖檢。舅淮南蔣氏，人才儜劣，齡石使舅卧於聽事一頭，剪紙方一寸，帖著舅枕，自以刀子懸擲之，相去八九尺，百擲百中。舅雖危懼戰慄，爲畏齡石，終不敢動。舅頭有大瘤，齡石伺舅眠，密往割之，舅即死。

初爲殿中將軍，常追隨桓脩兄弟，爲脩撫軍參軍，在京口。高祖克京城，以爲建武參軍。從至江乘，將戰〔一〕，齡石言於高祖曰：「世受桓氏厚恩，不容以兵刃相向，乞在軍後。」高祖義而許之。事定，以爲鎮軍參軍〔二〕，遷武康令，加寧遠將軍。

喪亂之後，武康人姚係祖招聚亡命，專爲劫盜，所居險阻，郡縣畏憚不能討。齡石至縣，僞與係祖親厚，召爲參軍。係祖恃其兄弟徒黨彊盛，謂齡石必不敢圖己，乃出應召。齡石潛結腹心，知其居處塗徑〔三〕，乃要係祖宴會，叱左右斬之。乃率吏人馳至其家，掩其不備，莫有得舉手者，悉斬係祖兄弟，殺數十人，自是一郡得清。

高祖又召爲參軍，補徐州主簿，遷尚書都官郎，尋復爲參軍。從征鮮卑，坐事免官。廣固平，復爲參軍。盧循至石頭，領中軍。循選敢死之士數千人上南岸，高祖遣齡石領鮮卑步矟，過淮擊之。率厲將士，皆殊死戰，殺數百人，賊乃退。齡石既有武幹，又練吏職，高祖甚親委之。盧循平，以爲寧遠將軍、寧蠻護軍、西陽太守。義熙八年，高祖西伐劉毅，齡石從至江陵。

九年，遣諸軍伐蜀，令齡石爲元帥，以爲建威將軍、益州刺史，率寧朔將軍臧熹、河間太守蒯恩、下邳太守劉鍾、龍驤將軍朱林等〔四〕，凡二萬人，發自江陵。尋加節益州諸軍事。初，高祖與齡石密謀進取，曰：「劉敬宣往年出黃虎，無功而退。賊謂我今應從外水往，而料我當出其不意，猶從內水來也。如此，必以重兵守涪城，以備內道。若向黃虎，正墮其計。今以大衆自外水取成都，疑兵出內水，此制敵之奇也。」而慮此聲先馳，賊審虛實，別有函書，全封付齡石〔五〕，署函邊曰：「至白帝乃開。」諸軍雖進，未知處分所由。至白帝，發書，曰：「衆軍悉從外水取成都，臧熹、朱林於中水取廣漢，使羸弱乘高艦十餘，由內水向黃虎。」衆軍乃倍道兼行，譙縱果備內水，使其大將譙道福以重兵戍涪城，遣其前將軍秦州刺史侯輝、尚書僕射蜀郡太守譙詵等率衆萬餘屯彭模，夾水爲城。

十年六月〔六〕，齡石至彭模，諸將以賊水北城險阻衆多，咸欲先攻其南城〔七〕，齡石曰：「不然。雖寇在北，今屠南城，不足以破北；若盡銳以拔北壘，南城不麾而自散也。」七月，齡石率劉鍾、蒯恩等攻城，詰朝戰，至日昃，焚其樓櫓，四面並登，斬侯輝、譙詵，仍回軍以麾，南城即時散潰。凡斬大將十五級，諸營守以次土崩，衆軍乃舍船步進。

龍驤將軍臧熹至廣漢，病卒。朱林至廣漢，復破譙道福，別軍乘船陷牛脾城〔八〕，斬其大將譙撫。譙縱聞諸處盡敗，奔于涪城，巴西人王志斬送。僞尚書令馬躭封府庫以待王師。道福聞彭模不守，率精鋭五千兼行來赴，聞縱已走，道福衆亦散，乃逃于獠中，巴西民杜瑤縛送之〔九〕，斬于軍門。桓謙弟恬隨謙入蜀，爲寧蜀太守，至是亦斬焉。

高祖之伐蜀也，將謀元帥而難其人，乃舉齡石。衆咸謂自古平蜀，皆雄傑重將，齡石資名尚輕，慮不辦克，諫者甚衆，高祖不從。乃分大軍之半，猛將勁卒，悉以配之。臧熹，敬皇后弟也。資位在齡石之右，亦令受其節度。是行亦不淹時，一戰克捷，衆咸服高祖之知人〔一〇〕，又美齡石之善於其事。

齡石遣司馬沈叔任戍涪，蜀人侯產德作亂，攻涪城，叔任擊破之，斬產德。初，齡石平蜀，所戮止縱一祖之後，產德事起，多所連結，乃窮加誅剪，死者甚衆。進號輔國將軍，尋進監梁州之巴西梓潼宕渠南漢中、秦州之安固懷寧六郡諸軍事〔一一〕，以平蜀功，封豐城縣侯，食邑千户。

十一年，徵爲太尉諮議參軍，加冠軍將軍。十二年北伐，遷左將軍，本號如故，配以兵力，守衛殿省，劉穆之甚加信仗，内外諸事，皆與謀焉。

高祖還彭城，以齡石爲相國右司馬。十四年，安西將軍桂陽公義真被徵，以齡石持節督關中諸軍事、右將軍、雍州刺史。敕齡石，若關右必不可守，可與義真俱歸。齡石亦舉城奔走。龍驤將軍王敬先戍曹公壘，齡石自潼關率餘衆就敬先，虜斷其水道，衆渴不能戰，城陷，虜執齡石及敬先還長安，見殺，時年四十。

子景符嗣。景符卒，子祖宣嗣，坐輒之封，八年不反，及不分姑國秩，奪爵。更以祖宣弟隆紹封。齊受禪，國除。

齡石弟超石，亦果鋭善騎乘，雖出自將家，兄弟並閑尺牘。桓謙爲衛將軍，以補行參軍。又參何無忌輔國右軍軍事。徐道覆破無忌，得超石，以爲參軍。至石頭，超石說其同舟人乘單舸走歸高祖，高祖甚喜之，以爲徐州主簿。超石收迎桓謙身首，躬營殯葬。遷車騎參軍事，尚書都官郎，尋復補中兵參軍、寧朔將軍、沛郡太守。

西伐劉毅，使超石率步騎出江陵，未至而毅平。及討司馬休之，遣冠軍將軍檀道濟及超石步軍出大薄，魯宗之聞超石且至，自率軍逆之，未戰而江陵平。從至襄陽，領新野太守，追宗之至南陽而還。

義熙十二年北伐，超石爲前鋒入河〔二〕，索虜托跋嗣，姚興之壻也，遣弟黃門郎鵞青、冀州刺史安平公乙旃眷、襄州刺史托跋道生、青州刺史阿薄干〔三〕，步騎十萬，屯河北，常有數千騎，緣河隨大軍進止。時軍人緣河南岸，牽百丈，河流迅急，有漂渡北岸者，輒爲虜所殺略。遣軍裁過岸，虜便退走，軍還，即復東來。高祖乃遣白直隊主丁旿，率七百人，及車百乘，於河北岸上，去水百餘步，爲却月陣，兩頭抱河，車置七仗士，事畢，使豎一白毦。虜見數百人步牽車上，不解其意，並未動。高祖先命超石戒嚴二千人。白毦既舉，超石馳往赴之〔一四〕，并齎大弩百張，一車益二十人，設彭排於轅上。虜見營陣既立，乃進圍營，超石先以軟弓小箭射虜，虜以衆少兵弱，四面俱至。嗣又遣南平公托跋嵩三萬騎至，遂肉薄攻營。於是百弩俱發，又選善射者叢箭射之，虜衆既多，弩不能制〔一五〕。超石初行，別齎大鎚并千餘張稍，乃斷稍長三四尺，以鎚鎚之，一稍輒洞貫三四虜。虜衆不能當，一時奔潰，臨陣斬阿薄干首，虜退還半城〔一六〕。超石率胡藩、劉榮祖等追之，復爲虜所圍，奮擊盡日，殺虜千計，虜乃退走。高祖又遣振武將軍徐猗之五千人向越騎城，虜圍猗之，以長戟結陣，超石赴之，未至悉奔走。大軍進克蒲坂，以超石爲河東太守，戍守之。賊以超石衆少，復還攻城，超石戰敗退走，數日乃及大軍。

高祖自長安東還，超石常令人水道至彭城，除中書侍郎，封興平縣五等侯。關中擾亂，高祖遣超石慰勞河、洛。始至蒲坂，值齡石自長安東走至曹公壘，超石濟河就之，與齡石俱没，爲佛佛所殺，時年三十七。

毛脩之字敬文，滎陽陽武人也。祖虎生，伯父璩，並益州刺史。父瑾，梁、秦二州刺史。

脩之有大志〔一七〕，頗讀史籍。荆州刺史殷仲堪以爲寧遠參軍。桓玄克荆州，仍爲玄佐，歷後軍、太尉、相國參軍。解音律，能騎射，玄甚遇之。及篡位，以爲屯騎校尉。隨玄西奔，玄敗於崢嶸洲，復還江陵，人情離散，議欲西奔漢川，脩之誘令入蜀，馮遷斬玄於枚回洲，脩之力也。

晉安帝反正於江陵，除驍騎將軍。下至京師，高祖以爲鎮軍諮議參軍，加寧朔將軍。旬月，遷右衛將軍〔一八〕。既有斬玄之謀，又伯、父並在蜀土〔一九〕，高祖欲引爲外助，故頻加榮爵〔二〇〕。及父瑾爲譙縱所殺，高祖表爲龍驤將軍，配給兵力，遣令奔赴。又遣益州刺史司馬榮期及文處茂、時延祖等西討。脩之至宕渠，榮期爲參軍楊承祖所殺，承祖自稱鎮軍將軍、巴州刺史。脩之退還白帝，承祖自下攻之，不拔。脩之使參軍嚴綱等收合兵衆，漢嘉太守馮遷率兵來會，討承祖斬之。時文處茂猶在巴郡，脩之遣振武將軍張季仁五百兵係處茂等。荆州刺史道規又遣奮武將軍原導之領千人，受脩之節度。脩之遣原導之與季仁俱進。

時益州刺史鮑陋不肯進討，脩之下都上表曰：「臣聞在生所以重生，實有生理可保。臣之情地，生途已竭，所以未淪於泉壤，借命於朝露者，以日月貞照，有兼暎之輝，庶憑天威，誅夷讎逆。自提戈西赴，備嘗時難，遂使齊斧停柯，狡竪假息。誠由經路有暨，亦緣制不自己。撫影窮號，泣望西路。益州刺史陋始以四月二十九日達巴東，頓白帝，以俟廟略。可乘之機宜踐，投袂之會屢愆。臣雖効死寇庭，而理絶救援，是以束骸載馳，訴寃象魏。昔宋害申丹，楚莊有遺履之憤，況忘家殉國，勘有臣門，節冠風霜，人所矜悼。伍員不虧君義，而申包不忘國艱，俟會佇鋒，因時乃發。今臣庸踰在昔，未蒙宵邁之旗，是以仰辰極以希照，眷西土以灑淚也。公私懷恥，仰望洪恩，豈宜遂享名器，比肩人伍。求情既所不容，即實又非所繼，但以方仗威靈，要須綜攝，乞解金紫寵私之榮，賜以鷹揚折衝之號。臣之於國，理無虛請。自臣涉道，情慮荒越，疹毒交纏，常慮性命隕越，要當躬先士卒，身馳賊庭，手斬凶醜，以攄莫大之釁。然後就死之日，即化如歸，闔門靈爽，豈不謝先帝於玄宮。」

高祖哀其情事，乃命冠軍將軍劉敬宣率文處茂、時延祖諸軍伐蜀。軍次黃虎，無功而退。譙縱由此送脩之父、伯及中表喪，口累並得俱還。

盧循逼京邑，脩之服未除，起爲輔國將軍，尋加宣城內史，戍姑孰。爲循黨阮賜所攻，擊破之。循走，劉毅還姑孰，脩之領毅後軍司馬，坐長置吏僮，免將軍、內史官。毅西鎮江陵，以爲衞軍司馬、輔國將軍、南郡太守。脩之雖爲毅將佐，而深自結高祖。高祖討毅，先遣王鎮惡襲江陵，脩之與諮議參軍任集之等並力戰，高祖宥之。

時遣朱齡石伐蜀，脩之固求行，高祖慮脩之至蜀，必多所誅殘，土人既與毛氏有嫌，亦當以死自固，故不許。還都，除黃門侍郎，復爲右衞將軍。

脩之不信鬼神，所至必焚除房廟。時蔣山廟中有佳牛好馬，脩之並奪取之。高祖討司馬休之，以爲諮議參軍、冠軍將軍、領南郡相。

高祖將伐羌，先遣脩之復芍陂，起田數千頃。及至彭城，又使營立府舍，轉相國右司馬，將軍如故。時洛陽已平，即本號爲河南、河內二郡太守，行司州事〔三〕，戍洛陽，修治城壘。高祖既至，案行善之，賜衣服玩好，當時計直二千萬。先是，劉敬宣女嫁，高祖賜錢三百萬，雜綵千匹，時人並以爲厚賜。王鎮惡死，脩之代爲安西司馬，將軍如故。值桂陽公義真已發長安，爲佛佛虜所邀，軍敗。脩之與義真相失，走將免矣。始登一岅，岅甚高峻，右衞軍人叛走，已上岅，嘗爲脩之所罰者，以戟擲之，傷額，因墜岅，遂爲佛佛所擒。佛佛死，其子赫連昌爲索虜托跋燾所獲，脩之并没。

初，脩之在洛，敬事嵩高山寇道士，道士爲燾所信敬，營護之，故得不死，遷于平城。脩之嘗爲羊羹，以薦虜尚書，尚書以爲絶味，獻之於燾，燾大喜，以脩之爲太官令。稍被親寵，遂爲尚書、光禄大夫，南郡公，太官令、尚書如故。其後朱脩之没虜，亦爲燾所寵。脩之相得甚歡。脩之問南國當權者爲誰？朱脩之答云：「殷景仁。」脩之笑曰：「吾昔在南，殷尚幼少，我得歸罪之日，便應巾韝到門邪！」經年不忍問家消息，久之乃訊訪，脩之具答，并云：「賢子元矯，甚能自處，爲時人所稱。」脩之悲不得言，直視良久，乃長歎曰：「嗚呼！」自此一不復及〔三二〕。初，荒人去來，言脩之勸誘燾侵邊，并教燾以中國禮制，太祖甚疑責之。脩之後得還〔三三〕，具相申理，上意乃釋。脩之在虜中，多畜妻妾，男女甚多。元嘉二十三年，死於虜中，時年七十二。元矯歷宛陵、江乘、溧陽令。

傅弘之字仲度，北地泥陽人。傅氏舊屬靈州，漢末郡境爲虜所侵，失土寄寓馮翊，置泥陽、富平二縣，靈州廢不立，故傅氏悉屬泥陽。晉武帝太康三年，復立靈州縣，傅氏還屬靈州。弘之高祖晉司徒祗，後封靈州公，不欲封本縣，故祗一門還復泥陽。曾祖暢，祕書丞，没胡，生子洪，晉穆帝永和中，胡亂得還。洪生韶〔三四〕，梁州刺史，散騎常侍。韶生弘之。

少倜儻有大志，爲本州主簿，舉秀才，不行。桓玄將篡，新野人庾仄起兵於南陽，襲雍州刺史馮該，該走。弘之時在江陵，與仄兄子彬謀殺荆州刺史桓石康，以荆州刺史應仄。彬從弟宏知其謀，以告石康，石康收彬殺之，繫弘之於獄。桓玄以弘之非造謀，又白衣無兵衆，原不罪。

義旗建，輔國將軍道規以爲參軍、寧遠將軍、魏興太守。盧循作亂，桓石綏自上洛甲口自號荆州刺史〔二五〕，徵陽令王天恩自號梁州刺史〔二六〕，襲西城。時韶爲梁州，遣弘之討石綏等，並斬之。除太尉行參軍。從征司馬休之，署後部賊曹，仍爲建威將軍、順陽太守。

高祖北伐，弘之與扶風太守沈田子等七軍自武關入，僞上洛太守脱身奔走〔二七〕，進據藍田，招懷戎、晉。晉人龐斌之、戴養、胡人康横等各率部落歸化。弘之素善騎乘，高祖至長安，弘之於姚泓馳道内，緩服戲馬，或馳或驟，往反二十里中，甚有姿制，羌胡聚觀者數千人，並驚惋歎息。初上馬，以馬鞭柄策，挽致兩股内，及下馬，柄孔猶存。

進爲桂陽公義真雍州治中從事史，除西戎司馬、寧朔將軍。略陽太守徐師高反叛，弘之討平之。高祖歸後，佛佛僞太子赫連瓌率衆三萬襲長安〔二八〕，弘之又領步騎五千，於池陽大破之，殺傷甚衆。瓌又抄掠渭南，弘之又於寡婦人渡破瓌，獲賊三百，掠七千餘口。及義真東歸〔二九〕，佛佛傾國追躡，於青泥大戰，弘之身貫甲胄，氣冠三軍。軍敗陷没，佛佛逼令降，弘之不爲屈，時天寒，裸弘之，弘之叫罵見殺。時年四十二。

史臣曰：三代之隆，畿服有品，東漸西被，無遺遐荒。及漢氏闢土，通譯四方，風教淺深，優劣已遠。晉室播遷，來宅揚、越，關、朔遥阻，隴、汧遐荒，區甸分其内外，山河判其表裏，而羌、戎雜合，久絶聲教，固宜待以荒服，羈縻而已也。若其懷道畏威，奉王受職，則通以書軌，班以王規。若負其岨遠，屈彊邊垂，則岠險閉關，禦其寇暴。桓温一世英人，志移晉鼎，自非兵屈霸上〔三〇〕，戰衄枋頭，則光宅之運，中年允集。高祖無周世累仁之基，欲力征以君四海，實須外積武功，以收天下人望。止欲挂旆龍門，折衝冀、趙，跨功桓氏，取高昔人，地未闢於東晉，威獨振於江南，然後可以變國情，愜民志，撫歸運而膺寶策。豈不知秦川不足供養，百二難以傳後哉！至舉咸陽而棄之，非失筭也。此四將藉歸衆難固之情，已至於俱陷，爲不幸矣。

校勘記

〔一〕將戰　「將」字原闕，據局本、南史卷一六朱齡石傳、通鑑卷一一三晉紀元興三年補。

〔二〕以爲鎮軍參軍　「爲」字原闕，據南史卷一六朱齡石傳補。

〔三〕知其居處塗徑　「處」，原作「北」，據册府卷七〇五改。

〔四〕河間太守蒯恩下邳太守劉鍾龍驤將軍朱林等　「河間」，本書卷四九蒯恩傳、晉書卷一〇〇譙縱傳、册府卷一九九作「蘭陵」。「朱林」，南史卷一六朱齡石傳作「朱枚」，南史卷二五王懿傳作「朱牧」。「林」、「枚」、「牧」字形相似，未知孰是。

〔五〕全封付齡石　「付」字原闕，據南監本、南史卷一六朱齡石傳、通典卷一五三兵六、御覽卷二八七引宋書、通鑑卷一一六晉紀義熙八年補。

〔六〕十年六月　本書卷二武帝紀中、卷二五天文志三、晉書卷一〇安帝紀、南史卷一宋本紀上皆記朱齡石平蜀在義熙九年七月。

〔七〕咸欲先攻其南城　「城」字原闕，據南監本、局本、御覽卷二八七引宋書、通典卷一五三兵六、册府卷三六三、通鑑卷一一六晉紀義熙九年補。

〔八〕別軍乘船陷牛脾城　通鑑卷一一六晉紀義熙九年胡注：「『牛脾』當作『牛鞞』。」按晉書卷一四地理志上，益州犍爲郡下有牛鞞縣。

〔九〕巴西民杜瑶縛送之　「巴西民杜瑶」，晉書卷一〇〇譙縱傳作「廣漢人杜瑾」。

〔一〇〕臧熹敬皇后弟也資位在齡石之右亦令受其節度是行亦不淹時一戰克捷衆咸服高祖之知人「也資位在齡石之右亦令受其節度是行亦不淹時一戰克捷衆」二十五字原闕，據册府卷二一〇四補。

〔一一〕尋進監梁州之巴西梓潼宕渠南漢中秦州之安固懷寧六郡諸軍事　「梁州之」三字，原作「益州」二字，據局本訂正。錢大昕考異卷二四：「按巴西以下四郡，晉時屬梁州，宋元嘉以後始改隸益州。齡石時爲益州刺史，而兼監梁州之四郡，秦州之二郡，故云六郡也。『益州』當爲『梁州』，『州』下脱『之』字，以吉翰、張茂度傳證之可見。」

〔一二〕超石爲前鋒入河　「爲」字原闕，據册府卷三四四補。

〔一三〕遣弟黄門郎鵞青冀州刺史安平公乙旃眷襄州刺史托跋道生青州刺史阿薄干　按「鵞青」，魏書卷三〇本傳作「娥清」，又青非明元帝之弟。乙旃眷即魏書之叔孫建。托跋道生即魏書之長孫道生。時無襄州，或是相州之誤，然此時任相州刺史者爲尉古真，尉古真之前爲長孫嵩，嵩時鎮半城，長孫道生雖預此役，未嘗爲相州刺史。蓋鄰國傳聞之詞，不可爲準。

〔一四〕高祖先命超石戒嚴二千人白毦既舉超石馳往赴之　「戒嚴二千人白毦既舉超石」十一字原闕，據册府卷七二四補。按下云一車益二十人，合之正二千人。

〔一五〕弩不能制　「弩」字原闕，據南史卷一六朱齡石傳、通典卷一六一兵一四、御覽卷三一八引王隱晉書補。

〔一六〕虜退還半城　「半城」，原作「平城」，據局本改。通鑑卷一一八晉紀義熙十三年作「畔城」，半城即畔城，在今山東聊城界。時長孫嵩大軍駐畔城。

〔一七〕脩之有大志　「大志」，原作「大意」，據三朝本、南監本、北監本、汲本、殿本、局本改。

〔一八〕遷右衞將軍　「衞」字原闕，據南史卷一六毛脩之傳補正。按下文云「復爲右衞將軍」，則此脱「衞」字無疑。

〔一九〕伯父並在蜀土　「在」，原作「有」，據局本、南史卷一六毛脩之傳改。

〔二〇〕故頻加榮爵　「榮爵」，原作「策爵」，據南史卷一六毛脩之傳改。

〔二一〕行司州事　「司州」，原作「西州」，據南史卷一六毛脩之傳、通鑑卷一一七晉紀義熙十二年改。

〔二二〕自此一不復及　「及」，原作「反」，據南史卷一六毛脩之傳、明本册府卷九〇九、卷九五三改。

〔二三〕脩之後得還　「脩之」，局本、南史卷一六毛脩之傳作「朱脩之」，疑是。按張熷讀史舉正亦云：「『脩之』上當有『朱』字。」無「朱」字，易使人誤解是毛脩之。

〔二四〕洪生韶　「韶」，南史卷一六傳弘之傳作「歆」。晉書卷九九桓玄傳亦言石綏爲傳歆之所殺。「歆」即「歆之」之省略。

〔二五〕桓石綏自上洛甲口自號荆州刺史　「上」字原闕，據册府卷三四四補。按漢書卷二八上地理志上上洛縣下云，甲水出秦嶺山東南，至錫入沔。

〔二六〕黴陽令王天恩自號梁州刺史　通鑑卷一一五晉紀義熙六年胡注：「『黴陽』當作『微陽』。晉地理志，微陽縣屬上庸郡。沈約曰：魏立建始縣，晉武帝改曰微陽。」

〔二七〕僞上洛太守脱身奔走　原作「僞上洛太守□脱奔走」，據册府卷三四四訂正。

〔二八〕赫連瓌　晉書卷一三〇赫連勃勃載記、通鑑卷一一八晉紀義熙十四年作「赫連璝」。

〔二九〕及義真東歸　「及」，原作「又」，據南史卷一六傳弘之傳、御覽卷三二二引宋書改。

〔三〇〕自非兵屈霸上　「霸上」，原作「西湖」，蓋「霸」訛爲「西湖」二字，而又脱「上」字，當爲傳刻之誤，今據南史卷一六王鎮惡等傳論改。按桓温伐前秦，兵至霸上，以糧盡退軍，見晉書卷九八桓温傳。

宋書卷四十九

列傳第九

孫處　蒯恩　劉鍾　虞丘進

孫處字季高，會稽永興人也。籍注季高，故字行於世。少任氣。高祖東征孫恩，季高義樂隨。高祖平定京邑，以爲振武將軍，封新夷縣五等侯。廣固之役，先登有功。

盧循之難，於石頭扞栅，戍越城、查浦，破賊於新亭。高祖謂季高曰：「此賊行破。應先傾其巢窟，令奔走之日，無所歸投，非卿莫能濟事。」遣季高率衆三千，汎海襲番禺。初，賊不以海道爲防，季高至東衝，去城十餘里，城内猶未知。循守戰士猶有數千人，城池甚固。季高先焚舟艦，悉力登岸，會天大霧，四面陵城，即日克拔。循父嘏〔一〕、長史孫建之、司馬虞尫夫等，輕舟奔始興。即分遣振武將軍沈田子等討平始興、南康、臨賀、始安嶺表諸郡。循於左里奔走，而衆力猶盛，自嶺道還襲廣州。季高距戰二十餘日，循乃破走，所殺萬餘人，追奔至鬱林，會病，不得窮討，循遂得走向交州。

義熙七年四月，季高卒於晉康，時年五十三。追贈龍驤將軍、南海太守，封候官縣侯，食邑千户。九年，高祖念季高之功，乃表曰：「孫季高嶺南之勳，已蒙褒贈。臣更思惟盧循稔惡一紀，據有全域〔二〕。若令根本未拔，投奔有所，招合餘燼，猶能爲虞，縣師遠討，方勤廟筭。而季高汎海萬里，投命洪流，波激電邁，指日遄至，遂奄定南海，覆其巢窟，使循進退靡依，輕舟遠迸。曾不旬月，妖凶殲殄。蕩滌之功，實庸爲大。往年所贈，猶爲未優。愚謂宜更贈一州，即其本號，庶令忠勳不湮，勞臣增厲。」重贈交州刺史，將軍如故。子宗世卒，子欽公嗣。欽公卒，子彦祖嗣。齊受禪，國除。

蒯恩字道恩，蘭陵承人也。高祖征孫恩，縣差爲征民，充乙士，使伐馬芻。恩常負大束，兼倍餘人，每捨芻於地，歎曰：「大丈夫彎弓三石，奈何充馬士！」高祖聞之，即給器仗，恩大喜。自征妖賊，常爲先登，多斬首級。既習戰陣，膽力過人，誠心忠謹，未嘗有過失，甚見愛信。於婁縣戰，箭中左目。

從平京城，進定京邑，以寧遠將軍領幢。隨振武將軍道規西討，虜桓仙客，克偃月壘，遂平江陵。義熙二年，賊張堅據應城反，恩擊破之，封都鄉侯。從伐廣固，又有戰功。盧循逼京邑，恩戰于查浦，賊退走。與王仲德等追破循別將范崇民於南陵〔三〕。循既走還廣州，恩又領千餘人隨劉藩追徐道覆於始興，斬之。遷龍驤將軍、蘭陵太守。

高祖西征劉毅，恩與王鎮惡輕軍襲江陵，事在鎮惡傳。以本官爲太尉長兼行參軍，領衆二千，隨益州刺史朱齡石伐蜀。至彭模，恩所領居前，大戰，自朝至日昃，勇氣益奮，賊破走。進平成都，擢爲行參軍，改封北至縣五等男。高祖伐司馬休之及魯宗之，恩與建威將軍徐逵之前進。逵之敗没，恩陳于隄下，宗之子軌乘勝擊恩，矢下如雨，呼聲震地，恩整厲將士，置陣堅嚴。軌屢衝之不動，知不可攻，乃退。高祖善其能將軍持重。江陵平定，復追魯軌於石城。軌棄城走，恩追至襄陽，宗之奔羌，恩與諸將追討至魯陽關乃還。

恩自從征討，每有危急，輒率先諸將，常陷堅破陣，不避艱嶮。凡百餘戰，身被重瘡。高祖録其前後功勞，封新寧縣男，食邑五百户。高祖世子爲征虜將軍，恩以大府佐領中兵參軍，隨府轉中兵參軍〔四〕。高祖北伐，留恩侍衛世子，命朝士與之交。恩益自謙損，與人語常呼位官，而自稱爲鄙人。撫待士卒，甚有紀綱，衆咸親附之。遷諮議參軍，轉輔國將軍、淮陵太守。世子開府，又爲從事中郎，轉司馬，將軍、太守如故。

入關迎桂陽公義真。義真還至青泥，爲佛佛虜所追，恩斷後，力戰連日。義真前軍奔散，恩軍人亦盡，爲虜所執，死於虜中。子國才嗣。國才卒，子慧度嗣。慧度卒，無子，國除。

劉鍾字世之，彭城彭城人也。少孤，依鄉人中山太守劉回共居。幼有志力，常慷慨於貧賤。隆安四年，高祖伐孫恩，鍾願從餘姚、浹口攻句章、海鹽、婁縣，皆摧堅陷陣，每有戰功。爲劉牢之鎮北參軍督護。高祖每有戎事，鍾不辭艱劇，專心盡力，甚見愛信。

義旗將建，高祖版鍾爲郡主簿。明日，從入京城。將向京邑，高祖命曰：「預是彭沛鄉人赴義者，並可依劉主簿。」於是立爲義隊，恒在左右，連戰皆捷。明日，桓謙屯于東陵，卞範之屯覆舟山西，高祖疑賊有伏兵，顧視左右，正見鍾，謂之曰：「此山下當有伏兵，卿可率部下稍往撲之。」鍾應聲馳進，果有伏兵數百，一時奔走。桓玄西奔，其夕，高祖止桓謙故營，遣鍾宿據東府，轉鎮軍參軍督護。桓歆寇歷陽，遣鍾助豫州刺史魏詠之討之，歆即奔迸。除南齊國內史，封安丘縣五等侯〔五〕。自陳情事，改葬父祖及親屬十喪，高祖厚加資給。轉騎長史〔六〕，兼行參軍。司馬叔璠與彭城劉謐、劉懷玉等自蕃城攻鄒山，魯郡太守徐邕失守，鍾率軍討平之。

從征廣固。孟龍符陷没，鍾率左右直入，取其尸而反。除振武將軍、中兵參軍，代龍符領廣川太守。盧循逼京邑，徐赤特軍違處分〔七〕，敗于南岸，鍾率麾下距柵，身被重創，賊不得入。循南走，鍾與輔國將軍王仲德追之。循先留別帥范崇民以精兵高艦據南陵，夾屯兩岸。鍾自行覘賊，天霧，賊鉤得其舸，鍾因率左右攻艦户〔八〕，賊遽閉户距之，鍾乃徐還。與仲德攻崇民，崇民敗走，鍾追討百里，燒其船乘。又隨劉藩追徐道覆於始興，斬之。補太尉行參軍、寧朔將軍、下邳太守。代孟懷玉領石頭戍事。

高祖討劉毅，鍾率軍繼王鎮惡。江陵平定，仍隨朱齡石伐蜀，爲前鋒，由外水，至于彭模，去成都二百里。僞冠軍征討督護譙亢等兩岸連營，曾樓重柵，衆號三萬。鍾于時脚疾不能行，齡石乃詣鍾謀曰：「今天時盛熱，而賊嚴兵固險，攻之未必可拔，祗增疲困。計其人情恇撓，必不久安，且欲養鋭息兵，以伺其隙。隙而乘之，乃可捷事。然決機兩陳，公本有所委，卿意謂何？」鍾曰：「不然。前揚聲言大衆向内水，譙道福不敢舍涪城。今重軍卒至，出其不意，蜀人已破膽矣。賊今阻兵守險，是其懼不敢戰，非能持久堅守也。因其兇懼，盡鋭攻之，其勢必克。鼓行而進，成都必不能守矣。今若緩兵相守，彼將知人虚實，涪軍忽來并力距我〔九〕，人情既安，良將又集，此求戰不獲，軍食無資，當爲蜀子虜耳。」齡石從之。明日進攻，陷其二城，斬其大將侯輝、譙詵，遂平成都。以廣固功，封永新縣男，食邑五百户。遷給事中、太尉參軍事、龍驤將軍、高陽内史，領石頭戍事。高祖討司馬休之，中軍將軍道憐留鎮東府，領屯兵〔一〇〕。治亭羣盜數百夜襲鍾壘，鉅擊破之。時大軍外討，京邑擾懼，鍾以不能鎮遏，降號建威將軍。平蜀功，應封四百户男，以先有封爵，減户以賜次子敬順高昌縣男，食邑百户。尋復本號龍驤將軍。十二年，高祖北伐，復留鎮居守，增其兵力，又命府置佐史。荆州刺史道憐獻名馬三匹，并精麗乘具，高祖悉以賜鍾三子。十四年，遷右衞將軍，龍驤將軍如故。元熙元年卒，時年四十三。

子敬義嗣。敬義官至馬頭太守，卒。子國重嗣，齊受禪，國除。鍾次子高昌男敬順，卒，子國須嗣。須卒，無子，國除。

虞丘進字豫之，東海郯人也。少時隨謝玄討苻堅，有功，封關内侯。隆安中，從高祖征孫恩，戍句章城，被圍數十日，無日不戰，身被數瘡。至餘姚呵浦，破賊張驃，追至海鹽故治及婁縣。於蒲濤口與孫恩水戰，又被重瘡。追恩至鬱洲，又至石鹿頭，還海鹽大柱，頻戰有功。元興元年，又從高祖東征臨海，於石步固與盧循相守二十餘日。二年，又從高祖至東陽，破徐道覆。其年，又至臨松穴破賊，追至永嘉千江，又至安固，累戰皆有功。

三年，從平京城，定京邑，除燕國內史。義熙二年，除龍驤將軍，封龍川縣五等侯。從高祖伐廣固，於臨朐破賊。盧循逼京邑，孟昶、諸葛長民等建議奉天子過江，進廷議不可，面折昶等，高祖甚嘉之。獻計伐樹，樹柵石頭。除鄱陽太守，將軍如故。統馬步十八隊，於東道出鄱陽，至五畝嶠。循遣將英糾爲上饒令，千餘人守故城，進攻破之。循又遣童敏之爲鄱陽太守，據郡，進從餘干步道趣鄱陽，敏之退走，追破之，斬首數百。復隨劉藩至始興，討斬徐道覆。

八年，除寧蠻護軍、尋陽太守，領文武二千從征劉毅[一二]。事平，補太尉行參軍，尋加振威將軍。九年，以前後功封望蔡縣男，食邑五百户，加龍驤將軍。討司馬休之，又有戰功。軍還，除輔國將軍、山陽太守。宋臺令書除秦郡太守，督陳留郡事，將軍如故。元熙二年，宋王令書以爲高祖第四子義康右將軍司馬。永初二年，遷太子右衛率。明年，卒官，時年六十。追論討司馬休之功，進爵爲子，增邑三百户。

子耕嗣。耕卒，子襲祖嗣。襲祖卒，世寶嗣。齊受禪，國除。

史臣曰：詩云，「無言不訓，無德不報」。此諸將並起自豎夫，出於皂隸芻牧之下，徒以心一乎主，故能奮其鱗翼。至於推鋒轉戰，百死而不顧一生，蓋由其心一也。遂饗封侯之報，詩人之言信矣。

校勘記

〔一〕循父蝦　「蝦」，原作「擬」，據局本、南史卷一七孫處傳、建康實録卷一一改。

〔二〕據有全域　「域」，原作「成」，南監本、册府卷一三七作「城」，今據北監本、汲本、殿本、局本改。按嚴可均全宋文云：「疑當作越。」

〔三〕與王仲德等追破循别將范崇民於南陵　「范崇民」，原作「范宗民」，據局本、本書卷一武帝紀上、通鑑卷一一五晉紀義熙六年、册府卷一八四改。下並改。

〔四〕高祖世子爲征虜將軍恩以大府佐領中兵參軍隨府轉中兵參軍　按本書卷二武帝紀中云義熙十二年「八月丁巳，率大衆發京師，以世子爲中軍將軍，監太尉留府事」。義符由征虜將軍進號爲中軍將軍時，蒯恩應由征虜中兵參軍轉爲中軍中兵參軍。疑「隨府轉中兵參軍」爲「隨府轉中軍參軍」。

〔五〕封安丘縣五等侯　「丘」字原闕，據南監本、殿本、局本、南史卷一七劉鍾傳、册府卷三四四補。

〔六〕轉騎長史　「騎長史」不辭，晉書卷一〇〇譙縱傳作「車騎長史」，疑是。

〔七〕徐赤特軍違處分　「徐赤特」，原作「徐赤」，據局本補正。按徐赤特違處分事見本書卷一武帝紀上。

〔八〕鍾因率左右攻艦户　「攻艦户」，原作「艦攻户」，據通鑑卷一一五晉紀義熙六年、册府卷三四四乙正。通鑑胡注：「艦户，今舟人謂之馬門。」

〔九〕涪軍忽來并力距我　「來并」，原作「并來」，據册府卷四二八、通鑑卷一一六晉紀義熙九年乙正。

〔一〇〕高祖討司馬休之中軍將軍道憐留鎮東府領屯兵　「中軍」，原作「前軍」，據本書卷二武帝紀中、卷四二劉穆之傳、卷五一宗室長沙景王道憐傳、南史卷一宋本紀上、卷一五劉穆之傳、通鑑卷一一七晉紀義熙十一年改。按道憐未嘗任前軍將軍。

〔一一〕領文武二千從征劉毅　「二千」，原作「二年」。按上有「八年」，下有「九年」，此不得云二年。孫虨考論卷三：「『二年』誤，疑是『二千』。」孫説是，今改正。

宋書卷五十

列傳第十

胡藩　劉康祖　垣護之　張興世

胡藩字道序，豫章南昌人也。祖隨，散騎常侍。父仲任，治書侍御史。藩少孤，居喪以毀稱。太守韓伯見之〔一〕，謂藩叔尚書少廣曰：「卿此姪當以義烈成名。」州府辟召，不就。須二弟冠婚畢，乃參郗恢征虜軍事。時殷仲堪爲荆州刺史，藩外兄羅企生爲仲堪參軍〔二〕，藩請假還，過江陵省企生。仲堪要藩相見，接待甚厚。藩因說仲堪曰：「桓玄意趣不常，每怏怏於失職。節下崇待太過，非將來之計也。」仲堪色不悅。藩退而謂企生曰：「倒戈授人，必至之禍。若不早規去就，後悔無及。」玄自夏口襲仲堪，藩參玄後軍軍事。仲堪敗，企生果以附從及禍。藩轉參太尉、大將軍、相國軍事〔三〕。

義旗起，玄戰敗將出奔，藩於南掖門捉玄馬控，曰：「今羽林射手猶有八百，皆是義故西人，一旦捨此，欲歸可復得乎？」玄直以馬鞭指天而已，於是奔散相失。追及玄於蕪湖，玄見藩，喜謂張須無曰：「卿州故爲多士，今乃復見王叔治〔四〕。」桑落之戰，藩艦被燒，全鎧入水潛行三十許步，方得登岸。義軍既迫，不復得西，乃還家。高祖素聞藩直言於殷氏，又爲玄盡節，召爲員外散騎侍郎，參鎮軍軍事〔五〕。

從征鮮卑，賊屯聚臨朐，藩言於高祖曰：「賊屯軍城外，留守必寡，今往取其城，而斬其旗幟，此韓信所以克趙也。」高祖乃遣檀韶與藩等潛往，既至，即克其城。賊見城陷，一時奔走，還保廣固累月。將拔之夜，佐史並集，忽有鳥大如鵝，蒼黑色，飛入高祖帳裏，衆皆駭愕，以爲不祥〔六〕。藩起賀曰：「蒼黑者，胡虜之色，胡虜歸我，大吉之祥也。」明旦，攻城，陷之。從討盧循於左里，頻戰有功，封吳平縣五等子，除正員郎。尋轉寧遠將軍、鄱陽太守。

從伐劉毅。毅初當之荆州，表求東道還京辭墓，去都數十里，不過拜闕。高祖出倪塘會之。藩勸於坐殺毅，高祖不從。至是謂藩曰：「昔從卿倪塘之謀，無今舉也。」又從征司馬休之〔七〕，復爲參軍，加建武將軍，領游軍於江津。徐逵之敗没，高祖怒甚，即日於馬頭岸渡江，而江津岸峭，壁立數丈，休之臨岸置陣，無由可登。高祖呼藩令上，藩有疑色，高祖奮怒，命左右録來，欲斬之。藩不受命，顧曰：「藩寧前死耳！」以刀頭穿岸，劣容脚指，於是徑上，隨之者稍多。既得登岸，殊死戰，賊不能當，引退。因而乘之，一時奔散。

高祖伐羌，假藩寧朔將軍，參太尉軍事，統別軍。至河東，暴風漂藩重艦渡北岸〔八〕，索虜牽得此艦，取其器物。藩氣厲心憤，率左右十二人，乘小船逕往河北。賊騎五六百見藩來，並笑之。藩素善射，登岸射，賊應弦而倒者十許人，賊皆奔退，悉收所失而反。又遣藩及朱超石等追索虜於半城〔九〕，虜騎數重，藩及超石所領皆割配新軍，不盈五千，率厲力戰，大破之。又與超石等擊姚業於蒲坂，超石失利退還，藩收超石所捨資實，徐行而反，業不敢追。

高祖還彭城，參相國軍事。時盧循餘黨與蘇淫賊大相聚結〔一〇〕，以爲始興相。論平司馬休之及廣固功，封陽山縣男，食邑五百户。少帝景平元年，坐守東府，開掖門，免官，尋復其職。元嘉四年〔一一〕，遷建武將軍、江夏内史。七年，徵爲游擊將軍。到彦之北伐，南兗州刺史長沙王義欣進據彭城，藩出戍廣陵，行府州事。轉太子左衛率。十年，卒，時年六十二，謚曰壯侯。

子隆世嗣，官至西陽太守。隆世卒，子乾秀嗣。藩庶子六十人，多不遵法度。藩第十四子遵世，爲臧質寧遠參軍，去職還家，與孔熙先同逆謀，太祖以藩功臣，不欲顯其事，使江州以他事收殺之。二十四年，藩第十六子誕世、第十七子茂世率羣從二百餘人攻破郡縣，殺太守桓隆之、令諸葛和之，欲奉庶人義康。值交州刺史檀和之至豫章，討平之。誕世兄車騎參軍新興太守景世、景世弟寶世，詣廷尉歸罪，並徙遠州。乾秀奪國。世祖初，徙者並得還。

劉康祖，彭城呂人。世居京口。伯父簡之，有志榦，爲高祖所知。高祖將謀興復，收集才力之士，嘗再造簡之，值有賓客。簡之悟其意，謂弟虔之曰：「劉下邳頻再來，必當有意。既不得共語，汝可試往見之。」既至，高祖已克京城，虔之即便投義。簡之聞之，殺耕牛，會聚徒衆，率以赴高祖。簡之歷官至通直常侍，少府，太尉諮議參軍。簡之弟謙之，好學，撰晉紀二十卷，義熙末，爲始興相。東海人徐道期流寓廣州，無士行，爲僑舊所陵侮。因刺史謝欣死，合率羣不逞之徒作亂，攻没州城，殺士庶素憾者百餘，傾府庫，招集亡命，出攻始興。謙之破走之，進平廣州，誅其黨與，仍行州事。即以爲振威將軍、廣州刺史。後爲太中大夫。虔之誕節，不營産業，輕財好施。高祖西征司馬休之、魯宗之等，遣參軍檀道濟、朱超石步騎出襄陽，虔之時爲江夏相，率府郡兵力出溳城，屯三連，立橋聚糧以待。道濟等積日不至，爲宗之子軌所襲，衆寡不敵。參軍孫長庸流涕勸退軍，虔之厲色曰：「我仗順伐辠，理無不克。如其不幸，命也。」戰敗見殺，追贈梁、秦二州刺史，封新康縣男，食邑五百户。

康祖，虔之子也，襲封，爲長沙王義欣鎮軍參軍，轉員外散騎侍郎。便弓馬，膂力絶人，在閭里不治士業，以浮蕩蒱酒爲事。每犯法，爲郡縣所録，輒越屋踰牆，莫之能禽。夜入人家，爲有司所圍守，康祖突圍而去，並莫敢追。因夜還京口，半夕便至，明旦，守門詣府州要職。俄而建康移書録之，府州執事者並證康祖其夕在京口，遂見無恙。前後屢被糾劾，太祖以勳臣子，每原貸之。爲員外郎十年，再坐摴蒱戲免。

轉太子左積弩將軍，隨射聲校尉裴方明西征仇池，與方明同下廷尉，康祖免官。頃之，世祖爲豫州刺史，鎮歷陽〔一二〕，以康祖爲征虜中兵參軍，既被委任，折節自修。轉太子翊軍校尉。久之，遷南平王鑠安蠻府司馬。

元嘉二十七年春，索虜托拔燾親率大衆攻圍汝南，太祖遣諸軍救援，康祖總統爲前驅。軍次新蔡，與虜戰，俱前百餘里，濟融水。虜衆大至，奮擊破之，斬僞殿中尚書任城公乞地真，去縣瓠四十里，燾燒營退走。轉左軍將軍。太祖欲大舉北伐，康祖以歲月已晚，請待明年，上以河北義徒並起，若頓兵一周，沮向義之志，不許。其年秋，蕭斌、王玄謨、沈慶之等入河，康祖率豫州軍出許、洛。玄謨等敗歸，虜引大衆南度。南平王鑠在壽陽，上慮爲所圍，召康祖速反。康祖回軍，未至壽陽數十里，會虜永昌王庫仁真以長安之衆八萬騎，與康祖相及於尉武。康祖凡有八千人，軍副胡盛之欲附山依險，間行取至。康祖怒曰：「吾受命本朝，清蕩河、洛。寇今自送，不復遠勞王師，犬羊雖多，實易摧滅。吾兵精器練，去壽陽裁數十里，援軍尋至，亦何患乎〔一三〕。」乃結車營而進〔一四〕。虜四面來攻，大戰一日一夜，殺虜填積。虜分衆爲三，且休且戰，以騎負草燒車營。康祖率厲將士，無不一當百，虜死者太半。會矢中頸死，於是大敗，舉營淪覆，爲虜所殺盡，自免者裁數十人。虜傳康祖首示彭城，面如生。

胡盛之爲虜生禽，托跋燾寵之，常在左右。盛之有勇力，初爲長沙王義欣鎮軍參軍督護，討劫譙郡，縣西劫有馬步七十，逃隱深榛，盛之挺身獨進，手斬五十八級。

二十八年，詔曰：「康祖班師尉武，戎律靡忒。對衆以寡，殲殄太半。猛氣雲騰，志申力屈，没世徇節，良可嘉悼。宜加甄寵，以旌忠烈。可贈益州刺史，謚曰壯男。」傳國至齊受禪，國除。

垣護之字彦宗，略陽桓道人也。祖敞，仕苻氏，爲長樂國郎中令。慕容德入青州，以敞爲車騎長史。德兄子超襲僞位，伯父遵、父苗復見委任。遵爲尚書，苗京兆太守。高祖圍廣固，遵、苗踰城歸降，並以爲太尉行參軍。太祖元嘉中，遵爲員外散騎常侍，苗屯騎校尉。

護之少倜儻，不拘小節，形狀短陋，而氣榦彊果。從高祖征司馬休之。爲世子中軍府長史、兼行參軍。永初中，補奉朝請。元嘉初，爲殿中將軍。隨到彦之北伐，彦之將回師，護之爲書諫曰：「外聞節下欲回師反旆，竊所不同。何者？殘虜畏威，望風奔迸，八載侵地，不戰克復。方當長驅朔漠，窮掃遺醜，況乃自送，無假遠勞。宜使竺靈秀速進滑臺助朱脩之固守，節下大軍進擬河北，則牢、洛遊魂，自然奔退。且昔人有連年攻戰，失衆乏糧者，猶張膽爭前，莫肯輕退。況今青州豐穰，濟漕流通，士馬飽逸，威力無損。若空棄滑臺，坐喪成業，豈是朝廷受任之旨。」彦之不納，散敗而歸。太祖聞而善之，以補江夏王義恭征北行參軍、北高平太守。以載禁物繫尚方，久之蒙宥。又補衡陽王義季征北長流參軍，遷宣威將軍、鍾離太守。

隨王玄謨入河，玄謨攻滑臺，護之百舸爲前鋒，進據石濟。石濟在滑臺西南百二十里。及虜救至，又馳書勸玄謨急攻，曰：「昔武皇攻廣固，死没者亦衆。況事殊曩日，豈得計士衆傷疲，願以屠城爲急。」不從。玄謨敗退，不暇報護之。護之聞知，而虜悉已牽玄謨水軍大艚，連以鐵鏁三重斷河，欲以絶護之還路〔一五〕。河水迅急，護之中流而下，每至鐵鏁，以長柯斧斷之，虜不能禁。唯失一舸，餘舸並全。留戍靡溝城。

還爲江夏王義恭驃騎户曹參軍，戍淮陰。加建武將軍，領濟北太守。率二千人復隨張永攻碻磝，先據委粟津。虜杜道儁與僞尚書伏連來援碻磝〔一六〕，護之拒之，賊因引軍東去。蕭思話遣護之迎軍至梁山，僞尚書韓元興率精騎卒至，護之依險拒戰，斬其都軍長史，甲首數十，賊乃退。思話將引還，誑護之云：「沈慶之救軍垂至，可急於濟口立橋。」護之揣知其意，即分遣白丁。思話復令度河戍乞活堡以防追軍〔一七〕。三十年春，太祖崩，還屯歷下。聞世祖入討，率所領馳赴，上嘉之，以爲督冀州青州之濟南樂安太原三郡諸軍事、寧遠將軍、冀州刺史〔一八〕。

孝建元年，南郡王義宣反，兗州刺史徐遺寶，護之妻弟也，遠相連結，與護之書，勸使同逆。護之馳使以聞。遺寶時戍湖陸，護之留子恭祖守歷城，自率步騎襲遺寶。道經鄒山，破其别戍。未至湖陸六十里，遺寶焚城西走。

兗土既定，徵爲游擊將軍。隨沈慶之等擊魯爽，加輔國將軍。義宣率大衆至梁山，與王玄謨相持。柳元景率護之及護之弟詢之、柳叔仁、鄭琨等諸軍，出鎮新亭。玄謨見賊强盛，遣司馬管法濟求救甚急。上遣元景等進據南州，護之水軍先發。賊遣將龐法起率衆襲姑孰，適值護之、鄭琨等至，奮擊，大破之，斬獲及投水死略盡。玄謨馳信告元景曰：「西城不守，唯餘東城，衆寡相懸，請退還姑孰，更議進取。」元景不許，將悉衆赴救，護之勸分軍援之。元景然其計，乃以精兵配護之赴梁山。及戰，護之見賊舟艦累沓〔一九〕，謂玄謨曰：「今當以火平之。」即使隊主張談等燒賊艦，風猛水急，賊軍以此奔散。梁山平，護之率軍追討，會朱脩之以平江陵，至尋陽而還。遷督徐兗二州豫州之梁郡諸軍事、寧朔將軍、徐州刺史，封益陽縣侯，食邑千户。

弟詢之，驍敢有氣力，元凶夙聞其名，以副輔國將軍張柬。時張超首行大逆〔二〇〕，亦領軍隸柬。詢之規殺之，慮柬不同〔二一〕，柬宿有此志，又未測詢之同否〔二二〕，互相觀察。會超來論事，柬色動，詢之覺之，即共定謀，遣信召超。超疑之不至，改宿他所。詢之不知其移，逕斫之，殺其僕於牀，因與柬南奔。柬溺淮死，詢之得至。時世祖已即位，以爲積弩將軍。梁山之役力戰，爲流矢所中，死，追贈冀州刺史。

二年，護之坐論功挾私，免官。復爲游擊將軍。俄遷大司馬〔二三〕，輔國將軍，領南東海太守。未拜，復督青冀二州諸軍事、寧遠將軍、青冀二州刺史，鎮歷城。明年，進號寧朔將軍，進督徐州之東莞東安二郡軍事〔二四〕。世祖以歷下要害，欲移青州并鎮歷城，議者多異。

護之曰：「青州北有河、濟，又多陂澤，非虜所向。每來寇掠，必由歷城，二州并鎮，此經遠之略也。北又近河，歸順者易，近息民患，遠申王威，安邊之上計也。」由是遂定。

大明二年，徵爲右衞將軍。還，於道聞司空竟陵王誕於廣陵反叛，護之即率部曲受車騎大將軍沈慶之節度。事平，轉西陽王子尚撫軍司馬、臨淮太守。明年，出爲使持節、督豫司二州諸軍事、輔國將軍、豫州刺史、淮南太守。復隸沈慶之伐西陽蠻。護之所莅多聚斂，賄貨充積。七年，坐下獄，免官。明年，復起爲太中大夫，未拜，其年卒，時年七十，謚曰壯侯。

子承祖嗣。承祖卒，子顯宗嗣。齊受禪，國除。護之次子恭祖，勇果有父風。太宗泰始初，以軍功爲梁、南秦二州刺史。前廢帝永光元年，追贈冠軍將軍、豫州刺史。

遵子閬，元嘉中，爲員外散騎侍郎。母墓爲東阿寺道人曇洛等所發，閬與弟殿中將軍闕共殺曇洛等五人，詣官歸辠，見原。閬，大明三年，自義興太守爲寧朔將軍、兗州刺史，爲竟陵王誕所殺。追贈征虜將軍，刺史如故。

闕，順帝昇明末，右衞將軍。

張興世字文德，竟陵竟陵人也。本單名世，太宗益爲興世。少時家貧，南郡宗珍之爲竟陵郡，興世依之爲客。竟陵舊置軍府，以補參軍督護，不就。白衣隨王玄謨伐蠻，每戰，輒有禽獲，玄謨舊部曲諸將不及也，甚奇之。還都，白太祖，稱其膽力〔二五〕。後隨世祖鎮尋陽，以補南中郎參軍督護〔二六〕。入討元凶，隸柳元景爲前鋒，事定，轉員外將軍，領從隊。南郡王義宣反，又隨玄謨出梁山，有戰功。除建平王宏中軍行參軍，領長刀。又隸西陽王子尚爲直衞〔二七〕。坐從子尚入臺，棄仗游走，下獄免官。復以白衣充直衞。

大明末，除員外散騎侍郎，仍除宣威將軍、隨郡太守。未行，太宗即位，四方反叛。進興世號龍驤將軍，領水軍，距南賊於赭圻。築二城於湖口〔二八〕，僞龍驤將軍陳慶領舸於前爲游軍。興世率龍驤將軍佼長生、董凱之攻克二城，因擊慶，慶戰大敗，投水死者數千人。時臺軍據赭圻，南賊屯鵲尾，相持久不決。興世建議曰：「賊據上流，兵彊地勝。我今雖相持有餘，而制敵不足。今若以兵數千，潛出其上，因險自固，隨宜斷截，使其首尾周遑，進退疑沮，中流一梗，糧運自艱。制賊之奇，莫過於此。」沈攸之、吴喜並贊其計。時豫州刺史殷琰據壽陽同逆〔二九〕，爲劉勔所攻，南賊遣龐孟虬率軍助琰，劉勔遣信求援甚急。建安王休仁欲遣興世救之，問沈攸之。攸之曰：「孟虬蟻寇，必無能爲。遣別將馬步數千，足以相制。若有意外，且以江西餌之。上流若據，不憂不殄。興世之行，是安危大機，必不可輟。」乃遣段佛榮等援勔。

興世欲率所領直取大雷，而軍旅未集，不足分張。會薛索兒平定，太宗使張永以步騎五千留戍盱眙，餘衆二萬人悉遣南討。山陽又尋平，徵阮佃夫所領諸軍，悉還南伐，衆軍大集。乃分戰士七千配興世，興世乃令輕舸泝流而上，旋復回還，一二日中，輒復如此，使賊不爲之備。劉胡聞興世欲上，笑之曰：「我尚不敢越彼下取揚州，張興世何物人，欲輕據我上！」興世謂攸之等曰：「上流唯有錢谿可據，地既險要，江又甚狹，去大衆不遠，應赴無難。江有洄洑，船下必來泊，岸有橫浦，可以藏船舸，二三爲宜。」乃夜渡湖口，至鵲頭〔三〇〕，因復回下疑之。其夜四更，值風，仍舉颿直前。賊亦遣胡靈秀諸軍，於東岸相翼而上。興世夕住景江浦宿，賊亦不進。夜潛遣黃道標領七十舸〔三一〕，徑據錢谿，營立城柴。明旦，興世與軍齊集。停一宿，劉胡自領水步二十六軍平旦來攻。將士欲迎擊之，興世禁曰〔三二〕：「賊來尚遠，而氣盛矢驟，驟既力盡，盛亦易衰，此曹劌之所以破齊也。」令將士不得妄動，治城如故。俄而賊來轉近，舫入洄洑，興世乃命壽寂之、任農夫率壯士數百擊之，衆軍相繼進，胡於是敗走。斬級數百，投水者甚衆，胡收軍而下。

時興世城壘未固，司徒建安王休仁慮賊并力更攻錢谿，欲分其形勢，命沈攸之、吳喜、佼長生、劉靈遺等以皮艦二十，攻賊濃湖，苦戰連日，斬獲千數。是日，劉胡果率衆軍，欲更攻興世。未至錢谿數十里，袁顗以濃湖之急遽追之，錢溪城柴由此得立。賊連戰轉敗，興世又遏其糧道，尋陽遣運至南陵，不敢下，賊衆漸饑。劉胡乃遣顗安北府司馬、僞右軍沈仲玉領千人步取南陵，迎接糧運。仲玉至南陵，領米三十萬斛，錢布數十舫，豎榜爲城，規欲突過。行至貴口，不敢進，遣間信報胡，令遣重軍援接。興世、壽寂之、任農夫、李安民等三千人至貴口擊之，與仲玉相值。交戰盡日，仲玉走還顗營，悉虜其資實，賊衆大震〔三三〕，胡棄軍遁走，顗仍亦奔散。興世率軍追討，與吴喜共平江陵。遷左軍將軍，尋爲督豫司二州南豫州之梁郡諸軍事〔三四〕，封作唐縣侯，食邑千户。

徵爲游擊將軍。海道北伐，假輔國將軍，加節置佐，無功而還。四年，遷太子右衛率，又以本官領驍騎將軍，與左衛將軍沈攸之參員置。五年，轉左衛將軍。六年，中領軍劉勔當鎮廣陵，興世權兼領軍。泰豫元年，爲持節、督雍梁南北秦郢州之竟陵隨二郡諸軍事、冠軍將軍、雍州刺史，尋加寧蠻校尉。桂陽王休範反，興世遣軍赴朝廷，未發而事平，進號征虜將軍。廢帝元徽三年，徵爲通直散騎常侍、左衛將軍。五年，以疾病徙光禄大夫，常侍如故。順帝昇明二年，卒，時年五十九。追贈本官。

興世居臨沔水，沔水自襄陽以下，至于九江，二千里中，先無洲嶼。興世初生，當其門前水中，一旦忽生洲，年年漸大，及至興世爲方伯，而洲上遂十餘頃。父仲子，由興世致位給事中〔三五〕。興世欲將往襄陽，愛戀鄉里，不肯去。嘗謂興世：「我雖田舍老公，樂聞鼓角，可送一部，行田時吹之。」興世素恭謹畏法憲，譬之曰：「此是天子鼓角〔三六〕，非田舍老公所吹。」興世欲拜墓，仲子謂曰：「汝衞從太多，先人必當驚怖。」興世減撤而後行。

興世子欣業〔三七〕，當嗣封，會齊受禪，國除。

史臣曰：兵固詭道，勝在用奇。當二帝爭雄，天人之分未決，南北連兵，相阨而不得進者，半歲矣。蓋乃趙壁拔幟之機，官渡潛師之日，至於鵲浦投戈，實興世用奇之力也。建旆垂組，豈徒然哉！

校勘記

〔一〕太守韓伯見之 「之」字原闕，據南史卷一七胡藩傳補。

〔二〕藩外兄羅企生爲仲堪參軍 「羅企生」，原作「羅屳生」，據局本、南史卷一七胡藩傳改。按羅企生，晉書卷八九忠義傳有傳。

〔三〕藩轉參太尉大將軍相國軍事 「大將軍」，原作「將軍」，據南史卷一七胡藩傳補正。按玄時自加大將軍。

〔四〕今乃復見王叔治　「今」，原作「涂」，據南監本、北監本、殿本、局本、南史卷一七胡藩傳改。

〔五〕參鎮軍軍事　「鎮」字原闕，據局本、南史卷一七胡藩傳補。

〔六〕衆皆駭愕以爲不祥　「衆」字原闕，據御覽卷九一九引宋書、册府卷七一七補。

〔七〕又從征司馬休之　「征」字原闕，據南監本、北監本、汲本、殿本、局本、南史卷一七胡藩傳、册府卷三四四補。

〔八〕暴風漂藩重艦渡北岸　「藩」，南史卷一七胡藩傳、册府卷三四四作「輜」，疑是。

〔九〕又遣藩及朱超石等追索虜於半城　「半城」，原作「平城」，據南監本、局本、南史卷一七胡藩傳改。洪頤煊諸史考異卷四：「『平城』，南史作『半城』。劉懷慎傳，子榮祖，與朱超石大破索虜於半城是也。魏書崔浩傳作『畔城』。」

〔一〇〕時盧循餘黨與蘇淫賊大相聚結　「蘇淫」，册府卷六七一作「蘇溪」。

〔一一〕元嘉四年　「元嘉」二字原闕。按上有少帝景平元年，下有七年，景平無四年，當爲文帝元嘉四年，今補「元嘉」二字。

〔一二〕頃之世祖爲豫州刺史鎮歷陽　按本書卷五文帝紀、卷六孝武帝紀，元嘉十七年，劉駿爲征虜將軍時所任乃南豫州刺史。疑「豫州」前佚「南」字。據本書卷三六州郡志二，時南豫州治歷陽。

〔一三〕亦何患乎　「乎」，原作「而」，據三朝本、南監本、北監本、汲本、殿本、局本改。

〔一四〕乃結車營而進　「車」，原作「軍」，據南監本、北監本、汲本、殿本、局本、南史卷一七劉康祖傳、御覽卷五六二引宋書改。

〔一五〕欲以絶護之還路　「還」字原闕，據南史卷二五垣護之傳、類聚卷七一引沈約宋書、御覽卷七七〇引沈約宋書、册府卷四一四補。

〔一六〕虜杜道儁與僞尚書伏連來援碻磝　「杜道儁」，原作「壯道儁」，據册府卷三六三改。孫虨考論卷三：「『壯』當作『杜』。魏平南將軍南康公杜道儁也。」

〔一七〕以防追軍　「追」，原作「衆」，據册府卷三六三改。

〔一八〕以爲督冀州青州之濟南樂安太原三郡諸軍事寧遠將軍冀州刺史　「青州」二字原闕。錢大昕考異卷二四：「是時冀州寄治歷城。（中略）而濟南、樂安、太原三郡，乃在青州管内，常以冀州刺史兼督之。張永、申恬傳並云『督冀州青州之濟南樂安太原三郡諸軍事、冀州刺史』，可證也。此『冀州』下，當有『青州』二字。」按錢説是，今據補。

〔一九〕護之見賊舟艦累沓　「累沓」，原作「累水」，據册府卷三六三改。

〔二〇〕時張超首行大逆　「張超」，本書卷九九二凶傳作「張超之」。六朝人名後之「之」字，有時可省去。

〔二一〕慮柬不同　「柬不同」三字原闕，據南史卷二五垣護之傳、册府卷三七一補。

〔二二〕又未測詢之同否　「未」字原闕，據册府卷三七一補。

〔二三〕俄遷大司馬　錢大昕考異卷二四：「『大司馬』下當有脱文，是時江夏王義恭以大司馬領南徐州刺史，除護之爲大司馬僚佐兼郡守，非遷大司馬也。」

〔二四〕進督徐州之東莞東安二郡軍事　「東安」，原作二字空格。錢大昕考異卷二四：「時護之以青、冀二州刺史鎮歷城。故事，青州刺史常兼督徐州之東安、東莞二郡，則此闕文當爲『東安』二字。」孫虨考論卷三亦云：「闕處是『東安』二字，杜驥、顔師伯傳可證。」今據補。

〔二五〕還都白太祖稱其膽力　「還都」上原有「興世」二字，據册府卷七二四删。張森楷校勘記：「『興世』二字衍文。此言王玄謨稱興世膽力於文帝之前也。」

〔二六〕以補南中郎參軍督護　「郎」字原闕，據局本、南史卷二五張興世傳補。按册府卷三七九：「張興世爲南中郎將參軍督護，入討元凶。」

〔二七〕又隸西陽王子尚爲直衞　「西陽」，原作「西平」。按本書卷六孝武帝紀、卷八〇孝武十四王豫章王子尚傳，孝武帝第二子子尚孝建三年封西陽王，大明五年改封豫章王，而未嘗封西平王。張興世隸子尚爲直衞在大明年間。「西平」，當是「西陽」之訛，今改正。

〔二八〕築二城於湖口　按下文云興世攻克二城，則此二城乃非興世所築。孫虨考論卷三：「『築』上當云賊。鄧琬傳曰，孫沖之等於湖、白口築二城。」通鑑卷一三一宋紀泰始二年：「孫沖之於湖、白口築二城。」胡注：「巢湖口及白水口也。」疑「湖」下脱「白」字。

〔二九〕時豫州刺史殷琰據壽陽同逆　「殷琰」下原衍「之」字，據本書卷八七殷琰傳删。

〔三〇〕至鵲頭　「鵲頭」，原作「散頭」，據册府卷二一六改。

〔三一〕夜潛遣黄道標領七十舸　「黄道標」，原作「黄道摽」，據通鑑卷一三一宋紀泰始二年、册府卷二一六改。

〔三二〕興世禁曰　「禁」下，册府卷二一六、通鑑卷一三一宋紀泰始二年有「之」字。

〔三三〕賊衆大震　「大震」下原衍「敗」字，據册府卷二一六删。

〔三四〕尋爲督豫司二州南豫州之梁郡諸軍事　「之梁」二字，原作「六」一字。孫虨考論卷三：「『六』字當作『之梁』二字。（中略）據殷琰及山陽王休祐傳，豫州刺史必帶督南豫州之梁郡。梁郡即壽春，爲豫州治，而又屬南豫不屬豫故也。」按孫説是，今據改。又本書卷八四鄧琬傳：「寧朔將軍、督豫州之梁郡諸軍事、豫州刺史、領南梁郡太守竟陵張興世，都統水軍，屢戰剋捷。（中略）今封南平郡作唐縣開國侯，食邑一千户。」疑「諸軍事」後脱「寧朔將軍豫州刺史領南梁郡太守」十四字。

〔三五〕由興世致位給事中　「中」字原闕，據南史卷二五張興世傳、御覽卷三三八、卷五一一引宋書補。

〔三六〕此是天子鼓角　「天子」，原作「太子」，據局本、南史卷二五張興世傳、御覽卷三三二引宋書、卷五一一引宋書改。

〔三七〕興世子欣業　張熷讀史舉正：「欣業當從南史作欣泰。」張森楷校勘記：「欣業當作欣華，欣華見南齊書張欣泰傳。」按張興世諸子，欣業見此，欣華、欣泰、欣時見南齊書及南史。疑有欣業其人，不必改欣華、欣泰。

宋書卷五十一

列傳第十一

宗室

長沙景王道憐　臨川烈武王道規　營浦侯遵考

長沙景王道憐〔一〕，高祖中弟也。初爲國子學生。謝琰爲徐州，命爲從事史。高祖克京城，進平京邑，道憐常留家侍慰太后。桓玄走，大將軍武陵王遵承制，除員外散騎侍郎。尋遷建威將軍、南彭城内史。時北青州刺史劉該反，引索虜爲援，清河、陽平二郡太守孫全聚衆應之。義熙元年，索虜托跋開遣僞豫州刺史索度真、大將軍斛斯蘭寇徐州，攻相縣，執鉅鹿太守賀申，進圍寧朔將軍羊穆之於彭城，穆之告急，道憐率衆救之。軍次陵柵，斬全。進至彭城，真、蘭退走。道憐率寧遠將軍孟龍符、龍驤將軍孔隆及穆之等追〔二〕，真、蘭走奔相城，又追躡至光水溝，斬劉該，虜衆見殺及赴水死略盡。

高祖鎮京口，進道憐號龍驤將軍，又領堂邑太守，戍石頭。明年，加使持節、監征蜀諸軍事，率冠軍將軍劉敬宣等伐譙縱，而文處茂、温祚據險不得進，故不果行。以義勳封新興縣五等侯。四年，代諸葛長民爲并州刺史、義昌太守，將軍、內史如故，猶戍石頭。

時鮮卑侵逼，自彭城以南，民皆保聚，山陽、淮陰諸戍，並不復立。道憐請據彭城，以漸修刱，朝議以彭城縣遠，使鎮山陽。進號征虜將軍、督淮北軍郡事、北東海太守，并州刺史、義昌太守如故。以破索度真功，封新渝縣男〔三〕，食邑五百户。從高祖征廣固，常爲軍鋒。及城陷，慕容超將親兵突圍走，道憐所部獲之。加使持節，進號左將軍。七年，解并州，加北徐州刺史，移鎮彭城。

八年，高祖伐劉毅，徵爲都督兗青二州揚州之晉陵京口淮南諸郡軍事、兗青州刺史〔四〕，持節、將軍、太守如故，還鎮京口。九年，甲仗五十人入殿。以廣固功，改封竟陵縣公，食邑千户。減先封户邑之半，以賜次子義宗。十年〔五〕，進號中軍將軍，加散騎常侍，給鼓吹一部。明年討司馬休之，道憐監留府事，甲仗百人入殿。江陵平，以爲都督荆湘益秦寧梁雍七州諸軍事、驃騎將軍、開府儀同三司、領護南蠻校尉、荆州刺史〔六〕，持節、常侍如故。北府文武悉配之。道憐素無才能，言音甚楚，舉止施爲，多諸鄙拙。高祖雖遣將軍佐輔之，而貪縱過甚，畜聚財貨，常若不足，去鎮之日，府庫爲之空虛。

高祖平定三秦，方思外略，徵道憐還爲侍中、都督徐兗青三州揚州之晉陵諸軍事、守尚書令、徐兗二州刺史，持節、將軍如故。元熙元年〔七〕，解尚書令，進位司空，出鎮京口。高祖受命，進位太尉，封長沙王，食邑五千户，持節、侍中、都督、刺史如故。永初二年朝正，入住殿省。先是，廬陵王義真爲揚州刺史，太后謂上曰：「道憐汝布衣兄弟，故宜爲揚州。」上曰：「寄奴於道憐豈有所惜。揚州根本所寄，事務至多，非道憐所了。」太后曰：「道憐年出五十，豈當不如汝十歲兒邪？」上曰：「車士雖爲刺史，事無大小，悉由寄奴。道憐年長，不親其事，於聽望不足。」太后乃無言。車士，義真小字也。

三年春，高祖不豫，加班劍三十人。時道憐入朝，留司馬陸仲元居守，刁逵子彌爲亡命，率數十人入京城，仲元擊斬之。先是，府史陳猶告彌有異謀，至是賜錢二十萬，除縣令。五月，宮車晏駕，道憐疾患不堪臨喪。六月，薨，年五十五〔八〕。追贈太傅，持節、侍中、都督、刺史如故。祭禮依晉太宰安平王故事，鸞輅九旒，黄屋左纛，轀輬，挽歌二部，前後部羽葆、鼓吹，虎賁班劍百人。

太祖元嘉九年，詔曰：「古者明王經國，司勳有典，平章以馭德刑，班瑞以疇功烈，銘徽庸於鼎彝，配祫祀於清廟。是以從饗先王，義存商誥，祭於大蒸，禮著周典。自漢迄晉，世崇其文，王猷既昭，幽顯咸秩。先皇經緯天地，撥亂受終，駿命爰集，光宅區宇，雖聖明淵運，三靈允協，抑亦股肱翼亮之勤，祈父宣力之効。故使持節、侍中、都督南徐兗二州揚州之晉陵京口諸軍事、太傅、南徐兗二州刺史長沙景王，故侍中、大司馬臨川烈武王，故司徒南康文宣公穆之，侍中、衞將軍、開府儀同三司、録尚書事、揚州刺史華容縣開國公弘，使持節、散騎常侍、都督江州豫州西陽新蔡晉熙四郡軍事、征南大將軍、開府儀同三司、江州刺史永脩縣開國公道濟〔九〕，故左將軍、青州刺史龍陽縣開國侯鎮惡〔一〇〕，或履道廣流，秉德沖邈，或雅量高劭，風鑒明遠，或識唯知正，才略開邁，咸文德以熙帝載，武功以隆景業，固以侔蹤姬旦，方軌伊、邵者矣。朕以寡德，纂戎鴻緒，每惟道勳，思遵令典，而大常未銘，從祀尚闕，鑒寐欽屬，永言深懷。便宜敬是前式，憲茲嘉禮，勒功天府，配祭廟庭，俾示徽章，垂美長世，茂績遠猷，永傳不朽。」

道憐六子：義欣、義慶、義融、義宗、義賓、義綦。

義欣嗣，爲員外散騎侍郎，不拜。歷中領軍，征虜將軍、青州刺史，魏郡太守，將軍如故，戍石頭。元嘉元年，進號後將軍，加散騎常侍。三年，以本號爲南兗州刺史。七年，到彥之率大衆入河，義欣進彭城，爲衆軍聲援。彥之退敗，青、齊搔擾，將佐慮寇大至，勸義欣委鎮還都，義欣堅志不動。遷使持節、監豫司雍并四州諸軍事、豫州刺史〔一一〕，將軍如故。給鼓吹一部。鎮壽陽。

于時土境荒毀，人民彫散，城郭頽敗，盜賊公行。義欣綱維補緝，隨宜經理，劫盜所經，立討誅之制。境內畏服，道不拾遺，城府庫藏，並皆完實，遂爲盛藩彊鎮。時淮西、江北長吏，悉叙勞人武夫，多無政術。義欣陳之曰：「江淮左右，土瘠民疎，頃年以來，荐飢相襲，百城彫弊，於今爲甚。綏牧之宜，必俟良吏。勞人武夫〔一二〕，不經政術，統內官長，多非才授。東南殷實，猶或簡能，況賓接荒垂，而可輯柔頓闕〔一三〕。願勑選部，必使任得其人，庶得不勞而治。」芍陂良田萬餘頃，堤堨久壞，秋夏常苦旱。義欣遣諮議參軍殷肅循行修理。有舊溝引淠水入陂，不治積久，樹木榛塞。肅伐木開榛，水得通注，旱患由是得除。十年，進號鎮軍將軍，進監爲都督。十一年夏，入朝，太祖厚加恩禮。十六年，薨，時年三十六。追贈散騎常侍、征西將軍、開府儀同三司，持節、都督、刺史如故。謚曰成王。

子悼王瑾字彥瑜，官至太子屯騎校尉，三十年，爲元凶所殺。世祖即位，追贈散騎常侍。子粲早夭，粲弟纂字元績嗣，官至步兵校尉。順帝昇明三年薨，會齊受禪，國除。

瑾弟祇字彥期，大明中爲中書郎。太宰江夏王義恭領中書監，服親不得相臨，表求解職。世祖詔曰：「昔二王兩謝，俱至崇禮，自今三臺五省，悉同此例。」太宗初，爲南兗州刺史，都官尚書，謀應晉安王子勛爲逆，伏誅。

祇弟楷祕書郎，爲元凶所殺，追贈通直郎。

楷弟瞻，晉安太守，與子勛同逆，伏誅。

瞻弟韞字彦文，步兵校尉，宣城太守。子勛爲亂，大衆屯據鵲尾，攻逼宣城。于時四方牧守，莫不同逆，唯韞棄郡赴朝廷，太宗嘉其誠，以爲黄門郎，太子中庶子，侍中，加荆、湘州，南兗州刺史〔一四〕，吴興太守。侍中，領左軍將軍。又改領驍騎將軍，撫軍將軍、雍州刺史。侍中，領右衞將軍。改領左衞將軍，散騎常侍、中領軍。昇明元年，謀反伏誅〔一五〕。韞人才凡鄙，以有宣城之勳，特爲太宗所寵。在湘州及雍州，使善畫者圖其出行鹵簿羽儀，常自披玩。嘗以此圖示征西將軍蔡興宗，興宗戲之，陽若不解畫者，指韞形像問曰：「此何人而在轝上？」韞曰：「此正是我。」其庸底如此。

韞弟弼，武昌太守，亦與子勛同逆，伏誅。

弟鑒，員外散騎侍郎，蚤卒。

鑑弟緦字彦龢，侍中，吴興太守，後廢帝元徽元年卒。

緦弟顗字彦明，侍中、左衞將軍，冠軍將軍、吴興太守，未拜，元徽四年卒，追贈右將軍。

顗弟述，東陽太守，黄門郎，與從弟秉同逆，事敗走白山，追禽伏誅。

義欣弟義慶，出繼臨川烈武王道規。

義慶弟義融，永初元年，封桂陽縣侯，食邑千户。凡王子爲侯者，食邑皆千户。義融歷侍中，左衛將軍〔一六〕，領太子中庶子，五兵尚書，領軍。有質幹，善於用短楯。元嘉十八年，卒，追贈車騎將軍，謚曰恭侯。

子孝侯覬嗣，官至太子翊軍校尉，爲元凶所殺。世祖即位，追贈散騎常侍。無子，弟襲以子晃繼封。昇明二年，與員外散騎侍郎安成戢仁祖、荒人王武連、羽林副彭元儁等謀反，國除。

襲字茂德，太子舍人，安成太守。晉安王子勛爲逆，襲據郡距之，子勛遣軍攻圍不能下〔一七〕。太宗嘉之，以爲郢州刺史，封建陵縣侯，食邑五百户。建陵縣屬蒼梧郡，以道遠，改封臨澧縣侯。泰始六年，卒於中護軍。追贈護軍將軍，加散騎常侍，謚曰忠侯。襲亦庸鄙，在郢州，暑月露幝上聽事，綱紀正伏閤，怪之，訪問，乃知是襲〔一八〕。子旻嗣，昇明二年，改封東昌縣侯，與兄晃俱伏誅。

襲弟彪，祕書郎，弟寔，太子舍人，並蚤卒。寔弟爽，海陵太守。

義融弟義宗，幼爲高祖所愛，字曰伯奴，賜爵新淦縣男。永初元年，進爵爲侯，歷黃門侍郎，太子左衛率。元嘉八年，坐門生杜德靈放橫打人，還第內藏，義宗隱蔽之，免官。德靈雅有姿色，爲義宗所愛寵，本會稽郡吏。謝方明爲郡，方明子惠連愛幸之，爲之賦詩十餘首，乘流遵歸渚篇是也。又爲侍中，太子詹事，加散騎常侍，征虜將軍、南兗州刺史。二十一年，卒，追贈散騎常侍、平北將軍，謚曰惠侯。愛士樂施，兼好文籍，世以此稱之。子懷侯玠嗣，琅邪、秦郡太守。爲元凶所殺，追贈散騎常侍。無子，弟秉以子承繼封。

秉字彥節，初爲著作郎，歷羽林監，越騎校尉，中書、黃門侍郎。太宗泰始初，爲侍中，頻徙左衛將軍，丹陽尹，太子詹事，吏部尚書。時宗室雖多，材能甚寡。秉少自砥束，甚得朝野之譽，故爲太宗所委。五年，出爲前將軍、淮南宣城二郡太守，不拜，還復本任。復爲侍中，守祕書監，領太子詹事。未拜，遷使持節、都督南徐徐兗豫青冀六州諸軍事、後將軍、南徐州刺史，加散騎常侍。後廢帝即位，改都督郢州豫州之西陽司州之義陽二郡諸軍事、郢州刺史，持節、常侍如故。未拜，留爲尚書左僕射，參選。元徽元年，領吏部，加兵五百人。尋領衞尉，辭不拜。桂陽王休範爲逆，中領軍劉勔出守石頭，秉權兼領軍將軍，所給加兵，自隨入殿。二年，加散騎常侍、丹陽尹，解吏部。封當陽縣侯，食邑千户。與齊王、袁粲、褚淵分日入直決機事。四年，遷中書令，加撫軍將軍，常侍、尹如故。順帝即位，轉尚書令、中領軍，將軍如故〔一九〕。

時齊王輔政，四海屬心，秉知鼎命有在，密懷異圖。袁粲鎮石頭，不識天命，沈攸之舉兵反，齊王入屯朝堂，粲潛與秉及諸大將黃回等謀欲作亂。本期夜會石頭，旦乃舉兵。秉素恇怯騷動，擾不自安，再餔後，便自丹陽郡車載婦女，盡室奔石頭，部曲數百，赫奕滿道。既至見粲，粲驚曰：「何遽便來，事今敗矣。」秉曰：「今得見公，萬死亦何恨。」從弟中領軍韞，直在省内，與直閤將軍卜伯興謀，其夜共攻齊王。會秉去事覺，齊王夜使驍騎將軍王敬則收韞。韞已戒嚴，敬則率壯士直前，韞左右皆披靡，因殺之，伯興亦伏誅。粲敗，秉踰城出走，於領檐湖見擒〔二〇〕，與二子承、俣並死。秉時年四十五。秉妻蕭氏，思話女也。元徽中，朝廷危殆，妻常懼禍敗，每謂秉曰：「君富貴已足，故應爲兒子作計。年垂五十，殘生何足恡邪。」秉不能從。

秉弟謨，奉朝請。

謨弟遐字彦道，亦奉朝請、員外散騎侍郎。與嫡母殷養女雲敷私通，殷每禁之。殷暴病卒，未大殮，口鼻流血，疑遐潛加毒害，爲有司所糾。世祖徙之始安郡。永光中得還。太宗世，歷黄門侍郎，都官尚書，吴郡太守。兄秉既死，齊王遣誅之。遐人才甚凡，自諱名，常對賓客曰：「孝武無道，枉我殺母。」其頑騃若此。秉當權，遐累求方伯，秉曰：「我在，用汝作州，於聽望不足。」遐曰：「富貴時則云不可相關，從坐之日，爲得免不？」至是果死焉。

義宗弟義賓，元嘉二年，封新野縣侯。六年，以新野荒敝，改封興安縣侯。黄門郎，祕書監，左衛將軍，位至輔國將軍、徐州刺史。二十五年，卒，追贈後將軍，謚曰肅侯。子惠侯綜嗣。卒，子憲嗣。昇明三年〔三〕，齊受禪，國除。綜弟琨，晉平太守。

義賓弟義綦，元嘉六年，封營道縣侯。凡鄙無識知，每爲始興王濬兄弟所戲弄。濬常謂義綦曰：「陸士衡詩云：『營道無烈心。』其何意苦阿父如此？」義綦曰：「下官初不識，何忽見苦。」其庸塞可笑類若此。歷右衛將軍，湘州刺史。孝建二年，卒，贈平南將軍，謚曰僖侯。

子長猷嗣，官至步兵校尉。昇平三年，卒，齊受禪，國除。

臨川烈武王道規，字道則，高祖少弟也。少倜儻有大意，高祖奇之，與謀誅桓玄〔二二〕。時桓弘鎮廣陵，以爲征虜中兵參軍。高祖克京城，道規亦以其日與劉毅、孟昶共斬弘，收衆濟江。進平京邑，玄敗走，晉大將軍武陵王遵承制，以道規爲振武將軍、義昌太守。

與劉毅、何無忌追玄。玄西走江陵，留郭銓、何澹之等固守盆口〔二三〕，義軍既至，賊列艦距之。澹之空設羽儀旗幟於一舫，而别在它船，無忌欲攻羽儀所在，衆悉不同，曰：「澹之必不在此舫，雖得無益也。」無忌曰：「澹之不在此舫，固不須言也。既不在此，則戰士必弱，我以勁兵攻之，必可禽也。禽之之日，彼必以爲失其軍主，我徒咸謂已得賊帥，我勇而彼懼，懼而薄之，破之必矣。」道規喜曰：「此名計也。」因往彼攻之，即禽此舫。因鼓譟倡曰：「已斬何澹之！」賊徒及義軍並以爲然。因縱兵，賊衆奔敗，即克盆口，進平尋陽。因復馳進，遇玄於崢嶸洲。道規等兵不滿萬人，而玄戰士數萬，衆並憚之，欲退還尋陽。道規曰：「不可。彼衆我寡，强弱異勢。今若畏懦不進，必爲所乘，雖至尋陽，豈能自固。玄雖竊名雄豪，内實恇怯，加已經奔敗，衆無固心。決機兩陳，將雄者克。昔光武昆陽之戰，曹操官渡之師，皆以少制多，共所聞也。今雖才謝古人，豈可先爲之弱。」因麾衆而進，毅等從之，大破玄軍。郭銓與玄單舸走，江陵不復能守，欲入蜀，爲馮遷所斬。

義軍遇風不進，桓謙、桓振復據江陵，毅留巴陵，道規與無忌俱進攻桓謐於馬頭，桓蔚於寵洲，皆破之。無忌欲乘勝直造江陵，道規曰：「兵法屈申有時，不可苟進。諸桓世居西楚，羣小皆爲竭力，振勇冠三軍，難與爭勝。且可頓兵養鋭〔二四〕，徐以計策縻之，不憂不克也。」無忌不從，果爲振所敗。乃退還尋陽，繕治舟甲，復進軍夏口。僞鎮軍將軍馮該戍夏口東岸，揚武將軍孟山圖據魯城，輔國將軍桓仙客守偃月壘。於是毅攻魯城，道規、無忌攻偃月，並克之，生禽仙客、山圖。其夕，該遁走，進平巴陵。謙、振遣使求割荆、江二州，奉歸晉帝，不許。會南陽太守魯宗之起義攻襄陽，僞雍州刺史桓蔚走江陵。宗之進至紀南，振自往距之，使桓謙留守。時毅、道規已次馬頭，馳往襲，謙奔走，即日克江陵城。振大破宗之而歸，聞城已陷，亦走。無忌翼衛天子還京師，道規留夏口。江陵之平也，道規推毅爲元功，無忌爲次功，自居其末。進號輔國將軍、督淮北諸軍事、并州刺史，義昌太守如故。

時荆州、湘、江、豫猶多桓氏餘燼，往往屯結。復以本官進督江州之武昌、荆州之江夏隨郡義陽綏安、豫州之西陽汝南潁川新蔡九郡諸軍事，隨宜剪撲，皆悉平之。以義勳封華容縣公，食邑三千户。遷使持節、都督荆寧秦梁雍六州司州之河南諸軍事、領護南蠻校尉、荆州刺史〔二五〕，將軍如故。辭南蠻以授殷叔文。叔文被誅，乃復還領。善於爲治，刑政明理，士民莫不畏而愛之。劉敬宣征蜀不克〔二六〕，道規以督統降爲建威將軍。

盧循寇逼京邑，道規遣司馬王鎮之及揚武將軍檀道濟、廣武將軍到彦之等赴援朝廷，至尋陽，爲賊黨苟林所破。循即以林爲南蠻校尉，分兵配之，使乘勝伐江陵，揚聲云徐道覆已克京邑。而桓謙自長安入蜀，譙縱以謙爲荆州刺史，厚加資給，與其大將譙道福俱寇江陵，正與林會。林屯江津，謙軍枝江，二寇交逼，分絶都邑之問。荆楚既桓氏義舊，並懷異心。道規乃會將士，告之曰：「桓謙今在近畿，聞者頗有去就之計〔二七〕。吾東來文武，足以濟事。若欲去者，本不相禁。」因夜開城門，達曉不閉，衆咸憚服，莫有去者。

雍州刺史魯宗之率衆數千自襄陽來赴。或謂宗之未可測，道規乃單馬迎之，宗之感悦。衆議欲使檀道濟、到彦之與宗之共擊，道規曰：「盧循擁隔中流，扇張同異，桓謙、苟林更相首尾。人懷危懼，莫有固心，成敗之機，在此一舉。非吾自行，其事不決。」乃使宗之居守，委以腹心，率諸軍攻謙。諸將佐皆固諫曰：「今遠出討謙，其勝難必。苟林近在江津，伺人動静。若來攻城，宗之未必能固，脱有差跌，大事去矣。」道規曰：「諸君不識兵機耳。苟林愚竪，無它奇計，以吾去未遠，必不敢向城。吾今取謙，往至便克，沈疑之間，已自還反。謙敗則林破膽，豈暇得來。且宗之獨守，何爲不支數日。」解南蠻校尉印以授諮議參軍劉遵。馳往攻謙，水陸齊進，謙大敗，單舸走，欲下就林，追斬之。還至浦口，林又奔散。劉遵率軍追林，至巴陵，斬之。初，謙至枝江，江陵士庶皆與謙書，言城内虛實，咸欲謀爲内應。至是參軍曹仲宗檢得之，道規悉焚不視，衆於是大安。進號征西將軍。先是，桓歆子道兒逃于江西，出擊義陽郡，與盧循相連結，循使蔡猛助之。道規遣參軍劉基破道兒於大薄，臨陳斬猛。

徐道覆率衆三萬，奄至破冢，魯宗之已還襄陽，追召不及，人情大震。或傳循已平京師，遣道覆上爲刺史，江漢士庶感焚書之恩，無復貳志。道規使劉遵爲游軍，自距道覆於豫章口。前驅失利，道規壯氣愈厲，激揚三軍，遵自外横擊，大破之。斬首萬餘級，赴水死者殆盡，道覆單舸走還盆口。初使遵爲游軍，衆咸云：「今彊敵在前，唯患衆少，不應割削見力，置無用之地。」及破道覆，果得游軍之力，衆乃服焉。

遵字慧明，臨淮海西人，道規從母兄蕭氏舅也。官至右將軍、宣城内史、淮南太守。義熙十年，卒，追贈撫軍將軍。追封監利縣侯，食邑七百户。

道規進號征西大將軍、開府儀同三司，加散騎常侍，固辭。俄而寢疾，改授都督豫江二州揚州之宣城淮南廬江歷陽安豐堂邑六郡諸軍事〔二八〕、豫州刺史，持節、常侍、將軍如故。以疾不拜。八年閏月，薨于京師，時年四十三。追贈侍中、司徒。加班劍二十人。謚曰烈武公。平桓謙功，進封南郡公，邑五千户。高祖受命，贈大司馬，追封臨川王，食邑如先。道規無子，以長沙景王第二子義慶爲嗣。

初，太祖少爲道規所養，高祖命紹焉，咸以禮無二繼，太祖還本，而定義慶爲後〔二九〕。義慶爲荆州，廟主當隨往江陵，太祖詔曰：「褒崇道勳，經國之盛典；尊親追遠，因心之所隆。故侍中、大司馬臨川烈武王，體道欽明，至德淵邈，叡哲自天，孝友光備。爰始協規，則翼贊景業；陵威致討，則克剪梟鯨。逮妖逆交侵，方難孔棘，勢踰累棊，人無固志。王神謨獨運，靈武宏發，輯寧内外，誅覆羣凶，固已化被江漢，勳高微管，遠猷侔於二南，英邁於兩獻者矣。朕幼蒙殊愛，德廕特隆，豐恩慈訓，義深情戚，永惟仁範，感慕纏懷。今當擁移寢祏，初祀西夏，思崇嘉禮，式備徽章，庶以昭宣風度，允副幽顯。其追崇丞相，加殊禮，鸞輅九旒，黄屋左纛，給節鉞、前後部羽葆、鼓吹、虎賁班劍百人，侍中如故。」及長沙太妃檀氏、臨川太妃曹氏後薨，祭皆給鸞輅九旒，黄屋左纛，轀輬車，挽歌一部，前後部羽葆、鼓吹，虎賁班劍百人。

義慶幼爲高祖所知，常曰：「此我家豐城也。」年十三，襲封南郡公。除給事，不拜。義熙十二年，從伐長安，還拜輔國將軍、北青州刺史〔三〇〕，未之任，徙督豫州諸軍事、豫州刺史〔三二〕，復督淮北諸軍事，豫州刺史、將軍並如故。永初元年，襲封臨川王。徵爲侍中。元嘉元年，轉散騎常侍、祕書監。徙度支尚書，遷丹陽尹，加輔國將軍，常侍並如故。

時有民黄初妻趙殺子婦，遇赦應徙送避孫讎，義慶曰：「案周禮，父母之仇，避之海外，雖遇市朝，鬭不反兵。蓋以莫大之冤，理不可奪，含戚枕戈，義許必報。至於親戚爲戮，骨肉相殘，故道乖常憲，記無定准，求之法外，裁以人情。且禮有過失之宥，律無讎祖之文。況趙之縱暴，本由於酒，論心即實，事盡荒耄。豈得以荒耄之王母〔三三〕，等行路之深讎。臣謂此孫忍愧銜悲，不違子義，共天同域，無虧孝道。」

六年，加尚書左僕射。八年，太白星犯右執法，義慶懼有災禍，乞求外鎮。太祖詔譬之曰：「玄象茫昧，既難可了。且史家諸占，各有異同，兵星王時，有所干犯，乃主當誅。以此言之，益無懼也。鄭僕射亡後，左執法嘗有變，王光禄至今平安。日蝕三朝，天下之至忌，晉孝武初有此異，彼庸主耳，猶竟無他。天道輔仁福善，謂不足橫生憂懼。兄與後軍，各受内外之任，本以維城，表裏經之，盛衰此懷，實有由來之事。設若天必降災，寧可千里逃避邪？既非遠者之事，又不知吉凶定所，若在都則有不測，去此必保利貞者，豈敢苟違天邪。」義慶固求解僕射，乃許之，加中書令，進號前將軍，常侍、尹如故。

在京尹九年，出爲使持節、都督荆雍益寧梁南北秦七州諸軍事、平西將軍、荆州刺史〔三三〕。荆州居上流之重，地廣兵彊，資實兵甲，居朝廷之半，故高祖使諸子居之。義慶以宗室令美，故特有此授。性謙虛，始至及去鎮，迎送物並不受。

十二年，普使內外羣官舉士，義慶上表曰：「詔書疇咨羣司，延及連牧，旌賢仄陋，拔善幽遐。伏惟陛下惠哲光宣，經緯明遠，皇階藻曜，風猷日昇，而猶詢衢室之令典，遵明臺之叡訓，降淵慮於管庫〔三四〕，紆聖思乎版築，故以道邈往載，德高前王。臣敢竭虛闇，祗承明旨。伏見前臨沮令新野庾寔，秉真履約，愛敬淳深。昔在母憂，毀瘠過禮，今罹父疢，泣血有聞。行成閨庭，孝著隣黨，足以敦化率民，齊教軌俗。前徵奉朝請武陵龔祈，恬和平昔〔三五〕，貞潔純素，潛居研志，耽情墳籍，亦足鎮息頹競，奬勗浮動。處士南陽師覺授〔三六〕，才學明敏，操介清修，業均井渫，志固冰霜。臣往年辟爲州祭酒，未汙其慮。若朝命遠暨，玉帛遐臻，異人間出，何遠之有。」義慶留心撫物，州統內官長親老，不隨在官舍者，年聽遣五吏餉家〔三七〕。先是，王弘爲江州，亦有此制。在州八年，爲西土所安。撰徐州先賢傳十卷，奏上之。又擬班固典引爲典敍〔三八〕，以述皇代之美。十六年，改授散騎常侍、都督江州豫州之西陽晉熙新蔡三郡諸軍事、衞將軍、江州刺史〔三九〕，持節如故。十七年，即本號都督南兗徐兗青冀幽六州諸軍事、南兗州刺史〔四〇〕。尋加開府儀同三司。

爲性簡素，寡嗜欲，愛好文義，才詞雖不多，然足爲宗室之表。受任歷藩，無浮淫之過，唯晚節奉養沙門，頗致費損。少善騎乘，及長以世路艱難，不復跨馬。招聚文學之士，近遠必至。太尉袁淑，文冠當時，義慶在江州，請爲衞軍諮議參軍；其餘吴郡陸展、東海何長瑜、鮑照等，並爲辭章之美，引爲佐史國臣。太祖與義慶書，常加意斟酌。

鮑照字明遠，文辭贍逸，嘗爲古樂府，文甚遒麗。元嘉中，河、濟俱清，當時以爲美瑞，照爲河清頌，其序甚工。其辭曰：

臣聞善談天者，必徵象於人；工言古者，先考績於今。鴻、犧以降，遐哉邈乎，鏤山岳，彫篆素，昭德垂勳，可謂多矣。而史編唐堯之功，載「格于上下」，樂登文王之操，稱「於昭于天」。素狐玄玉，聿彰符命，朴牛大螾，爰定祥曆，魚鳥動色，禾雉興讓，皆物不盈眥，而美溢金石，詩人於是不作，頌聲爲之而寢，庸非惑歟。

自我皇宋之承天命也，仰符應龍之精，俯協河龜之靈，君圖帝寶，粲爛瑰英，固業光曩代，事華前德矣。聖上天飛踐極，迄茲二十四載。道化周流，玄澤汪濊。地平天成，上下含熙；文同軌通，表裏禔福。燿德中區，黎庶知讓；觀英遐表，夷貉懷惠。卹勤秩禮，罷露臺之金；紓國振民，傾鉅橋之粟。約違迫脅，奢去泰甚。燕無留飲，畋不盤樂。物色異人，優游據正。顯不失心，幽無怨氣。精炤日月，事洞天情。故不勞杖斧之臣，號令不嚴而自肅，無辱鳳舉之使，靈怪不召而自彰。萬里神行，飆塵不起。

農商野廬，邊城偃柝。冀馬南金，填委內府；馴象西爵，充羅外囿。阿紈綦組之饒，衣覆宗國；漁鹽杞梓之利，傍贍荒遐。士民殷富，五陵既有慙德；宮宇宏麗，三川莫之能比。閭閈有盈，歌吹無絕。朱輪疊轍，華冕重肩。豈徒世無窮人，民獲休息，朝呼韓、罷酤鐵而已哉。是以嘉祥累仍，福應尤盛，青丘之狐，丹穴之鳥，栖阿閣，遊禁園。金芝九莖，木禾六刃，秀銅池，發膏畝〔四一〕。宜以協調律呂，謁薦郊廟，煙霏霧集，不可勝紀。然而聖上猶昧旦夙興，若有望而未至，閎規遠圖，如有追而莫及，神明之貺，推而弗居也。是以琬碑鏐檢，盛典蕪而不治；朝神省方，大化抑而未許。崇文協律之士，蘊儛頌於外，坐朝陪宴之臣，懷揄揚於內，三靈佇睠，九壤注心，既有日矣。

歲宮乾維，月躔蒼陸，長河巨濟，異源同清，澄波萬壑，潔瀾千里。斯誠曠世偉觀，昭啓皇明者也。語曰：「影從表，瑞從德。」此其効焉。宣尼稱「鳳鳥不至，河不出圖」。傳曰：「俟河之清，人壽幾何！」皆傷不可見也。然則古人所不見者，今殫見之矣。孟軻曰：「千載一聖，是旦暮也。」豈不大哉。夫四皇六帝，樹聲長世，大寶也。澤浸羣生，國富刑清，鴻德也。制禮裁樂，惇風遷俗，文教也。殊華逋羯〔四二〕，束顙絳闕，武功也。鳴鳥躍魚，滌穢河渠，至祥也。大寶鴻德，文教武功，其崇如此；幽明協贊，民祇與能，厥應如彼。唯天爲大，堯實則之，皇哉唐哉，疇與爲讓。抑又聞之，勢之所覃者淺，則美之所傳者近；道之所感者深，則慶之所流者遠。是以豐功韙命，潤色縢策〔四三〕，盛德形容，藻被歌頌。察之上代，則奚斯、吉甫之徒，鳴玉鑾於前；視之中古，則相如、王褒之屬，施金羈於後〔四四〕。絕景揚光，清埃繼路，班固稱漢成之世，奏御者千有餘篇，文章之盛，與三代同風。由是言之，斯迺臣子舊職，國家通義，不可輟也。臣雖不敏，寧不勉乎。

世祖以照爲中書舍人。上好爲文章，自謂物莫能及，照悟其旨，爲文多鄙言累句，當時咸謂照才盡，實不然也。臨海王子頊爲荆州，照爲前軍參軍，掌書記之任。子頊敗，爲亂兵所殺。

義慶在廣陵，有疾，而白虹貫城，野麕入府，心甚惡之，固陳求還。太祖許解州，以本號還朝。二十一年，薨於京邑，時年四十二。追贈侍中、司空，謚曰康王。子哀王燁字景舒嗣，官至通直郎，爲元凶所殺。追贈散騎常侍。子綽字子流嗣，官至步兵校尉。昇明三年反，伏誅，國除。綽弟綰，早卒。

燁弟衍，太子舍人。衍弟鏡，宣城太守。鏡弟穎，前將軍。穎弟倩，南新蔡太守。

遵考，高祖族弟也。曾祖淳，皇曾祖武原令混之弟，官至正員郎。祖巖，海西令。父涓子，彭城内史。

遵考始爲將軍振武參軍〔四五〕，預討盧循，封鄉侯。自建威將軍、彭城内史隨高祖北伐。時高祖諸子並弱，宗室唯有遵考。長安平定，以督并州司州之北河東北平陽北雍州之新平安定五郡諸軍事、輔國將軍、并州刺史〔四六〕，領河東太守，鎮蒲坂。關中失守，南還，除游擊將軍，遷冠軍將軍。晉帝遜位居秣陵宫，遵考領兵防衛。高祖初即大位，下推恩之詔，曰：「遵考服屬之親，國戚未遠，宗室無多，宜蒙寵爵。可封營浦縣侯，食邑五百户。」以本號爲彭城、沛二郡太守。

景平元年，遷右衛將軍。元嘉二年，出爲征虜將軍、淮南太守。明年，轉使持節，領護軍，入直殿省。出爲使持節、督雍梁南北秦四州荆州之南陽竟陵順陽襄陽新野隨六郡諸軍事、征虜將軍、寧蠻校尉、雍州刺史，襄陽新野二郡太守〔四七〕。遵考爲政嚴暴，聚斂無節。五年，爲有司所糾，上不問，赦還都。七年，除太子右衛率，加給事中。明年，督南徐兖州之江北淮南諸軍事、征虜將軍、南兖州刺史，領廣陵太守。又徵爲侍中，領後軍將軍，徙太常。九年，遷右衛將軍，加散騎常侍。十二年，坐厲疾不待對，免常侍，以侯領右衛。明年，復本官。十五年，又領徐州大中正、太子中庶子，本官如故。其年，監徐兖二州豫州之梁郡諸軍事、前將軍、徐兗二州刺史。未之鎮，留爲侍中，領左衛將軍。明年，出爲使持節、監豫司雍并四州南豫州之梁郡弋陽馬頭荆州之義陽四郡諸軍事、前將軍、豫州刺史，領南梁郡太守。二十一年，坐統内旱，百姓饑，詔加賑給，而遵考不奉符旨，免官。起爲散騎常侍、五兵尚書，遷吴興太守，秩中二千石。二十五年，徵爲領軍。二十七年，索虜南至瓜步，率軍出江上，假節蓋〔四八〕。

三十年，復出爲使持節、監豫州刺史。元凶弒立，進號安西將軍，遣外監徐安期、仰捷祖防守之。遵考斬安期等，起義兵應南譙王義宣，義宣加遵考鎮西將軍。夏侯獻率衆至瓜步承候世祖，又坐免官。孝建元年，魯爽、臧質反，起爲征虜將軍，率衆屯臨沂縣，仍除吴興太守。明年，徵爲湘州刺史，未行，遷尚書右僕射〔四九〕。三年，轉丹陽尹，加散騎常侍。復爲尚書右僕射，領太子右衛率。明年，又除領軍將軍，加散騎常侍。五年，復還尚書右僕射、金紫光禄大夫，常侍如故〔五〇〕。明年，轉左僕射，常侍如故。又領徐州刺史、大中正、崇憲太僕。前廢帝即位，遷特進、右光禄大夫，常侍、太僕如故。景和元年，出督南豫州諸軍事、安西將軍、南豫州刺史。太宗即位，以爲侍中、特進、右光禄大夫，領崇憲太僕。給親侍三十人。崇憲太后崩，太僕解，餘如故。泰始五年，賜几杖，太官四時賜珍味，疾病太醫給藥，固辭几杖。後廢帝即位，進左光禄大夫，餘如故。元徽元年卒，時年八十二。追贈左光禄大夫、開府儀同三司，侍中如故。謚曰元公。遵考無才能，直以宗室不遠，故歷朝顯遇。年老有疾失明。

子澄之，順帝昇明末貴達。

澄之弟琨之，爲竟陵王誕司空主簿，誕作亂，以爲中兵參軍，不就，縶繫數十日，終不受，乃殺之。追贈黄門郎。詔吏部尚書謝莊爲之誄。

遵考從弟思考，亦被遇，歷朝官，極清顯，爲豫章、會稽太守，益、徐州刺史，凡經十郡三州。泰始元年，卒於散騎常侍、金紫光禄大夫〔五一〕，時年七十五。追贈特進，常侍、光禄如故。

史臣曰：餘妖内侮，偏衆西臨，荀、桓交逼，荆楚之勢危矣。必使上略未盡，一筭或遺，則城壞壓境，上流之難方結。敵資三分有二之形，北向而爭天下，則我全勝之道，未可或知。烈武王覽羣才，揚盛策，一舉磔勍寇，非曰天時，抑亦人謀也。降年不永〔五二〕，遂不得與大業始終，惜矣哉！

校勘記

〔一〕長沙景王道憐　按陶宗儀古刻叢鈔收録宋故散騎常侍護軍將軍臨澧侯劉使君墓誌云：「曾祖宋孝皇帝。祖諱道鄰字道鄰，侍中、太傅、長沙景王。」是道憐本作道鄰。顔師古匡謬正俗卷五亦云：「宋高祖弟道鄰。（中略）史牒誤爲憐字，讀者就而呼之，莫有知其本實。余家嘗得宋高祖集十卷，是宋元嘉時祕閣官書，所載道鄰字，始知道憐者是錯。」

〔二〕道憐率寧遠將軍孟龍符龍驤將軍孔隆及穆之等追　「寧遠將軍孟龍符」七字，原作「寧孟」二字。洪頤煊諸史考異卷五：「寧孟文有脱誤。當云率寧遠將軍孟龍符，因涉下文而訛。」孫彪考論卷三：「孟當爲孟龍符，時龍符方由寧遠將軍遷建威將軍，寧當爲寧遠將軍，史文脱耳。」按洪、孫説是，今訂正。孟龍符與道憐北討事，見本書卷四七本傳。

〔三〕封新渝縣男　「新渝」，原作「新淦」，據北監本、汲本、殿本、局本、南史卷一三宋宗室及諸王傳上改。下文道憐子義宗亦爵新渝縣侯，則作新渝爲是。按本書卷三六州郡志二，江州豫章郡有新淦縣，安成郡有新喻縣，新渝即新喻。元和郡縣圖志卷二九江南道：「新喻縣，本漢宜春縣地，吴孫皓分置新渝縣，因渝水爲名。今曰新喻，因聲變也。」本書新喻、新渝互見，卷六八武二王彭城王義康傳作新喻侯義宗。

〔四〕徵爲都督兗青二州揚州之晉陵京口淮南諸郡軍事兗青州刺史　「揚州之」三字原闕，按本書卷三五州郡志一，是時晉陵、京口、淮南三郡屬揚州。今據上下文例補。又「諸郡軍事」，原作「諸軍郡事」，張元濟校勘記：「當作『諸郡軍事』，各本並訛。」按張校是，今乙正。又「兗青州刺史」，孫彪考論卷三：「此『青』字涉上文衍。是年青州刺史命檀祗。」

〔五〕十年　原作「十一年」。孫彪考論卷三：「下文『明年討司馬休之』，『十一年』當爲『十年』。」按討司馬休之在義熙十一年，則前一年當作「十年」，孫説是，今改正。

〔六〕以爲都督荊湘益秦寧梁雍七州諸軍事驃騎將軍開府儀同三司領護南蠻校尉荊州刺史　「事」字原闕，據册府卷四五五、通鑑卷一一七晉紀義熙十一年補。「領」，原作「鎮」，據上下文例改。

〔七〕元熙元年　「元熙」，原作「元興」，據局本改。按元興在義熙前，此是義熙以後事。晉書卷一〇恭帝紀云元熙元年「以驃騎將軍劉道憐爲司空」。

〔八〕年五十五　「五十五」，原作「二十五」，據南監本、殿本、局本改正。王鳴盛十七史商榷卷五五：「上文太后曰『道憐年出五十』，此當云『五十五』。」

〔九〕使持節散騎常侍都督江州豫州西陽新蔡晉熙四郡軍事征南大將軍開府儀同三司江州刺史永脩縣開國公道濟　「四郡」，數之止三郡，當有誤。據本書卷四三檀道濟傳，疑「豫州」上脱「荊州江夏」四字。

〔一〇〕故左將軍青州刺史龍陽縣開國侯鎮惡　「左」字原闕，據本書卷四五王鎮惡傳補。

〔一一〕遷使持節監豫司雍并四州諸軍事豫州刺史　「事」字原闕，據册府卷二七六、卷二七八補。

〔一二〕勞人武夫　「夫」，原作「士」，據北監本、汲本、殿本、局本改。

〔一三〕而可輯柔頓闕　「柔」，原作「粲」，據册府卷二七三改。

〔一四〕太宗嘉其誠以爲黄門郎太子中庶子侍中加荆湘州南兗州刺史　孫彪考論卷三：「劉韞（中略）未嘗爲荆州。加荆湘州，亦非沈書文法。疑『荆』字是『節』字訛。加節，即假節也。」

〔一五〕昇明元年謀反伏誅　「元年」，原作「二年」，據本書卷一〇順帝紀改。

〔一六〕義融歷侍中左衛將軍　「中」字原闕，據殿本、局本補。「將」字原闕，今補正。

〔一七〕子勛遣軍攻圍不能下　「子」字原闕，今補正。

〔一八〕訪問乃知是襲　「是」字原闕，據南史卷一三宋宗室及諸王傳上補。

〔一九〕順帝即位轉尚書令中領軍將軍如故　「中領軍」，本書卷一〇順帝紀、通志卷一一作「中軍將軍」，疑是。按册府卷二八九亦云：「宋劉秉，長沙王道憐孫，順帝即位初，爲尚書令、中軍。」據本書順帝紀、南齊書卷一高帝紀上，是時中領軍爲劉韞。

〔二〇〕於頟檐湖見擒　「頟檐湖」，南齊書卷一高帝紀上作「雒檐湖」。

〔二一〕昇明三年　「三年」，原作「二年」，據殿本改。

〔二二〕與謀誅桓玄　「誅」字原闕，據局本、南史卷一三宋宗室及諸王傳上補。

〔二三〕留郭銓何澹之等固守盆口　「郭銓」，原作「郭鈴」，據本書卷四七劉懷肅傳、晉書卷九九桓玄傳、通鑑卷一一三晉紀元興三年改。

〔二四〕且可頓兵養鋭　「頓兵養鋭」，原作「頓兵鋭」，文不可通，今據御覽卷二九三引宋書、通鑑卷一一三晉紀元興三年補正。

〔二五〕遷使持節都督荆寧秦梁雍六州司州之河南諸軍事領護南蠻校尉荆州刺史　按荆、寧、秦、梁、雍止五州，尚缺一州。建康實録卷一〇作「都督荆益江雍等六州」。按晉書卷三七宗室傳、卷八五魏詠之傳、通鑑卷一一四晉紀，晉安帝元興三年二月，劉裕等舉義兵討桓玄，四月以司馬休之爲監荆益梁寧秦雍六州諸軍事、領護南蠻校尉、荆州刺史。義熙元年魏詠之代司馬休之，亦都督六州。魏詠之卒，又以道規代之。是道規所都督之六州應即爲荆寧秦益梁雍六州。考本卷下文云：「劉敬宣征蜀不克，道規以督統降爲建威將軍。」本書卷四七劉敬宣傳，敬宣征蜀時「監征蜀諸軍事」。道規既督統敬宣，則必都督益州。疑所缺一州，乃益州也。

〔二六〕劉敬宣征蜀不克　「劉敬宣」，原作「劉敬瑄」，據南監本、北監本、殿本、局本、册府卷四五〇改。

〔二七〕聞者頗有去就之計　「者」，御覽卷二七九引晉書、册府卷四二二、卷四三一作「諸君」，通典卷一五一兵四作「諸軍」，建康實録卷一〇作「爾等」，通鑑卷一一五晉紀義熙六年作「諸長者」。

〔二八〕改授都督豫江二州揚州之宣城淮南廬江歷陽安豐堂邑六郡諸軍事　「豫」下原衍「章」字，今删去。

〔一九〕太祖還本而定義慶爲後　「義慶爲後」四字原闕，據南史卷一三宋宗室及諸王傳上補。

〔二〇〕還拜輔國將軍北青州刺史　「拜」字原闕，據册府卷二七八補。

〔二一〕徙督豫州諸軍事豫州刺史　「事」字原闕，據册府卷二七八補。

〔二二〕豈得以荒耄之王母　「豈得以荒耄」五字原闕，據南史卷一三宋宗室及諸王傳上、册府卷六一五補。殿本考證：「一本『荒耄』下有『豈得以荒耄』五字，當從之。」

〔二三〕出爲使持節都督荆雍益寧梁南北秦七州諸軍事平西將軍荆州刺史　「事」字原闕，據册府卷二七八補。

〔二四〕降淵慮於管庫　「淵」，原作「流」，據南監本、殿本、局本改。

〔二五〕恬和平昔　「昔」，殿本、局本作「簡」。

〔二六〕處士南陽師覺授　「南陽」，原作「南郡」，據本書卷九三隱逸宗炳傳、南史卷七三孝義傳上改。按本書隱逸宗炳傳云炳「母同郡師氏」、「炳外弟師覺授」。宗炳，南陽涅陽人，則師覺授必南陽人。又「師覺授」，原作「師授」。按本書隱逸宗炳傳云：「炳外弟師覺授亦有素業，以琴書自娱。」本書隱逸龔祈傳亦云「師覺授不應徵召，辟其三子」。即此人也。南史孝義傳上云：「師覺授字覺授。」是其師姓，不當作師覺。今補正。

〔二七〕年聽遣五吏餉家　「五吏」，南史卷一三宋宗室及諸王傳上作「三吏」。

〔二八〕又擬班固典引爲典敍　「典引爲」三字原闕，據殿本、局本、金樓子卷四、南史卷一三宋宗室及諸王傳上補。

〔三九〕改授散騎常侍都督江州豫州之西陽晉熙新蔡三郡諸軍事衞將軍江州刺史　「豫州」二字原闕。錢大昕考異卷二四：「當云豫州之西陽、晉熙、新蔡，史脱『豫州』二字。」錢説是，今據補。

〔四〇〕即本號都督南兗徐兗青冀幽六州諸軍事南兗州刺史　上二「南兗」下原衍「州」字，張森楷校勘記：「『州』字衍文。」按張校是，今删正。

〔四一〕金芝九莖木禾六刃秀銅池發膏畝　鮑照集作「金芝九莖，木禾六秀，銅池發，膏畝腴」。

〔四二〕殊華逋羯　殿本作「誅箠逋羯」，宋本鮑照集、類聚卷八引鮑昭河清頌作「誅箠羯黠」。

〔四三〕潤色縢策　「縢策」，原作「勝策」，據北監本、殿本、局本、鮑照集改。

〔四四〕施金羈於後　「施」，鮑照集作「馳」。

〔四五〕遵考始爲將軍振武參軍　此語意費解，疑「將軍」二字衍。盧憲嘉定鎮江志卷一八云遵考「始爲振武參軍，預討盧循」。

〔四六〕以督并州司州之北河東北平陽北雍州之新平安定五郡諸軍事輔國將軍并州刺史　錢大昕考異卷二四：「云五郡而數之止四郡，以廬陵王義真傳前後文參證之，則所脱者即河北郡也。」

〔四七〕出爲使持節督雍梁南北秦四州荆州之南陽竟陵順陽襄陽新野隨六郡諸軍事征虜將軍寧蠻校尉雍州刺史襄陽新野二郡太守　「南陽」之「陽」字原闕，孫虨考論卷三：「當云『南陽』，脱

『陽』字。」按孫説是，今據補。又「諸軍事」之「事」字原闕，今訂補。

〔四八〕假節蓋　「蓋」，原作「置」，據册府卷二七八改。

〔四九〕明年徵爲湘州刺史未行遷尚書右僕射　「右僕射」，原作「左僕射」，據本書卷六孝武帝紀、南史卷二宋本紀中、通鑑卷一二八宋紀孝建二年改。按是時尚書左僕射爲建平王宏。

〔五〇〕明年又除領軍將軍加散騎常侍五年復遷尚書右僕射金紫光禄大夫常侍如故　按上有孝建三年，「明年」乃指大明元年。疑「五年」前脱「大明」二字。

〔五一〕泰始元年卒於散騎常侍金紫光禄大夫　孫虨考論卷三：「思考泰始二年三月命徐州，必非元年卒，此有誤。」按思考泰始二年三月爲徐州刺史，見本書卷八明帝紀。

〔五二〕降年不永　「年」字原闕，據南監本、北監本、汲本、殿本、局本補。

宋書卷五十二

列傳第十二

庾悅　王誕　謝景仁　袁湛　褚叔度

庾悅字仲豫，潁川陽陵人也。曾祖亮，晉太尉。祖羲[一]，吴國内史。父准[二]，西中郎將、豫州刺史。

悅少爲衞將軍琅邪王行參軍，司馬，徙主簿，轉右長史[三]。桓玄輔政，領豫州，以悅爲别駕從事史。遷驍騎將軍。玄篡位，徙中書侍郎。高祖定京邑，武陵王遵承制，以悅爲寧遠將軍、安遠護軍、武陵内史。以病去職。鎮軍府版諮議參軍，轉車騎從事中郎。劉毅請爲撫軍司馬，不就。遷車騎、中軍司馬。從征廣固，竭其誠力。盧循逼京都，以爲督江州豫州之西陽新蔡汝南潁川司州之弘農揚州之松滋六郡諸軍事、建威將軍、江州刺史〔四〕，從東道出鄱陽。循遣將英糾千餘人斷五畝嶠，悦破之，進據豫章，絶循糧援。

初，毅家在京口，貧約過常，嘗與鄉曲士大夫往東堂共射。時悦爲司徒右長史，暫至京，要府州僚佐共出東堂。毅已先至，遣與悦相聞，曰：「身久躓頓，營一遊集甚難。君如意人，無處不可爲適，豈能以此堂見讓。」悦素豪，徑前，不答毅語。衆人並避之，唯毅留射如故。悦廚饌甚盛，不以及毅。毅既不去，悦甚不歡，俄頃亦退。毅又相聞曰：「身今年未得子鵝，豈能以殘炙見惠。」悦又不答。盧循平後，毅求都督江州，以江州内地，治民爲職，不宜置軍府，上表陳之曰：「臣聞天以盈虚爲道，治以損益爲義。時否而政不革，民凋而事不損，則無以救急病於已危，拯塗炭於將絶。自頃戎車屢駕，干戈溢境，江州以一隅之地，當逆順之衝，力弱民慢，而器運所繼。自桓玄以來，驅蹙殘毁，至乃男不被養，女無對匹，逃亡去就，不避幽深，自非財單力竭，無以至此。若不曲心矜理，有所改移，則靡遺之歎，奄焉必及。臣謬荷增統，傷慨兼懷。夫設官分職，軍國殊用，牧民以息務爲大，武略以濟事爲先。今兼而領之，蓋出於權事，因藉既久，遂爲常則。江州在腹心之中，憑接揚、豫，藩屏所倚，實爲重複。昔胡寇縱逸，朔馬臨江，抗禦之宜，蓋出權計。以温嶠明達，事由一己，猶覺其弊，論之備悉。今江右區區，户不盈數十萬，地不踰數千里，而統司鱗次，未獲減息，大而言之，足爲國恥。況乃地在無軍，而軍府猶置，文武將佐，資費非一，豈所謂經國大情，揚湯去火者哉。其州郡邊江，民户遼落，加以郵亭嶮闊，畏阻風波，轉輸往還，常有淹廢，又非所謂因其所利，以濟其弊者也。愚謂宜解軍府，移治豫章，處十郡之中，厲簡惠之政，比及數年，可有生氣。且屬縣凋散，亦有所存，而役調送迎，不得休止，亦謂應隨宜并減，以簡衆費。刺史庾悦，自臨州部，甚有恤民之誠，但綱維不革，自非綱目所理。尋陽接蠻，宜有防遏，可即州府千兵，以助郡戍。」於是解悦都督、將軍官，以刺史移鎮豫章。毅以親將趙恢領千兵守尋陽〔五〕，建威府文武三千悉入毅府，符攝嚴峻，數相挫辱。悦不得志，疽發背，到豫章少日卒。時年三十八。追贈征虜將軍。以廣固之功，追封新陽縣五等男。

王誕字茂世，琅邪臨沂人，太保弘從兄也。祖恬，中軍將軍。父混，太常。誕少有才藻，晉孝武帝崩，從叔尚書令珣爲哀策文，久而未就，謂誕曰：「猶少序節物一句。」因出本示誕。誕攬筆便益之，接其「秋冬代變」後云，「霜繁廣除，風回高殿」。珣嗟歎清拔，因而用之。襲爵雉鄉侯，拜祕書郎，琅邪王文學，中軍功曹。

隆安四年，會稽王世子元顯開後軍府，又以誕補功曹。尋除尚書吏部郎，仍爲後軍長史，領廬江太守，加鎮蠻護軍。轉龍驤將軍、琅邪内史，長史如故。誕結事元顯嬖人張法順，故爲元顯所寵。元顯納妾，誕爲之親迎。隨府轉驃騎長史，將軍、内史如故。元顯討桓玄，欲悉誅桓氏，誕固陳脩等與玄志趣不同，由此得免。脩，誕甥也。及玄得志，誕將見誅，脩爲之陳請，又言脩等得免之由，乃徙誕廣州。盧循據廣州，以誕爲其平南府長史，甚賓禮之。誕久客思歸，乃説循曰：「下官流遠在此，被蒙殊眷，士感知己，實思報答。本非戎旅，在此無用。素爲劉鎮軍所識，情味不淺，若得北歸，必蒙任寄，公私際會，思報厚恩，愈於停此，空移歲月。」循甚然之。時廣州刺史吴隱之亦爲循所拘留，誕又曰：「將軍今留吴公，公私非計。孫伯符豈不欲留華子魚，但以一境不容二君耳。」於是誕及隱之並得還。

除員外散騎常侍，未拜，高祖請爲太尉諮議參軍，轉長史。盡心歸奉，日夜不懈，高祖甚委仗之。北伐廣固，領齊郡太守。盧循自蔡洲南走，劉毅固求追討，高祖持疑未決，誕密白曰：「公既平廣固，復滅盧循，則功蓋終古，勳無與二，如此大威，豈可餘人分之。毅與公同起布衣，一時相推耳，今既已喪敗，不宜復使立功。」高祖從其説。七年，以誕爲吴國内史〔六〕。母憂去職。高祖征劉毅，起爲輔國將軍，誕固辭軍號，墨經從行。時諸葛長民行太尉留府事，心不自安，高祖甚慮之。毅既平，誕求先下，高祖曰：「長民似有自疑心，卿詎宜便去。」誕曰：「長民知我蒙公垂眄，今輕身單下，必當以爲無虞，乃可以少安其意。」高祖笑曰：「卿勇過賁、育矣。」於是先還。

九年，卒，時年三十九。以南北從征，追封作唐縣五等侯。子詡，宋世子舍人，早卒。

謝景仁，陳郡陽夏人，衞將軍晦從叔父也。名與高祖同諱，故稱字。祖據，太傅安第二弟〔七〕。父允，宣城內史。

景仁幼時與安相及，爲安所知。始爲前軍行參軍，輔國參軍事。會稽王世子元顯嬖人張法順，權傾一時，內外無不造門者，唯景仁不至。年三十，方爲著作佐郎。桓玄誅元顯，見景仁，甚知之，謂四坐曰：「司馬庶人父子云何不敗，遂令謝景仁三十方作著作佐郎〔八〕。」玄爲太尉，以補行參軍，府轉大將軍，仍參軍事。玄建楚臺，以補黃門侍郎。及篡位，領驍騎將軍。景仁博聞强識，善敍前言往行，玄每與之言，不倦也。玄出行，殷仲文、卞範之之徒，皆騎馬散從，而使景仁陪輦。

高祖爲桓脩撫軍中兵參軍，嘗詣景仁諮事，景仁與語悅之，因留高祖共食。食未辦，而景仁爲玄所召。玄性促急，俄頃之間，騎詔續至。高祖屢求去，景仁不許，曰：「主上見待，要應有方。我欲與客共食，豈當不得待。」竟安坐飽食，然後應召。高祖甚感之，常謂景仁是太傅安孫。及平京邑，入鎮石頭，景仁與百僚同見高祖，高祖目之曰：「此名公孫也。」謂景仁曰：「承制府須記室參軍，今當相屈。」以爲大將軍武陵王遵記室參軍，仍爲從事中郎，遷司徒左長史。出爲高祖鎮軍司馬，領晉陵太守，復爲車騎司馬。

義熙五年，高祖以内難既寧，思弘外略，將伐鮮卑。朝議皆謂不可。劉毅時鎮姑孰，固止高祖，以爲：「苻堅侵境，謝太傅猶不自行。宰相遠出，傾動根本。」景仁獨曰：「公建桓、文之烈，應天人之心，匡復皇祚，芟夷姦逆，雖業高振古，而德刑未孚，宜推亡固存，廣樹威略。鮮卑密邇疆甸，屢犯邊垂，伐罪弔民，於是乎在。平定之後，養鋭息徒，然後觀兵洛汭，脩復園寢，豈有坐長寇虜，縱敵貽患者哉！」高祖納之。及北伐，大司馬琅邪王，天子母弟，屬當儲副，高祖深以根本爲憂，轉景仁爲大司馬左司馬〔九〕，專總府任，右衛將軍，加給事中，又遷吏部尚書。時從兄混爲左僕射，依制不得相臨，高祖啓依僕射王彪之、尚書王劭前例，不解職。

坐選吏部令史邢安泰爲都令史、平原太守，二官共除，安泰以令史職拜謁陵廟，爲御史中丞鄭鮮之所糾，白衣領職。八年，遷領軍將軍。十一年，轉右僕射，仍轉左僕射。

景仁性矜嚴整潔，居宇淨麗，每唾，轉唾左右人衣，事畢，即聽一日澣濯。每欲唾，左右爭來受。高祖雅相重，申以婚姻，廬陵王義真妃，景仁女也。十二年，卒〔一○〕，時年四十七。追贈金紫光禄大夫，加散騎常侍。葬日，高祖親臨，哭之甚慟。與驃騎將軍道憐書曰：「謝景仁殞逝，悲痛摧割，不能自勝。汝聞問惋愕，亦不可堪。其器體淹中，情寄實重，方欲與之共康時務，一旦至此，痛惜兼深。往矣奈何！當復奈何！」

子恂，鄱陽太守。恂子稺，善吹笙，官至西陽太守。

景仁弟純字景懋，初爲劉毅豫州別駕。毅鎮江陵，以爲衞軍長史、南平相。王鎮惡率軍襲毅，已至城下，時毅疾病，佐吏皆入參承。純參承畢，已出，聞兵至，馳還入府。左右引車欲還外解，純叱之曰：「我人吏也，逃欲何之！」乃入。及毅兵敗衆散，時已暗夜，司馬毛脩之謂純曰：「君但隨僕。」純不從，扶兩人出，火光中爲人所殺。純孫沇，太宗泰始初，爲巴陵王休若衞軍録事參軍、山陰令，坐事誅。

述字景先，少有志行，隨兄純在江陵。純遇害，述奉純喪還都。行至西塞，值暴風，純喪舫流漂，不知所在，述乘小船尋求之。經純妻庾舫過，庾遣人謂述曰：「喪舫存没，已應有在，風波如此，豈可小船所冒？小郎去必無及，寧可存亡俱盡邪。」述號泣答曰：「若安全至岸，當須營理。如其已致意外，述亦無心獨存。」因冒浪而進，見純喪幾没，述號叫呼天，幸而獲免，咸以爲精誠所致也。高祖聞而嘉之，及臨豫州〔一〕，諷中正以述爲主簿〔二〕，甚被知器。景仁愛其第三弟甝而憎述，嘗設饌請高祖〔三〕，希命甝豫坐，而高祖召述。述知非景仁夙意〔四〕，又慮高祖命之，請急不從。高祖馳遣呼述，須至乃懽。及景仁有疾，述盡心營視，湯藥飲食，必嘗而後進，不解帶、不盥櫛者累旬，景仁深懷感愧。

轉太尉參軍，從征司馬休之，封吉陽縣五等侯。世子征虜參軍，轉主簿，宋臺尚書祠部郎，世子中軍主簿，轉太子中舍人，出補長沙内史，有惠政。

元嘉二年，徵拜中書侍郎。明年，出爲武陵太守。彭城王義康驃騎長史，領南郡太守。先是，述從兄曜爲義康長史，喪官，述代之。太祖與義康書曰：「今以謝述代曜。其才應詳練，著於歷職，故以佐汝。汝始親庶務，而任重事殷，宜寄懷羣賢，以盡弼諧之美，想自得之，不俟吾言也。」義康入相，述又爲司徒左長史，轉左衞將軍。莅官清約，私無宅舍。義康遇之甚厚。尚書僕射殷景仁、領軍將軍劉湛並與述爲異常之交。美風姿，善舉止，湛每謂人曰：「我見謝道兒，未嘗足。」道兒，述小字也。

雍州刺史張邵以黷貨下廷尉，將致大辟，述上表陳邵先朝舊勳，宜蒙優貸，太祖手詔酬納焉。述語子綜曰：「主上矜邵夙誠，將加曲恕，吾所啓謬會〔一五〕，故特見酬納耳。若此疏迹宣布，則爲侵奪主恩，不可之大者也。」使綜對前焚之。太祖後謂邵曰：「卿之獲免，謝述有力焉。」

述有心虚疾，性理時或乖謬。除吴郡太守，以疾不之官。病差，補吴興太守，在郡清省，爲吏民所懷。十二年，卒，時年四十六。喪還京師，未至數十里，殷景仁、劉湛同乘迎赴，望船流涕。十七年，劉湛誅，義康外鎮，將行，歎曰：「謝述唯勸吾退，劉湛唯勸吾進，今述亡而湛存，吾所以得罪也。」太祖亦曰：「謝述若存，義康必不至此。」

三子：綜、約、緯。綜有才藝，善隸書，爲太子中舍人，與舅范曄謀反，伏誅。約亦坐死。緯尚太祖第五女長城公主，素爲約所憎，免死徙廣州。孝建中，還京師。方雅有父風。太宗泰始中，至正員郎中。

袁湛字士深，陳郡陽夏人也。祖耽，晉歷陽太守〔一六〕，父質〔一七〕，琅邪内史，並知名。湛少爲從外祖謝安所知，以其兄子玄之女妻之。初爲衞軍行參軍，員外散騎，通直正員郎，中軍功曹，桓玄太尉參軍事〔一八〕。入爲中書、黄門侍郎，出補桓脩撫軍長史。

義旗建，高祖以爲鎮軍諮議參軍。明年，轉尚書吏部郎，司徒左長史，侍中。以從征功，封晉寧縣五等男。出爲高祖太尉長史，遷左民尚書，徙掌吏部。出爲吳興太守，秩中二千石，莅政和理，爲吏民所稱。入補中書令，又出爲吳國内史，秩中二千石。義熙十二年，轉尚書右僕射、本州大中正。時高祖北伐，湛兼太尉，與兼司空、散騎常侍、尚書范泰奉九命禮物，拜授高祖。高祖沖讓，湛等隨軍至洛陽，住柏谷塢。泰議受使未畢，不拜晉帝陵，湛獨至五陵致敬，時人美之。

初，陳郡謝重，王胡之外孫，於諸舅禮敬多闕。重子絢，湛之甥也，嘗於公座陵湛，湛正色謂曰：「汝便是兩世無渭陽之情。」絢有愧色。

十四年，卒官，時年四十〔一九〕。追贈左光禄大夫，加散騎常侍。太祖即位，以后父，追贈侍中、左光禄大夫、開府儀同三司〔二〇〕。謚曰敬公。世祖大明三年，幸籍田，行經湛墓。下詔曰：「故侍中、左光禄大夫、開府儀同三司晉寧敬公，外氏尊戚，素風簡正，歲紀稍積，墳塋浸遠。朕近巡覽千畝，遥瞻松隧，緬惟徽塵，感慕增結。可遣使祭，少申永懷。」又增守墓五户。

子淳，淳子桓卒〔二一〕。

湛弟豹字士蔚，亦爲謝安所知，好學博聞，多覽典籍。初爲著作佐郎，衞軍桓謙記室參軍。大將軍武陵王遵承制，復爲記室參軍。其年，丹陽尹孟昶以爲建威司馬。歲餘，轉司徒左西屬，遷劉毅撫軍諮議參軍，領記室。毅時建議大田，豹上議曰：

國因民以爲本，民資食以爲天，修其業則教興，崇其本則末理，寔爲治之要道，致化之所階也。不敦其本，則末業滋章；饑寒交湊，則廉恥不立。當今接篡僞之末，值凶荒之餘，爭源既開，彫薄彌啓，榮利蕩其正性，賦斂罄其所資，良疇無側趾之耦，比屋有困餒之患，中間多故，日不暇給。自卷甲郤馬，甫一二年，積敝之黎，難用克振，實仁懷之所矜恤，明教之所爰發也。

然斯業不脩，有自來矣。司牧之官，莫或爲務，俗吏庸近，猶秉常科，依勸督之故典，迷民情之屢變。譬猶脩隄以防川，忘淵丘之改易，膠柱於昔弦，忽宮商之乖調，徒有考課之條，而無豪分之益。不悟清流在於澄源，止輪由乎高閎，患生於本，治之於末故也。夫設位以崇賢，疎爵以命士，上量能以審官，不取人於浮譽，則比周道息，游者言歸，游子既歸，則南畝闢矣。分職以任務，置吏以周役，職不以無任立，吏必以非用省，冗散者廢，則萊荒墾矣。器以應用，商以通財，勦靡麗之巧，棄難得之貨，則彫僞者賤，穀稼重矣。耕耨勤悴，力殷收寡，工商逸豫，用淺利深，增賈販之稅，薄疇畝之賦，則末技抑而田畯喜矣。居位無義從之徒，在野靡并兼之黨，給賜非可恩致，力役不入私門，則游食者反本，肆勤自勸，游食省而肆勤衆，則東作繁矣。密勿者甄異，怠慢者顯罰，明勸課之令，峻糾違之官，則嬾惰無所容，力田有所望，力者欣而惰者懼，則穡人勸矣。凡此數事，亦務田之端趣也。莅之以清心，鎭之以無欲，勗之以弗倦，翼之以廉謹，舍日計之小成，期遠致於莫歲，則澆薄自淳，心化有漸矣。

豹善言雅俗，每商較古今，兼以誦詠，聽者忘疲。

尋轉撫軍司馬，遷御史中丞。鄱陽縣侯孟懷玉上母檀氏拜國太夫人，有司奏許。豹以爲婦人從夫之爵，懷玉父大司農綽見居列卿，妻不宜從子，奏免尚書右僕射劉柳、左丞徐羡之、郎何邵之官，詔並贖論。孟昶卒，豹代爲丹陽尹。義熙七年，坐使徙上錢，降爲太尉諮議參軍，仍轉長史。

從討劉毅。高祖遣益州刺史朱齡石伐蜀，使豹爲檄文，曰：

夫順德者昌，逆德者亡，失仁與義，難以求安，馮阻負釁，鮮克有成。詳觀自古，隆替有數，故成都不世祀，華陽無興國。

日者王室多故，夷羿遘紛，波振塵駭，覃及遐裔。蕞爾譙縱，編户黔首，同惡相求，是崇是長，肆反噬於州相，播毒害於民黎，俾我西服，隔閡皇澤。自義風電靡，天光反煇，昭晢舊物，烟熅區宇。以庶務草剏，未遑九伐，自爾以來，奄延十載。而野心不革，伺隙乘間，招聚逋叛，共相封殖，侵擾我蠻獠，搖蕩我疆垂。我是以有治洲之役，醜類盡殪，匹馬無遺，桓謙折首，譙福鳥逝，奔伏窠穴，引頸待戮。

當今北狄露晞，南寇埃掃，朝風載韙，庶績其凝，康哉之歌日熙，比屋之隆可詠。孤職是經略，思一九有，眷彼禹跡，顧言載懷，奉命西行，途戾荆、郢，瞻望巴、漢，憤慨交深。清江源於濫觴，澄氛祲於井絡，誅叛柔遠，今也其時。即命河間太守蒯恩、下邳太守劉鍾，精勇二萬，直指成都。龍驤將軍臧熹，戍卒二萬，進自墊江。益州刺史朱齡石，舟師三萬，電曜外水。分遣輔國將軍索邈，總漢中之衆〔一三〕，濟自劍道。振威將軍朱客子，提寧州之鋭，渡瀘而入。神兵四臨，天綱宏掩，衡翼千里，金鼓萬張，組甲貝冑，景焕波屬，華夷百濮，雲會霧臻，以此攻戰，誰與爲敵，況又奉義而行，以順而動者哉！

今三陝之隘，在我境内，非有岑彭荆門之險。彌入其阻，平衢四達，實無鄧艾綿竹之艱。山川之形，抑非曩日，攻守難易，居然百倍。當全蜀之彊，士民之富，子陽不能自安於庸、僰，劉禪不敢竄命於南中，荆邯折謀，伯約挫鋭。故知成敗有數，非可智延，此皆益土前事，當今元龜也。盛如盧循，彊如容超，陵威南海，跨制北岱，樓船萬艘，掩江蓋汜，鐵馬千羣，充原塞隰。然廣固之攻，陸無完雉，左里之戰，水靡全舟，或顯戮京畿，或傳首萬里。故知逆順有勢，難以力抗，斯又目前殷鑑，深切著明者也。

梁益人士，咸明王化〔二三〕，雖驅迫一時，本非奧主。縱之淫虐〔二四〕，日月增播，刑殺非罪，死以澤量。而待命寇讎之戮，斂隔豺狼之吻，豈不遡誠南凱，延首東雲，普天有來蘇之幸，而一方懷後予之怨。王者之師，以仁爲本，舍逆取順，爰自三驅，齊斧所加，縱身而已。其有衿甲反接，自投軍門者，一無所問。士子百姓，列肆安堵，審擇吉凶，自求多祐。大信之明，皦若朝日，如其迷復姦邪，守愚不改，火燎孟諸，芝艾同爛，河決金隄，淵丘同體，雖欲悔之，亦將何及！

九年，卒官，時年四十一。次年，以參伐蜀之謀，追封南昌縣五等子。

子洵，元嘉中，歷顯官，廬陵王紹爲南中郎將、江州刺史，年少未親政，洵爲長史、尋陽太守，行府州事。元嘉末，爲吳郡太守。元凶弒立，加洵建威將軍，置佐史。會安東將軍隨王誕起義，檄洵爲前鋒，加輔國將軍。事平，頃之卒，追贈征虜將軍，謚曰貞子。長子顗，別有傳。少子覬，好學善屬文，有清譽於世。官至司徒從事中郎、武陵內史，蚤卒。

洵弟濯，揚州秀才，蚤卒。濯弟淑，濯子粲，並有別傳〔二五〕。

褚叔度，河南陽翟人也。曾祖裒，晉太傅。祖歆，祕書監。父爽，金紫光禄大夫。

長兄秀之，字長倩，歷大司馬琅邪王從事中郎，黄門侍郎，高祖鎮西長史。秀之妹，恭帝后也，雖晉氏姻戚，而盡心於高祖。遷侍中，出補大司馬右司馬。恭帝即位，爲祠部尚書、本州大中正。高祖受命，徙爲太常。元嘉元年卒官，時年四十七。

秀之弟淡之，字仲源，亦歷顯官，爲高祖車騎從事中郎，尚書吏部郎，廷尉卿，左衞將軍。高祖受命，爲侍中。淡之兄弟並盡忠事高祖，恭帝每生男，輒令方便殺焉，或誘賂内人，或密加毒害，前後非一。及恭帝遜位，居秣陵宫，常懼見禍，與褚后共止一室，慮有酖毒，自煮食於牀前。高祖將殺之〔二六〕，不欲遣人入内，令淡之兄弟視褚后，褚后出別室相見，兵人乃踰垣而入，進藥於恭帝。帝不肯飲，曰：「佛教自殺者不得復人身。」乃以被掩殺之。後會稽郡缺，朝議欲用蔡廓，高祖曰：「彼自是蔡家佳兒，何關人事，可用佛。」佛，淡之小字也。乃以淡之爲會稽太守。

景平二年〔二七〕，富陽縣孫氏聚合門宗，謀爲逆亂，其支黨在永興縣，潛相影響。永興令羊恂覺其姦謀，以告淡之，淡之不信，乃以誣人之罪，收縣職局。於是孫法亮號冠軍大將軍〔二八〕，與孫道慶等攻没縣邑，即用富陽令顧粲爲令，加輔國將軍。遣僞建威將軍孫道仲、孫公喜、法殺攻永興。永興民濁恭期初與賊同，後反善就羊恂，率吏民拒戰，力少退敗。賊用縣人許祖爲令，恂逃伏江唐山中，尋復爲賊所得，使還行縣事。賊遂磐據，更相樹立，遥以鄮令司馬文寅爲征西大將軍〔二九〕，孫道仲爲征西長史，孫道覆爲左司馬，與公喜、法殺等建旗鳴鼓，直攻山陰。

淡之自假凌江將軍，以山陰令陸邵領司馬，加振武將軍，前員外散騎常侍王茂之爲長史，前國子博士孔欣、前員外散騎常侍謝苓之並參軍事，召行參軍七十餘人。前鎮西諮議參軍孔甯子、左光禄大夫孔季恭子山士在艱中，皆起爲將軍。遣隊主陳願、郡議曹掾虞道納二軍過浦陽江。願等戰敗〔三〇〕，賊遂摧鋒而前，去城二十餘里。淡之遣陸邵督帶戟公石綝、廣武將軍陸允以水軍拒之，又別遣行參軍濁恭期率步軍與邵合力。淡之率所領出次近郊。恭期等與賊戰於柯亭，大破之。賊走還永興，遣僞寧朔將軍孫倫領五百人攻錢唐，與縣戍軍建武將軍戰於琦〔三一〕，倫敗走還富陽。倫因反善，殺法步帥等十餘人，送首京都。詔遣殿中員外將軍徐卓領千人，右將軍彭城王義康遣龍驤將軍丘顯率衆五百東討，司空徐羨之版揚州主簿沈嗣之爲富陽令領五百人，於吴興道東出，並未至而賊平。吴郡太守江夷輕行之職，停吴一宿，進至富陽，分別善惡，執送願從賊餘黨數百家於彭城、壽陽、青州諸處。二年，淡之卒，時年四十五。謚曰質子。

叔度名與高祖同，故以字行。初爲太宰琅邪王參軍，高祖車騎參軍事，司徒左西屬，中軍諮議參軍，署中兵，加建威將軍。從伐鮮卑，盡其誠力。盧循攻查浦，叔度力戰有功。循南走，高祖版行廣州刺史，仍除都督交廣二州諸軍事、建威將軍、領平越中郎將、廣州刺史。桓玄族人開山聚衆，謀掩廣州，事覺，叔度悉平之。義熙八年，盧循餘黨劉敬道窘迫，詣交州歸降。交州刺史杜慧度以事言統府，叔度以敬道等路窮請命，事非款誠，報使誅之。慧度不加防録，敬道招集亡命，攻破九真，殺太守杜章民，慧度討平之。叔度輒貶慧度號爲奮揚將軍，惡不先上，爲有司所糾，詔原之。

高祖征劉毅，叔度遣三千人過嶠，荆州平乃還。在任四年，廣營賄貨，家財豐積，坐免官，禁錮終身。還至都，凡諸舊及有一面之款，無不厚加贈遺。尋除太尉諮議參軍，相國右司馬。高祖受命，爲右衞將軍。高祖以其名家，而能竭盡心力，甚嘉之，乃下詔曰：「夫賞不遺勤，則勞臣增勸；爵必疇庸，故在功咸達。叔度南北征討，常管戎要，西夏不虞，誠著嶺表，可封番禺縣男，食邑四百户。」尋加散騎常侍。永初三年，出爲使持節、監雍梁南北秦四州荆州之南陽竟陵順陽義陽新野隨六郡諸軍事、征虜將軍、雍州刺史〔三三〕，領寧蠻校尉、襄陽義成太守。在任每以清簡致稱。景平二年，卒，時年四十四。

子恬之嗣，官至南琅邪太守。恬之卒，子昭嗣。昭卒，子瑄嗣。齊受禪，國除。叔度第二子寂之，著作佐郎，早卒。子曖〔三三〕，尚太祖第六女琅邪貞長公主，太宰參軍，亦早卒。

秀之子湛之字休玄〔三四〕，尚高祖第七女始安哀公主，拜駙馬都尉、著作郎。哀公主薨，復尚高祖第五女吴郡宣公主。諸尚公主者，並用世胄，不必皆有才能。湛之謹實有意幹，故爲太祖所知。歷顯位，揚武將軍、南彭城沛二郡太守，太子中庶子，司徒左長史，侍中，左衞將軍，左民尚書，丹陽尹。元凶弒逆，以爲吏部尚書，復出爲輔國將軍、丹陽尹，統石頭戍事。世祖入伐，劭自攻新亭壘，使湛之率水師俱進。湛之因攜二息淵、澄輕船南奔。淵有一男始生，爲劭所殺。世祖即位，以爲尚書右僕射。孝建元年，爲中書令，丹陽尹。坐南郡王義宣諸子逃藏郡堺，建康令王興之、江寧令沈道源下獄，湛之免官禁錮。其年，復爲散騎常侍、左衞將軍，俄遷侍中，左衞如故。以久疾，拜散騎常侍、光禄大夫，加金章紫綬。頃之，復爲丹陽尹，光禄如故。尋爲尚書左僕射。以南奔賜爵都鄉侯。大明四年，卒，時年五十。追贈侍中、特進、驃騎將軍，給鼓吹一部，左僕射如故。謚曰敬侯。

子淵庶生，宣公主以淵有才，表爲嫡嗣。淵，昇明末爲司空。

史臣曰：高祖雖累葉江南，楚言未變，雅道風流，無聞焉爾。凡此諸子，並前代名家，莫不望塵請職，負羈先路，將由庇民之道邪。

校勘記

〔一〕祖羲　「羲」，原作「義」，據晉書卷七三庾亮傳改。按世説新語方正劉峻注：「道恩，庾羲小字。徐廣晉紀曰：『羲字叔和，太尉亮第三子。（中略）位建威將軍、吴國内史。』」

〔二〕父准　「准」，原作「淮」，據晉書卷七三庾亮傳改。按晉書作「準」，宋順帝諱準，凡「準」均改作「准」。

〔三〕悦少爲衞將軍琅邪王行參軍司馬徙主簿轉右長史　按南史卷三五庾悦傳云悦「仕晉爲司徒右長史」，本卷下文亦云「時悦爲司徒右長史」。疑「轉」後佚「司徒」二字。

〔四〕以爲督江州豫州之西陽新蔡汝南潁川司州之弘農揚州之松滋六郡諸軍事建威將軍江州刺史　「弘農揚州之」五字原闕。按錢大昕考異卷二四：「『司州』下有脱文，當云司州之弘農，揚州之松滋也。一本『六郡』作『五郡』，蓋校書者不知史有脱字，而以意改之耳。」錢説是，今據補。

〔五〕毅以親將趙恢領千兵守尋陽　「趙恢」，原作「趙惔」，據局本、晉書卷八五劉毅傳、南史卷三五庾悦傳、通鑑卷一一六晉紀義熙七年改。

〔六〕以誕爲吳國內史　「誕」，原作一字空格，據三朝本、南監本、北監本、汲本、殿本、局本補。

〔七〕祖據太傅安第二弟　晉書卷七九謝安傳附謝朗傳云朗父謝據卒後，「安謂坐客曰：『家嫂辭情慷慨，恨不使朝士見之。』」南史卷一九謝晦傳云晦「晉太常裒之玄孫也，裒子奕、據、安、萬、鐵，並著名前史」。是謝據乃謝安第二兄。

〔八〕「年三十方爲著作佐郎」至「遂令謝景仁三十方作著作佐郎」　二「佐」字原闕，據御覽卷二三四引沈約宋書補。

〔九〕轉景仁爲大司馬左司馬　「左」字原闕，據局本、南史卷一九謝裕傳補。

〔一〇〕十二年卒　按晉書卷一〇安帝紀、通鑑卷一一七晉紀、通志卷一〇下，義熙十一年八月，謝裕卒。此云十二年，又上有「十一年」，當別有據。

〔一一〕及臨豫州　「及」字原闕，據局本、南史卷一九謝裕傳補。

〔一二〕諷中正以述爲主簿　「主簿」上，南史卷一九謝裕傳有「迎」字。

〔一三〕嘗設饌請高祖　「請」下原衍「知」字，據局本、南史卷一九謝裕傳、册府卷八五一、御覽卷五一六引宋書删。

〔一四〕述知非景仁夙意　「述」字原闕，據南監本、北監本、汲本、殿本、局本、南史卷一九謝裕傳、御覽卷六三四、卷八四八引宋書、册府卷八五一補。「非」字原闕，據南監本、局本、南史卷一九謝裕傳、御覽卷六三四、卷八四八引宋書補。

〔一五〕吾所啓謬會　「啓」字原闕，據北監本、汲本、殿本、局本、南史卷一九謝裕傳補。

〔一六〕祖耽晉歷陽太守　「耽」，原作「躭」，據晉書卷八三袁瓌傳、南史卷二六袁湛傳改。「晉」字原闕，據北監本、汲本、殿本、局本、南史卷二六袁湛傳補。

〔一七〕父質　「質」，原作「文質」，據北監本、殿本、局本、晉書卷八三袁瓌傳、南史卷二六袁湛傳删正。

〔一八〕桓玄太尉參軍事　「參」，原作「奉」，據局本改。殿本考證：「『奉』當作『參』。」

〔一九〕十四年卒官時年四十　下文云袁湛弟袁豹義熙九年卒時「年四十一」，則豹先於湛卒而年反長於湛。按本卷上文云：「湛少爲從外祖謝安所知，以其兄子玄之女妻之。初爲衛軍行參軍。」謝安太元十年（三八五）卒。若湛義熙十四年時年四十，則太元十年時年僅數歲，何能爲謝安所知並妻以玄女。是此云「年四十」者，誤。

〔二〇〕追贈侍中左光禄大夫開府儀同三司　「左」上原衍「以」字，今删。

〔二一〕子淳淳子桓卒　南史卷二六袁湛傳、通志卷一三三作「子淳淳子植並早卒」。桓、植形近，未知孰是。疑「桓」下脱「並早」二字。

〔二二〕總漢中之衆　「總」字原闕，北監本、汲本、殿本、局本作「率」，今據册府卷四一五補。

〔二三〕咸明王化　「咸」，原作「焉」，據南監本、北監本、殿本、局本改。

〔二四〕縱之淫虐　「縱」，原作「從」。襲道耕蛛隱廬日箋（稿本）：「『從』當作『縱』，謂譙縱也。」按龔説是，今據改。

〔二五〕並有別傳　據上下文例，疑當作「並別有傳」。

〔二六〕高祖將殺之　「之」字原闕，據南史卷二八褚裕之傳、御覽卷一〇〇引沈約宋書補。

〔二七〕景平二年　孫虨考論卷三：「本紀書此事在景平元年二月，此『二年』字誤。」

〔二八〕於是孫法亮號冠軍大將軍　「孫法亮」，本書卷四少帝紀、建康實録卷一一、册府卷六九三、卷七〇五作「孫法光」，南齊書卷三〇戴僧靜傳、南史卷二八褚裕之傳作「孫法先」。

〔二九〕遥以鄭令司馬文寅爲征西大將軍　「司馬文寅」，南史卷二八褚裕之傳作「司馬文宣」。按本書卷五八謝弘微傳有司馬文宣。

〔三〇〕顧等戰敗　「敗」字原闕，據殿本、局本、南史卷二八褚裕之傳補。

〔三一〕與縣戍軍建武將軍戰於琦　「琦」字上或「琦」字下，當有奪文。

〔三二〕出爲使持節監雍梁南北秦四州荆州之南陽竟陵順陽義陽新野隨六郡諸軍事征虜將軍雍州刺史　「荆州」二字原闕，據局本補。錢大昕考異卷二四：「是時南陽六郡皆屬荆州，志於『四州』下脱去『荆州』二字。」

〔三三〕子曖　「曖」，原作「授」，據局本、南史卷二八褚裕之傳改。按本書卷四一后妃孝武文穆王皇后傳云：「褚曖憂憤，用致夭絶。」

〔三四〕秀之子湛之字休玄　「子」，原作「弟」，據南史卷二八褚裕之傳改。按褚湛之宋孝武帝大明四年卒，時年五十；褚秀之宋少帝景平二年卒，時年四十七。是湛之生時秀之年已三十餘。於情理秀之不應爲湛之兄。南齊書卷二三褚淵傳云褚淵「祖秀之」，「父湛之」，與南史正相合。

宋書卷五十三

列傳第十三

張茂度　庾登之　謝方明　江夷

張茂度，吴郡吴人，張良後也。名與高祖諱同〔一〕，故稱字。良七世孫爲長沙太守，始遷於吴。高祖嘉，曾祖澄，晉光禄大夫。祖彭祖，廣州刺史。父敞，侍中，尚書，吴國内史〔二〕。

茂度郡上計吏，主簿，功曹，州命從事史，並不就。除琅邪王衞軍參軍〔三〕，員外散騎侍郎，尚書度支郎，父憂不拜。服闋，爲何無忌鎮南參軍。頃之，出補晉安太守。盧循爲寇，覆没江州，茂度及建安太守孫蚪之並受其符書，供其調役。循走，俱坐免官。復以爲始興相，郡經賊寇，廨宇焚燒，民物凋散，百不存一。茂度刱立城寺，弔死撫傷，收集離散，民户漸復。在郡一周，徵爲太尉參軍，尋轉主簿、揚州治中從事史。高祖西伐劉毅，茂度居守，留州事悉委之。軍還，遷中書侍郎。出爲司馬休之平西司馬、河南太守。高祖將討休之，茂度聞知，乘輕船逃下，逢高祖於中路，以爲録事參軍，太守如故。江陵平，驃騎將軍道憐爲荆州，茂度仍爲諮議參軍，太守如故。還爲揚州别駕從事史。高祖北伐關、洛，復任留州事。出爲使持節、督廣交二州諸軍事、建武將軍、平越中郎將、廣州刺史。綏靜百越，嶺外安之。以疾求還，復爲道憐司馬。丁繼母憂，服闋，除廷尉，轉尚書吏部郎。

太祖元嘉元年，出爲使持節、督益寧二州梁州之巴西梓潼宕渠南漢中秦州之懷寧安固六郡諸軍事、冠軍將軍、益州刺史。三年，太祖討荆州刺史謝晦，詔益州遣軍襲江陵，晦已平而軍始至白帝。茂度與晦素善，議者疑其出軍遲留，時茂度弟邵爲湘州刺史，起兵應大駕，上以邵誠節，故不加罪，被代還京師。七年，起爲廷尉，加奉車都尉，領本州中正。入爲五兵尚書，徙太常。以脚疾出爲義興太守，加秩中二千石。上從容謂茂度曰：「勿復以西蜀介懷。」對曰：「臣若不遭陛下之明，墓木拱矣。」

頃之，解職還家。徵爲都官尚書，加散騎常侍，固辭以疾。就拜光禄大夫，加金章紫綬。茂度内足於財，自絶人事，經始本縣之華山以爲居止，優遊野澤，如此者七年。十八年，除會稽太守。素有吏能，在郡縣，職事甚理。明年，卒官。時年六十七。謚曰恭子。

茂度同郡陸仲元者，晉太尉玩曾孫也。以事用見知，歷清資，吏部郎，右衞將軍，侍中，吴郡太守。自玩洎仲元，四世爲侍中，時人方之金、張二族。弟子真，元嘉十年，爲海陵太守。中書舍人秋當爲太祖所信委〔四〕，家在海陵，父死還葬〔五〕，橋路毁壞，不通喪車，縣求發民脩治，子真不許。司徒彭城王義康聞而善之，召爲國子博士，司徒左西掾，州治中，臨海東陽太守。

茂度子演，太子中舍人，演弟鏡，新安太守，皆有盛名，並早卒。鏡弟永。

永字景雲，初爲郡主簿，州從事，轉司徒士曹參軍，出補餘姚令，入爲尚書中兵郎。先是，尚書中條制繁雜，元嘉十八年，欲加治撰，徙永爲删定郎，掌其任。二十二年，除建康令，所居皆有稱績。又除廣陵王誕北中郎録事參軍。永涉獵書史，能爲文章，善隸書，曉音律，騎射雜藝，觸類兼善，又有巧思，益爲太祖所知。紙及墨皆自營造，上每得永表啓，輒執玩咨嗟，自歎供御者了不及也。二十三年，造華林園、玄武湖，並使永監統。凡諸制置〔六〕，皆受則於永。徙爲江夏王義恭太尉中兵參軍、越騎校尉、振武將軍、廣陵南沛二郡太守。二十八年，又除江夏王義恭驃騎中兵參軍，沛郡如故。

永既有才能，所在每盡心力，太祖謂堪爲將。二十九年，以永督冀州青州之濟南樂安太原三郡諸軍事、揚威將軍、冀州刺史，督王玄謨、申坦等諸將，經略河南。攻碻磝城，累旬不能拔。其年八月七日夜，虜開門燒樓及攻車，士卒燒死及爲虜所殺甚衆，永即夜撤圍退軍，不報告諸將，衆軍驚擾，爲虜所乘，死敗塗地。永及申坦並爲統府撫軍將軍蕭思話所收，繫於歷城獄。太祖以屢征無功，諸將不可任，責永等。與思話詔曰：「虜既乘利，方向盛冬，若脱敢送死，兄弟父子，自共當之耳。」言及增憤，可以示張永、申坦。」又與江夏王義恭書曰：「早知諸將輩如此，恨不以白刃驅之，今者悔何所及。」

三十年，元凶弒立，起永督青州徐州之東安東莞二郡諸軍事、輔國將軍、青州刺史〔七〕。司空南譙王義宣起義，又板永爲督冀州青州之濟南樂安太原三郡諸軍事〔八〕、輔國將軍、冀州刺史。永遣司馬崔勳之、中兵參軍劉則二軍馳赴國難。時蕭思話在彭城，義宣慮二人不相諧緝，與思話書，勸與永坦懷。又使永從兄長史張暢與永書曰：「近有都信，具汝刑網之原，可謂雖在縲紲，而腹心無愧矣〔九〕。蕭公平厚，先無嫌隙，見汝翰迹，言不相傷，何其滔滔稱人意邪。當今世故艱迫，義氣雲起，方藉羣賢，共康時難。當遠慕廉、藺在公之德，近效平、勃忘私之美，忽此蔕芥，剋申舊情。公亦命蕭示以疎達，兼令相報〔一〇〕，共遵此旨。」事平，召爲江夏王義恭大司馬從事中郎，領中兵。

時使百僚獻讜言，永以爲宜立諫官，開不諱之路，講師旅，示安不忘危。世祖孝建元年，臧質反，遣永輔武昌王渾鎮京口。其年，出爲揚州別駕從事史。明年，召入爲尚書左丞。時將士休假，年開三番，紛紜道路。永建議曰：「臣聞開兵從稼，前王以之兼隙，耕戰遞勞，先代以之經遠。當今化寧萬里，文同九服，捐金走驥，於焉自始。伏見將士休假，多蒙三番，程會既促，裝赴在早。故一歲之間，四馳遥路，或失遽春耜，或違要秋登，致使公替常儲，家闕舊粟，考定利害，宜加詳改。愚謂交代之限，以一年爲制，使征士之念〔一一〕，勞未及積，遊農之望，收功歲成。斯則王度無騫，民業斯植矣。」從之。

大明元年，遷黄門侍郎，尋領虎賁中郎將、本郡中正。三年，遷廷尉。上謂之曰：「卿既與釋之同姓，欲使天下須無冤民。」加寧朔將軍，尚書吏部郎，司徒右長史，尋陽王子房冠軍長史。四年，立明堂，永以本官兼將作大匠。事畢，遷太子右衛率。七年，爲宣貴妃殷氏立廟，復兼將作大匠。轉右衛將軍。其年，世祖南巡，自宣城候道東入，使永循行水路。是歲旱，塗逕不通，上大怒，免。時上寵子新安王子鸞爲南徐州刺史，割吴郡度屬徐州，八年，起永爲别駕從事史。其年，召爲御史中丞。前廢帝永光元年，出爲吴興太守，遷度支尚書。

太宗即位，除吏部尚書。未拜，會四方反叛，復以爲吴興太守，加冠軍將軍，假節。未拜，以將軍假節，徙爲吴郡太守，率軍東討。又爲散騎常侍、太子詹事。未拜，遷使持節、監青冀幽并四州諸軍事、前將軍、青冀二州刺史，統諸將討徐州刺史薛安都，累戰剋捷，破薛索兒等，事在安都傳。又遷散騎常侍、鎮軍將軍、太子詹事，權領徐州刺史。又都督徐、兗、青、冀四州諸軍事，又爲使持節、都督南兗徐二州諸軍事、南兗州刺史，常侍、將軍如故。時薛安都據彭城請降，而誠心不款，太宗遣永與沈攸之以重兵迎之，加督前鋒軍事，進軍彭城。安都招引索虜之兵既至，士卒離散，永狼狽引軍還，爲虜所追，大敗。復值寒雪，士卒離散，永脚指斷落，僅以身免，失其第四子。

三年，徙都督會稽東陽臨海永嘉新安五郡諸軍事、會稽太守，將軍如故。以北討失律，固求自貶，降號左將軍。永痛悼所失之子，有兼常哀，服制雖除，猶立靈座，飲食衣服，待之如生。每出行，常別具名車好馬，號曰侍從，有事輒語左右報郎君。以破薛索兒功，封孝昌縣侯，食邑千户。在會稽，賓客有謝方童等，坐贓下獄死，永又降號冠軍將軍。四年，遷使持節、督雍梁南北秦四州郢州之竟陵隨二郡諸軍事、右將軍、雍州刺史〔二二〕。未拜，停爲太子詹事，加散騎常侍、本州大中正。六年，又加護軍將軍，領石頭戍事。給鼓吹一部。七年，遷金紫光祿大夫，尋復領護軍。後廢帝即位，進右光祿大夫，加侍中，領安成王師，加親信二十人。又領本州中正，出爲吴郡太守，秩中二千石，侍中、右光祿如故。

元徽二年，遷使持節、都督南兗徐青冀益五州諸軍事、征北將軍、南兗州刺史〔二三〕，侍中如故。永少便驅馳，志在宣力，年雖已老，志氣未衰〔一四〕，優遊閑任，意甚不樂，及有此授，喜悦非常，即日命駕還都。未之鎮，值桂陽王休範作亂，永率所領出屯白下。休範至新亭，大桁不守，前鋒遂攻南掖門。永遣人覘賊，既返，唱云「臺城陷矣」。永衆於此潰散，永亦棄軍奔走，還先所住南苑。以永舊臣不加罪，止免官削爵，永亦愧歎發病。三年，卒，時年六十六。順帝昇明二年，追贈侍中、右光禄大夫。子瓌，昇明末，達官。

永弟辯，太宗亦見任遇，歷尚書吏部郎，廣州刺史，大司農。辯弟岱，昇明末，吏部尚書。

庾登之字元龍，潁川鄢陵人也。曾祖冰，晉司空。祖藴，廣州刺史。父廓〔一五〕，東陽太守。

登之少以彊濟自立。初爲晉會稽王道子太傅參軍。義旗初，又爲高祖鎮軍參軍。以預討桓玄功，封曲江縣五等男。參大司馬琅邪王軍事，豫州别駕從事史，大司馬主簿，司徒左西曹屬。登之雖不涉學，善於世事，王弘、謝晦、江夷之徒，皆相知友。轉太尉主簿。義熙十二年，高祖北伐，登之擊節驅馳，退告劉穆之，以母老求郡。于時士庶咸憚遠役，而登之二三其心，高祖大怒，除吏名。大軍發後，乃以補鎮蠻護軍、西陽太守。入爲太子庶子，尚書左丞。出爲新安太守。

謝晦爲撫軍將軍、荆州刺史，請爲長史、南郡太守，仍爲衞軍長史，太守如故〔一六〕。登之與晦俱曹氏壻，名位本同，一旦爲之佐，意甚不愜。到廳牋，唯云「即日恭到」，初無感謝之言。每入覲見，備持箱囊几席之屬，一物不具不坐。晦常優容之。晦拒王師，欲使登之留守，登之不許，語在晦傳。晦敗，登之以無任免罪，禁錮還家。

元嘉五年，起爲衡陽王義季征虜長史。義季年少，未親政，衆事一以委之。尋加南東海太守。入爲司徒右長史、尚書吏部郎，司徒左長史、南東海太守。府公彭城王義康專覽政事，不欲自下厝懷，而登之性剛，每陳己意，義康甚不悦，出爲吴郡太守。州郡相臨，執意無改，因其莅任贓貨，以事免官。弟炳之時爲臨川内史，登之隨弟之郡，優游自適。俄而除豫章太守，便道之官。登之初至臨川，吏民咸相輕侮，豫章與臨川接境，郡又華大，儀迓光赫，士人並驚歎焉。十八年，遷江州刺史。疾篤，徵爲中護軍，未拜。二十年，卒〔一七〕，時年六十二。即以爲贈。

子沖遠〔一八〕，太宗鎮姑孰，爲衞軍長史，卒於豫章太守，追贈侍中。

炳之字仲文，初爲祕書、太子舍人，劉粹征北長史、廣平太守。兄登之爲謝晦長史，炳之往省之。晦時位高權重，朝士莫不加敬，炳之獨與抗禮，時論健之。爲尚書度支郎，不拜。出補錢唐令，治民有績。轉彭城王義康驃騎主簿，未就，徙爲丹陽丞〔一九〕。炳之既未到府，疑於府公禮敬，下禮官博議。中書侍郎裴松之議曰：「案春秋桓八年，祭公逆王后于紀。公羊傳曰：『女在國稱女，此其稱王后何？王者無外，其辭成矣。』推此而言，則炳之爲吏之道，定於受命之日矣，其辭已成，在官無外〔二〇〕，名器既正，則禮亦從之。且今宰牧之官，拜不之職，未接之民，必有其敬者，以既受王命，則成君民之義故也。吏之被勑，猶除者受拜，民不以未見闕其被禮，吏安可以未到廢其節乎？愚懷所見，宜執吏禮。」從之。遷司徒左西屬。左將軍竟陵王義宣未親府板炳之爲諮議參軍〔二一〕，衆務悉委焉。後將軍長沙王義欣鎮壽陽，炳之爲長史、南梁郡太守，轉鎮軍長史，太守如故。出爲臨川內史。後將軍始興王濬鎮湘州，以炳之爲司馬，領長沙內史。濬不之任，除南泰山太守〔二二〕，司馬如故。

于時領軍將軍劉湛協附大將軍彭城王義康，而與僕射殷景仁有隙，凡朝士遊殷氏者，不得入劉氏之門，獨炳之遊二人之間，密盡忠於朝廷。景仁稱疾不朝見者歷年，太祖常令炳之銜命去來，湛不疑也。義康出藩，湛伏誅，以炳之爲尚書吏部郎，與右衛將軍沈演之俱參機密。頃之，轉侍中，本州大中正。遷吏部尚書，領義陽王師。內外歸附，勢傾朝野。

炳之爲人彊急而不耐煩，賓客干訴非理者，忿詈形於辭色。素無術學，不爲衆望所推。性好潔，士大夫造之者，去未出戶，輒令人拭席洗牀。時陳郡殷沖亦好淨，小史非淨浴新衣，不得近左右。士大夫小不整潔，每容接之。炳之好潔反是〔二三〕，沖每以此譏焉。領選既不緝衆論，又頗通貨賄。炳之請急還家，吏部令史錢泰、主客令史周伯齊出炳之宅諮事。泰能彈琵琶，伯齊善歌，炳之因留停宿。尚書舊制，令史諮事，不得宿停外，雖有八座命，亦不許。爲有司所奏。上於炳之素厚，將恕之，召問尚書右僕射何尚之，尚之具陳炳之得失。又密奏曰：「夫爲國爲家，何嘗不謹用前典，今苟欲通一人，慮非哲王御世之長術。炳之所行，非曖昧而已，臣所聞既非一旦，又往往眼見，事如丘山，彰彰若此，遂縱而不糾，不知復何以爲治。晉武不曰明主，斷鬲令事，遂能奮發，華廙見待不輕，廢錮累年，後起，止作城門校尉耳。若言炳之有誠於國，未知的是何事？政當云與殷景仁不失其舊，與劉湛亦復不疎。且景仁當時事意，豈復可蔑，朝士兩邊相推，亦復何限，縱有微誠，復何足掩其惡。今賈充勳烈〔二四〕，晉之重臣，雖事業不勝，不聞有大罪，諸臣進說，便遠出之。陛下聖叡，反更遲遲於此。炳之身上之釁，既自藉藉，交結朋黨，構扇是非，實足亂俗傷風。諸惡紛紜，過於范曄，所少賊一事耳。伏願深加三思，試以諸聲傳，普訪諸可顧問者。羣下見陛下顧遇既重，恐不敢苦相侵傷，顧問之日，宜布嫌責之旨。若不如此，亦當不辯有所得失。臣惷，既有所啓，要欲盡其心，如無可納，伏願宥其觸忤之罪。」

時炳之自理：「不諳臺制，令史並言停外非嫌。」太祖以炳之信受失所，小事不足傷大臣。尚之又陳曰：「炳之呼二令史出宿，令史諮都令史駱宰，宰云不通，吏部曹亦咸知不可，令史具向炳之説不得停之意，炳之了不聽納。此非爲不解〔二五〕，直是苟相留耳。由外悉知此〔二六〕，而誣於信受，羣情豈了，陛下不假爲之辭。雖是令史，出乃遠虧朝典，又不得謂之小事。謝晦望實，非今者之疇，一事錯誤，免侍中官。王珣時賢小失，桓胤春蒐之謬，皆白衣領職。況公犯憲制者邪？不審可有同王、桓白衣例不？於任使無損，兼可得以爲肅戒。孔萬祀居左丞之局，不念相當，語駱宰云：『炳之貴要，異他尚書，身政可得無言耳。』又云：『不癡不聾，不成姑公。』敢作此言，亦爲異也。」

太祖猶優游之，使尚之更陳其意。尚之乃備言炳之愆過，曰：「尚書舊有增置幹二十人，以元、凱丞郎幹之假疾病，炳之常取十人私使，詢處幹闕，不得時補。近得王師，猶不遣還，臣令人語之，『先取人使，意常未安，今既有手力，不宜復留』。得臣此信，方復遣耳。大都爲人好率懷行事，有諸紜紜，不悉可曉。臣思張遼之言，關羽雖兄弟，曹公父子，豈得不言。觀今人憂國實寡，臣復結舌，日月之明，或有所蔽。然不知臣者，豈不謂臣有爭競之迹，追以悵悵。臣與炳之周旋，俱被恩接，不宜復生厚薄。太尉昨與臣言，說炳之有諸不可，非唯一條，遠近相崇畏，震動四海，凡短人辦得致此，更復可嘉。虞秀之門生事之，累味珍肴，未嘗有乏，其外別貢，豈可具詳。炳之門中不問大小，誅求張幼緒，幼緒轉無以堪命。炳之先與劉德願殊惡，德願自持琵琶甚精麗。遺之，便復款然。市令盛馥進數百口材助營宅，恐人知，作虛買券。劉道錫驟有所輸，傾南俸之半。劉雍自謂得其力助，事之如父，夏中送甘蔗，若新發於州。國吏運載樵荻，無輟於道。諸見人有物，鮮或不求，聞劉遵考有材，便乞材，見好燭盤，便復乞之。選用不平，不可一二。太尉又云，炳之都無共事之體，凡所選舉，悉是其意，政令太尉知耳。論虞秀之作黃門，太尉不正答和〔二七〕，故得停。太尉近與炳之疎，欲用德願兒作州西曹，炳之乃啓用爲主簿，即語德願，德願謝太尉。自前後漏泄賣恩，亦復何極，縱不加罪，故宜出之。士庶忿疾之，非直項羽楚歌而已也。自從裴、劉刑罰以來，諸將陳力百倍，今日事實好惡可問。若赫然發憤，顯明法憲，陛下便可閑卧紫闥，無復一事也。」

太祖欲出炳之爲丹陽，又以問尚之，尚之答曰：「臣既乏賈生應對之才，又謝汲公犯顏之直，至於侍坐仰酬，每不能盡。昨出伏復深思，祇有愚滯，今之事跡，異口同音，便是彰著，政未測得物之數耳。可爲蹈罪負恩，無所復少。且居官失和，未有此比。陛下遲遲舊恩，未忍窮法，爲弘之大，莫復過此。方復有尹京赫赫之授，恐悉心奉國之人，於此而息；貪狼恣意者，歲月滋甚。非但虧黠王化，乃治亂所由。如臣所聞天下論議，炳之常塵累日月，未見一豪增輝。今曲阿在水南，恩寵無異，而協首郡之榮，乃更成其形勢，便是老王雅也。古人云：『無賞罰，雖堯、舜不能爲治也。』陛下豈可坐損皇家之重，迷一凡人。事若復在可否之間，亦不敢苟陳穴管。今之枉直，明白灼然，而叡王令王，反更不悟，令賈誼、劉向重生，豈不慷慨流涕於聖世邪。臣昔啓范曄，當時亦懼犯觸之尤，苟是愚懷所挹，政自不能不舒達〔二八〕，所謂雖九死而不悔者也。謂炳之且外出，若能修改，在職著稱，還亦不難，而可得少明國典，粗酬四海之誚。今愆釁如山，榮任不損，炳之若復有彰大之罪，誰復敢以聞述。且自非殊勳異績，亦何足塞今日之尤。歷觀古今，未有衆過藉藉，受貨數百萬，更得高官厚祿如今者也。臣每念聖化中有此事，未嘗不痛心疾首。設令臣等數人縱橫狼藉復如此，不審當復云何處之。近啓賈充遠鎮，今亦何足分，外出恐是策之良者。臣知陛下不能採臣言，故是臣不能盡己之愚至耳。今蒙恩榮者不少，臣何爲獨懇懇於斯，實是尊主樂治之意。伏願試更垂察。」

又曰：「臣見劉伯寵大慷慨炳之所行〔二九〕，云有人送張幼緒，幼緒語人，吾雖得一縣，負三十萬錢，庾沖遠乃當送至新林，見縛束，猶未得解手。荀萬秋嘗詣炳之，值一客姓夏侯，主人問：『有好牛不？』云：『無。』問：『有好馬不？』又云：『無。政有佳驢耳。』炳之便答：『甚是所欲。』客出門，遂與相聞索之。劉道錫云是炳之所舉，就道錫索嫁女具及祠器，乃當百萬數。猶謂不然。選令史章龍向臣說，亦歎其受納之過，言『實得嫁女具，銅鑪四人舉乃勝，細葛斗帳等物，不可稱數』。在尚書中，令奴酤䣼酒，利其百十，亦是立臺閣所無，不審少簡聖聽不？恐仰傷日月之明，臣竊爲之歎息。」

太祖乃可有司之奏，免炳之官。是歲，元嘉二十五年也。二十七年，卒於家。時年六十三。太祖録其宿誠，追復本官。二子季遠、弘遠。

謝方明，陳郡陽夏人，尚書僕射景仁從祖弟也。祖鐵，永嘉太守。父沖，中書侍郎。家在會稽，謝病歸，除黄門侍郎，不就。爲孫恩所殺，追贈散騎常侍。

方明隨伯父吳興太守邈在郡，孫恩寇會稽，東土諸郡皆響應，吳興民胡桀、郜驃破東遷縣，方明勸邈避之，不從，賊至被害，方明逃竄遂免。初，邈舅子長樂馮嗣之及北方學士馮翊仇玄達，俱往吳興投邈，並舍之郡學，禮待甚簡。二人並忿慍，遂與恩通謀。恩嘗爲嗣之等從者，夜入郡，見邈衆，遁，不悟。本欲於吳興起兵，事趣不果，乃遷於會稽。及郜等攻郡，嗣之、玄達並豫其謀。劉牢之、謝琰等討恩，恩走入海，嗣之等不得同去，方更聚合。方明結邈門生義故得百餘人，掩討嗣之等，悉禽而手刃之〔三〇〕。

于時荒亂之後，吉凶禮廢，方明合門遇禍，資産無遺，而營舉凶事，盡其力用，數月之間，葬送並畢，平世備禮，無以加也。頃之，孫恩重没會稽，謝琰見害。恩購求方明甚急。方明於上虞載母妹奔東陽，由黃蘗嶠出鄱陽，附載還都，寄居國子學。流離險厄，屯苦備經，而貞立之操，在約無改。元興元年，桓玄剋京邑，丹陽尹卞範之勢傾朝野，欲以女嫁方明，使尚書吏部郎王騰譬説備至，方明終不回。桓玄聞而賞之，即除著作佐郎，補司徒王謐主簿。

從兄景仁舉爲高祖中兵主簿〔三一〕。方明事思忠益，知無不爲。高祖謂之曰：「愧未有瓜衍之賞，且當與卿共豫章國禄。」屢加賞賜。方明嚴恪，善自居遇，雖處闇室，未嘗有惰容。無他伎能，自然有雅韻。從兄混有重名，唯歲節朝宗而已。丹陽尹劉穆之權重當時，朝野輻輳，不與穆之相識者，唯有混、方明、郗僧施、蔡廓四人而已，穆之甚以爲恨。方明、廓後往造之，大悅，白高祖曰：「謝方明可謂名家駒。直置便自是台鼎人，無論復有才用。」

頃之，轉從事中郎，仍爲左將軍道憐長史，高祖命府內衆事，皆諮決之。隨府轉中軍長史。尋更加晉陵太守，復爲驃騎長史、南郡相，委任如初。嘗年終，江陵縣獄囚事無輕重，悉散聽歸家，使過正三日還到。罪應入重者有二十餘人，綱紀以下，莫不疑懼。時晉陵郡送故主簿弘季盛、徐壽之並隨在西〔三二〕，固諫以爲：「昔人雖有其事，或是記籍過言。且當今民情僞薄，不可以古義相許。」方明不納，一時遣之。囚及父兄皆驚喜涕泣，以爲就死無恨。至期，有重罪二人不還，方明不聽討捕。其一人醉不能歸，逮二日乃反，餘一囚十日不至，五官朱千期請見，欲白討之，方明知爲囚事，使左右謝五官不須入，囚自當反。囚逡巡墟里，不能自歸，鄉村責讓之，率領將送，遂竟無逃亡者。遠近咸歎服焉。遭母憂，去職。服闋，爲宋臺尚書吏部郎。

高祖受命，遷侍中。永初三年，出爲丹陽尹，有能名。轉會稽太守。江東民户殷盛，風俗峻刻，强弱相陵，姦吏蜂起，符書一下，文攝相續。又罪及比伍，動相連坐，一人犯吏，則一村廢業，邑里驚擾，狗吠達旦。方明深達治體，不拘文法，闊略苛細，務存綱領。州臺符攝，即時宣下，緩民期會，展其辦舉；郡縣監司，不得妄出，貴族豪士，莫敢犯禁，除比伍之坐，判久繫之獄。前後征伐，每兵運不充，悉發倩士庶，事既寧息，皆使還本。而屬所刻害，或即以補吏。守宰不明，與奪乖舛，人事不至，必被抑塞。方明簡汰精當，各慎所宜，雖服役十載，亦一朝從理，東土至今稱詠之。性尤愛惜，未嘗有所是非，承代前人，不易其政。有必宜改者，則以漸移變，使無迹可尋。元嘉三年，卒官，年四十七。

子惠連，幼而聰敏，年十歲，能屬文，族兄靈運深相知賞，事在靈運傳。本州辟主簿，不就。惠連先愛會稽郡吏杜德靈，及居父憂，贈以五言詩十餘首，文行於世。坐被徙廢塞，不豫榮伍。尚書僕射殷景仁愛其才，因言次白太祖：「臣小兒時，便見世中有此文，而論者云是謝惠連，其實非也。」太祖曰：「若如此，便應通之。」元嘉七年，方爲司徒彭城王義康法曹參軍。是時義康治東府城，城塹中得古冢，爲之改葬，使惠連爲祭文，留信待成，其文甚美。又爲雪賦，亦以高麗見奇。文章並傳於世。十年，卒，時年二十七〔三三〕。既早亡，且輕薄多尤累，故官位不顯。無子。

弟惠宣，竟陵王誕司徒從事中郎，臨川內史〔三四〕。

江夷字茂遠，濟陽考城人也。祖彪〔三五〕，晉護軍將軍。父敳，驃騎諮議參軍。夷少自藻厲，爲後進之美。州辟主簿，不就。桓玄篡位，以爲豫章王文學。義旗建，高祖板爲鎮軍行參軍，尋參大司馬琅邪王軍事〔三六〕，轉以公事免〔三七〕。頃之，復補主簿。豫討桓玄功，封南郡州陵縣五等侯。孟昶建威府司馬，中書侍郎，中軍太尉從事中郎，征西大將軍道規長史、南郡太守，尋轉太尉諮議參軍，領録事，遷長史，入爲侍中，大司馬〔三八〕，從府公北伐〔三九〕，拜洛陽園陵，進至潼關。還領寧遠將軍、琅邪内史、本州大中正。高祖命大司馬府、琅邪國事，一以委焉〔四〇〕。

宋臺初建，爲五兵尚書。高祖受命，轉掌度支。出爲義興太守，加秩中二千石，以疾去職。尋拜吏部尚書，爲吴郡太守。營陽王於吴縣見害，夷臨哭盡禮。又以兄疾去官。復爲丹陽尹，吏部尚書，加散騎常侍，遷右僕射。夷美風儀，善舉止，歷任以和簡著稱。出爲湘州刺史，加散騎常侍，未之職，病卒，時年四十八。遺命薄斂蔬奠，務存儉約。追贈前將軍，本官如故。子湛，別有傳。

史臣曰：爲國之道，食不如信，立人之要，先質後文。士君子當以體正爲基，蹈義爲本，然後飾以藝能，文以禮樂，苟或難備，不若文不足而質有餘也。是以小心翼翼，可祗事於上帝，嗇夫喋喋，終不離於虎圈。江夷、謝方明、謝弘微、王惠、王球，學義之美，未足以成名，而貞心雅體，廷臣所罕及。詩云「温温恭人，惟德之基」，信矣。

校勘記

〔一〕名與高祖諱同　「高祖」，原作「高帝」，據册府卷八二四改。按張茂度名裕，與劉裕同名，故改稱字。

〔二〕父敞侍中尚書吳國内史　「侍中尚書」，南史卷三一張裕傳作「侍御史度支尚書」。

〔三〕除琅邪王衞軍參軍　「除」字原闕，據殿本補。

〔四〕中書舍人秋當爲太祖所信委　「秋當」，原作「狄當」，據南齊書卷四六陸慧曉傳、卷五六倖臣傳改。參見本書卷四六校勘記〔一七〕。

〔五〕父死還葬　「父」字原闕。南齊書卷四六陸慧曉傳作「假還葬父」，今據補。

〔六〕凡諸制置　「置」，原作「署」，據南史卷三一張裕傳、册府卷九〇八改。

〔七〕起永督青州徐州之東安東莞二郡諸軍事輔國將軍青州刺史　「東安東莞」，殿本、局本作「樂安東萊」。又「徐州」二字原闕，錢大昕考異卷二四：「按東安、東莞二郡屬徐州，不屬青州。當云督青州徐州之東安、東莞二郡，史脱『徐州』二字，以杜驥、顏師伯傳證之，可知也。一本作『樂安東萊』，兩郡元在青州管内，何須更書，此校書者以意妄改耳。」錢説是，今據補。

〔八〕又板永爲督冀州青州之濟南樂安太原三郡諸軍事　「樂安」，原作「安樂」，據殿本、局本、册府卷四四二乙正。

〔九〕而腹心無愧矣　「腹」，原作「復」，據明本册府卷八八五改。

〔一〇〕兼令相報　「報」，原作「執」，據册府卷八八五改。此言義宣亦命蕭思話報書修好。

〔一一〕使征士之念　「征士」，原作「正上」，册府卷四七一作「主上」，今據北監本、汲本、殿本、局本改。

〔一二〕四年遷使持節督雍梁南北秦四州郢州之竟陵隨二郡諸軍事右將軍雍州刺史　「郢州」之「州」字原闕，今補正。又按本書卷七前廢帝紀、卷八明帝紀、卷三六州郡志二，永光元年五月至泰始五年四月間隨郡屬雍州而不屬郢州。疑「隨二郡」衍。

〔一三〕元徽二年遷使持節都督南兗徐青冀益五州諸軍事征北將軍南兗州刺史　按益州與南兗疆境不接，不當受南兗州大府所統。本書卷八三黄回傳，元徽中，「改都督南兗徐兗青冀五州諸軍事、征北將軍、南兗州刺史」。疑張永所督亦爲南兗、徐、兗、青、冀五州，與黄回同。是「益」字爲衍文，「徐」字下當有「兗」字。

〔一四〕志氣未衰　「志」，原作「至」，據南監本、北監本、汲本、殿本、局本、南史卷三一張裕傳附張永傳改。

〔一五〕父廓　「廓」，晉書卷七三庾亮傳作「廓之」。六朝人名後之「之」字，有時可省去。

〔一六〕謝晦爲撫軍將軍荆州刺史請爲長史南郡太守仍爲衞軍長史太守如故　按本書卷五文帝紀、卷四四謝晦傳、通鑑卷一二〇宋紀，元嘉三年正月，登之尚爲謝晦衞軍司馬，轉爲衞軍長史在其後。

〔一七〕十八年遷江州刺史疾篤徵爲中護軍未拜二十年卒　按本書卷五文帝紀，元嘉二十年二月甲戌，庾登之由江州刺史改任中護軍，同年五月癸丑卒。

〔一八〕子沖遠　「沖遠」，南史卷三五庾悦傳作「仲遠」。

〔一九〕徙爲丹陽丞　「丹」字原闕，據南監本、北監本、汲本、殿本、局本、南史卷三五庾悦傳附庾仲文傳補正。

〔二〇〕在官無外　「官」字原闕，據殿本、局本補。按册府卷五七六作「理在無外」。

〔二一〕左將軍竟陵王義宣未親府板炳之爲諮議參軍　疑「未親」下脱「政」字，「府」字屬下句。

〔二二〕除南泰山太守　「南泰山太守」，南史卷三五庾悦傳附庾仲文傳作「南梁太守」，疑是。

〔二三〕炳之好潔反是　原作「炳之潔反是」，殿本作「炳之反是」，今據南監本、局本、南史卷三五庾悦傳附庾仲文傳、御覽卷三八九引宋書、册府卷九一六改。

〔二四〕今賈充勳烈　孫虨考論卷三：「『今』字疑誤。」

〔二五〕此非爲不解　「此」，原作「之」，據南監本改。

〔二六〕由外悉知此　「由」，嚴可均全宋文作「内」，疑是。

〔二七〕太尉不正答和　原作「太不政若和」，據南監本、北監本、汲本、殿本、局本、南史卷三五庾悦傳附庾仲文傳訂正。

〔二八〕政自不能不舒達　下一「不」字原闕，據南史卷三五庾悦傳附庾仲文傳補。

〔元〕臣見劉伯寵大慷慨炳之所行　「劉伯寵」，南史卷三五庾悅傳附庾仲文傳作「劉伯龍」。張森楷校勘記：「劉伯寵見王僧虔帖，劉伯龍有鬼笑營利事，未知此處當是何人？」

〔三〇〕悉禽而手刃之　「而」，原作一字空格，據南監本、北監本、汲本、殿本、局本、南史卷一九謝方明傳補。

〔三一〕從兄景仁舉爲高祖中兵主簿　「中兵」，南史卷一九謝方明傳、御覽卷六三三引宋書作「中軍」。按主簿無中兵之稱，此作「中兵主簿」誤。本書卷一武帝紀上，劉裕義熙四年九月以劉敬宣北伐挫敗，降號爲中軍將軍。是時方明從兄景仁爲劉裕所親任。疑作「中軍」是。

〔三二〕時晉陵郡送故主簿弘季盛徐壽之並隨在西　「弘季盛」，南史卷一九謝方明傳、御覽卷六四二引宋書作「弘季咸」。

〔三三〕十年卒時年二十七　「二十七」，原作「三十七」，據文選卷一三謝惠連雪賦注引沈約宋書改。按惠連父謝方明任會稽郡在景平末，以元嘉三年卒官。又本書卷六七謝靈運傳載元嘉初何長瑜在會稽教惠連讀書，則惠連是時當不出二十歲。至元嘉十年，惠連卒，時年當二十七歲，故稱「早亡」。

〔三四〕弟惠宣竟陵王誕司徒從事中郎臨川内史　「惠宣」，原作「宣」，據北監本、汲本、殿本、局本、南史卷一九謝方明傳補正。按竟陵王誕未嘗任司徒，孝武帝孝建二年十月爲司空、南徐州刺史，大明元年八月改爲南兗州刺史，司空如故。疑惠宣所任爲竟陵王誕司空從事中郎。

〔三五〕祖虨　「虨」字原闕，據晉書卷五六江統傳附江虨傳補。

〔三六〕尋參大司馬琅邪王軍事　「參」，原作「行」，涉上文「行參軍」而訛，今改正。

〔三七〕轉以公事免　「轉」字疑是衍文，或「轉」下有脱文。

〔三八〕入爲侍中大司馬　當是爲大司馬之僚佐長史或司馬之屬。史此處疑有缺文。時琅邪王爲大司馬。

〔三九〕從府公北伐　「北伐」，原作「北辟」，今改正。府公謂琅邪王，時劉裕奉以北伐。

〔四〇〕高祖命大司馬府琅邪國事一以委焉　「命」上原衍「受」字，據南史卷三六江夷傳删。孫虨考論卷三：「高祖受命，則琅邪國早廢矣。且下方見宋臺初建，此當去『受』字。」

宋書卷五十四

列傳第十四

孔季恭　羊玄保　沈曇慶

孔靖字季恭，會稽山陰人也。名與高祖祖諱同，故稱字。祖愉，晉車騎將軍。父闓，散騎常侍。

季恭始察郡孝廉，功曹史，著作佐郎，太子舍人，鎮軍司馬，司徒左西掾。未拜，遭母憂。隆安五年，於喪中被起建威將軍、山陰令，不就。高祖東征孫恩，屢至會稽，季恭曲意禮接，贍給甚厚。高祖後討孫恩，時桓玄篡形已著，欲於山陰建義討之。季恭以爲山陰去京邑路遠，且玄未居極位，不如待其篡逆事彰，釁成惡稔，徐於京口圖之，不憂不剋。高祖亦謂爲然。虞嘯父爲征東將軍、會稽内史，季恭初求爲府司馬，不得。及帝定桓玄，以季恭爲内史，使齎封板拜授，正與季恭相值，季恭便回舟夜還〔一〕。至即叩扉告嘯父，并令掃拂別齋，即便入郡。嘯父本爲桓玄所授，聞玄敗，震懼，開門請罪。季恭慰勉，使且安所住，明旦乃移。季恭到任，務存治實，敕止浮華〔二〕，翦罰遊惰，由是寇盜衰止，境内肅清。

徵爲右衞將軍，加給事中，不拜。尋除侍中，領本國中正，徙琅邪王大司馬司馬。尋出爲吳興太守，加冠軍〔三〕。先是，吳興頻喪太守，云項羽神爲卞山王，居郡聽事，二千石至，常避之，季恭居聽事，竟無害也。遷尚書右僕射，固讓。義熙八年，復督五郡諸軍、征虜、會稽内史〔四〕。脩飾學校，督課誦習〔五〕。十年，復爲尚書右僕射，加散騎常侍，又讓不拜。頃之，除領軍將軍，加散騎常侍，本州大中正。十二年，致仕，拜金紫光禄大夫，常侍如故。是歲，高祖北伐，季恭求從，以爲太尉軍諮祭酒、後將軍。從平關、洛。高祖爲相國，又隨府遷。宋臺初建，令書以爲尚書令〔六〕，加散騎常侍，又讓不受，乃拜侍中、特進、左光禄大夫。辭事東歸，高祖餞之戲馬臺，百僚咸賦詩以述其美。及受命，加開府儀同三司，辭讓累年，終以不受。永初三年，薨，時年七十六。追贈侍中、左光禄大夫、開府儀同三司。

子山士〔七〕，歷顯位，侍中，會稽太守，坐小弟駕部郎道穰逼略良家子女，白衣領郡。

元嘉二十七年，卒官。

弟靈符，元嘉末，爲南譙王義宣司空長史、南郡太守，尚書吏部郎。世祖大明初，自侍中爲輔國將軍、郢州刺史。入爲丹陽尹。山陰縣土境褊狹，民多田少，靈符表徙無貲之家於餘姚、鄞、鄮三縣界，墾起湖田。上使公卿博議，太宰江夏王義恭議曰：「夫訓農脩本，有國所同，土著之民，習翫日久，如京師無田，不聞徙居他縣。尋山陰豪族富室，頃畝不少，貧者肆力，非爲無處，耕起空荒，無救災歉。又緣湖居民，魚鴨爲業，及有居肆，理無樂徙。」尚書令柳元景、右僕射劉秀之、尚書王瓚之、顧凱之、顏師伯、嗣湘東王彧議曰〔八〕：「富户温房，無假遷業；窮身寒室，必應徙居。葺宇疎皐，産粒無待，資公則公未易充，課私則私卒難具。生計既完，畬功自息，宜募亡叛通卹及與樂田者，其往經創，須粗脩立，然後徙居。」侍中沈懷文、王景文、黄門侍郎劉敳、郄顒議曰：「百姓雖不親農，不無資生之路，若驅以就田，則坐相違奪。且鄞等三縣，去治並遠，既安之民，忽徙他邑，新垣未立，舊居已毁，去留兩困，無以自資。謂宜適任民情，從其所樂，開宥逋亡，且令就業，若審成腴壤，然後議遷。」太常王玄謨議曰：「小民貧匱，遠就荒疇，去舊即新，糧種俱闕，習之既難，勸之未易。謂宜微加資給，使得肆勤，明力田之賞，申怠惰之罰。」光禄勳王昇之議曰：「遠廢之疇，方翦荆棘，率課窮乏，其事彌難，資徙粗立〔九〕，徐行無晚。」上違議，從其徙民，並成良業。

靈符自丹陽出爲會稽太守，尋加豫章王子尚撫軍長史。靈符家本豐，産業甚廣，又於永興立墅〔一〇〕，周回三十三里，水陸地二百六十五頃，含帶二山，又有果園九處。爲有司所糾，詔原之，而靈符答對不實，坐以免官。後復舊官，又爲尋陽王子房右軍長史，太守如故。慤實有材幹，不存華飾，每所涖官，政績脩理。前廢帝景和中，犯忤近臣，爲所讒搆，遣鞭殺之。二子湛之、淵之，於都賜死。太宗即位，追贈靈符金紫光禄大夫。

淵之大明中爲尚書比部郎。時安陸應城縣民張江陵與妻吴共駡母黄令死，黄忿恨自經死，值赦。律文〔一一〕，子賊殺傷毆父母，梟首，駡詈，棄市，謀殺夫之父母，亦棄市。值赦，免刑補治〔一二〕。江陵駡母，母以之自裁，重於傷毆。若同殺科，則疑重，用毆傷及駡科，則疑輕。制唯有打母，遇赦猶梟首，無駡母致死值赦之科。淵之議曰：「夫題里逆心，而仁者不入，名且惡之，況乃人事。故毆傷呪詛，法所不原，詈之致盡，則理無可宥。罰有從輕，蓋疑失善，求之文旨，非此之謂。江陵雖值赦恩，故合梟首。婦本以義，愛非天屬，黄之所恨，情不在吴，原死補治〔一三〕，有允正法。」詔如淵之議，吴免棄市。

羊玄保，泰山南城人也。祖楷，尚書都官郎。父綏，中書侍郎。

玄保起家楚臺太常博士，遭母憂，服闋，右將軍何無忌、前將軍諸葛長民俱板爲參軍，並不就。除臨安令。劉穆之舉爲高祖鎮軍參軍，庫部郎，永世令。復爲高祖太尉參軍，轉主簿，丹陽丞。少帝景平二年，入爲尚書右丞。轉左丞，司徒右長史〔一四〕。府公王弘甚知重之，謂左長史庾登之、吏部尚書王准之曰〔一五〕：「卿二賢明美朗識，會悟多通，然弘懿之望，故當共推羊也。」頃之，入爲黃門侍郎。

善弈棊，棊品第三，太祖與賭郡戲，勝，以補宣城太守。先是，劉式之爲宣城，立吏民亡叛制，一人不禽，符伍里吏送州作部，若獲者賞位二階。玄保以爲非宜，陳之曰：「臣伏尋亡叛之由，皆出於窮逼，未有足以推存而樂爲此者也。今立殊制，於事爲苦。臣聞苦節不可貞，懼致流弊。昔龔遂譬民於亂繩，緩之然後可理，黃霸以寬和爲用，不以嚴刻爲先。臣愚以謂單身逃役，便爲盡户。今一人不測，坐者甚多，既憚重負，各爲身計，牽挽逃竄，必致繁滋。又能禽獲叛身，類非謹惜，既無堪能，坐陵勞吏，名器虛假，所妨實多，將階級不足供賞，服勤無以自勸。又尋此制，施一邦而已，若其是邪，則應與天下爲一，若其非邪，亦不宜獨行一郡。民離憂患，其弊將甚。臣忝守所職，懼難遵用，致率管穴，冒以陳聞。」由此此制得停。

玄保在郡一年，爲廷尉。數月，遷尚書吏部郎，御史中丞，衡陽王義季右軍長史、南東海太守，加輔國將軍。入爲都官尚書，左衞將軍，加給事中，丹陽尹，會稽太守。又徙吳郡太守，加秩中二千石。太祖以玄保廉素寡欲，故頻授名郡。爲政雖無幹績，而去後常見思。不營財利，處家儉薄。太祖嘗曰：「人仕宦非唯須才，然亦須運命，每有好官缺，我未嘗不先憶羊玄保。」

元凶弒立，爲吏部尚書，領國子祭酒，尋加光祿大夫。及世祖入討，朝野多南奔，劭集羣僚，橫刀怒曰：「卿等便可去矣！」衆戰懼莫敢言，玄保容色不異，徐曰：「臣以死奉朝。」劭乃解。世祖即位，以爲散騎常侍，領崇憲衞尉。尋還金紫光祿大夫。又以謹敬見知，賜賚甚厚。大明初，進位光祿大夫。五年，遷散騎常侍，特進〔一六〕。玄保自少至老，謹於祭奠，四時珍新，未得祠薦者，口不妄嘗。八年，卒，時年九十四。謚曰定子。

子戎，有才氣〔一七〕，而輕薄少行檢，玄保嘗云：「此兒必亡我家。」官至通直郎。與王僧達謗議時政，賜死。死後世祖引見玄保，玄保謝曰：「臣無日磾之明，以此上負。」上美其言。戎二弟，太祖並賜名，曰咸，曰粲。謂玄保曰：「欲令卿二子有林下正始餘風。」

玄保既善棊，而何尚之亦雅好棊。吳郡褚胤，年七歲，入高品。及長，冠絕當時。胤父榮期與臧質同逆，胤應從誅，何尚之請曰：「胤弈棊之妙，超古冠今。魏犨犯令，以才獲免。父戮子宥，其例甚多。特乞與其微命，使異術不絶。」不許。時人痛惜之。

玄保兄子希字泰聞，少有才氣。大明初，爲尚書左丞〔一八〕。時揚州刺史西陽王子尚上言：「山湖之禁，雖有舊科，民俗相因，替而不奉，熂山封水，保爲家利。自頃以來，頹弛日甚，富强者兼嶺而占，貧弱者薪蘇無託，至漁採之地，亦又如茲。斯寔害治之深弊，爲政所宜去絶，損益舊條，更申恒制。」有司撿壬辰詔書：「占山護澤，彊盜律論，贓一丈以上，皆棄市。」希以「壬辰之制，其禁嚴刻，事既難遵，理與時弛。而占山封水，漸染復滋，更相因仍，便成先業，一朝頓去，易致嗟怨。今更刊革，立制五條。凡是山澤，先常熂爈種養竹木雜果爲林芿〔一九〕，及陂湖江海魚梁鰌鮆場，常加功脩作者，聽不追奪。官品第一、第二，聽占山三頃；第三、第四品，二頃五十畝；第五、第六品，二頃；第七、第八品，一頃五十畝；第九品及百姓，一頃。皆依定格，條上貲簿。若先已占山，不得更占；先占闕少，依限占足。若非前條舊業，一不得禁。有犯者，水土一尺以上，並計贓，依常盜律論。停除咸康二年壬辰之科。」從之。

益州刺史劉瑀，先爲右衞將軍，與府司馬何季穆共事不平。季穆爲尚書令建平王宏所親待，屢毁瑀於宏。會瑀出爲益州，奪士人妻爲妾，宏使羊希彈之，瑀坐免官，瑀恨希切齒。有門生謝元伯往來希間，瑀令訪訊被免之由。希曰：「此奏非我意。」瑀即日到宏門奉牋陳謝，云聞之羊希。希坐漏泄免官。

大明末，爲始安王子真征虜司馬〔二〇〕，黄門郎，御史中丞。泰始三年，出爲寧朔將軍、廣州刺史。希初請女夫鎮北中兵參軍蕭惠徽爲長史，帶南海太守，太宗不許。又請爲東莞太守。希既到鎮，長史、南海太守陸法真喪官，希又請惠徽補任。詔曰：「希卑門寒士，累世無聞，輕薄多釁，備彰歷職。徒以清刻一介，擢授嶺南，干上逞欲，求訴不已，可降號横野將軍。」

初，李萬周、劉嗣祖籍略廣州，事在鄧琬傳。太宗以萬周爲步兵校尉，加寧朔將軍，權行廣州事。希既至，而萬周等並有異圖，希誅之。希以沛郡劉思道行晉康太守，領軍伐俚。思道違節度，失利，希遣收之。思道不受命，率所領攻州，希遣平越長史鄒琰於朝亭拒戰，軍敗見殺。思道進攻州城，司馬鄒嗣之拒之西門，戰敗又死。希踰城走，思道獲而殺之。府參軍鄒曼率數十人襲思道，已得入城，力不敵，又敗。東莞太守蕭惠徽率郡文武千餘人攻思道，戰敗，又見殺。時龍驤將軍陳伯紹率軍伐俚，還擊思道，定之。贈希輔國將軍，惠徽中書郎，嗣之越騎校尉。

希子崇字伯遠，尚書主客郎。丁母憂，哀毀過禮。及聞廣州亂，即日便徒跣出新亭，不能步涉，頓伏江渚。門義以小船致之，於是進路。父葬畢，不勝哀，卒。

之爲之誄焉。

沈曇慶，吳興武康人，侍中懷文從父兄也。父發，員外散騎侍郎，早卒，吳興太守王韶之爲之誄焉。

曇慶初辟主簿，州從事，西曹主簿，長沙王義欣後軍鎮軍主簿。遭母憂，哀毀致稱，本縣令諸葛闡之公解言上。服釋，復爲主簿。義欣又請爲鎮軍記室參軍。出爲餘杭令，遷司徒主簿，江夏王義恭太尉録事參軍，尚書右丞。時歲有水旱，曇慶議立常平倉以救民急，太祖納其言，而事不行。領本邑中正，少府，揚州治中從事史，始興王濬衞軍長史。元凶弒立，世祖入討，劭遣曇慶還東募人，安東將軍隨王誕收付永興縣獄，久之，被原。

世祖踐阼，除東海王禕撫軍長史，入爲尚書吏部郎，江夏王義恭大司馬長史、南東海太守，左衞將軍。大明元年，督徐兖二州及梁郡諸軍事、輔國將軍、徐州刺史。時殿中員外將軍裴景仁助戍彭城，本傖人，多悉戎荒事。曇慶使撰秦記十卷，敍苻氏僭僞本末，其書傳於世。明年，復徵爲左衞將軍，加給事中，領本州大中正。三年，遷祠部尚書。其年，卒。時年五十七。追贈本官。曇慶謹實清正，所莅有稱績。常謂子弟曰：「吾處世無才能，政圖作大老子耳。」世以長者稱之。

史臣曰：江南之爲國盛矣，雖南包象浦，西括邛山，至於外奉貢賦，内充府實，止於荆、揚二州。自漢氏以來，民户彫秏，荆楚四戰之地，五達之郊，井邑殘亡，萬不餘一也。自義熙十一年司馬休之外奔〔三一〕，至于元嘉末，三十有九載，兵車勿用，民不外勞，役寛務簡，氓庶繁息，至餘糧栖畝，户不夜扃，蓋東西之極盛也。既揚部分析，境極江南，考之漢域，惟丹陽會稽而已〔三二〕。自晉氏遷流，迄於太元之世，百許年中，無風塵之警，區域之内，晏如也。及孫恩寇亂，殲亡事極，自此以至大明之季，年踰六紀，民户繁育，將曩時一矣。地廣野豐，民勤本業，一歲或稔，則數郡忘飢。會土帶海傍湖，良疇亦數十萬頃，膏腴上地，畝直一金，鄠、杜之間，不能比也。荆城跨南楚之富，揚部有全吴之沃，魚鹽杞梓之利，充仞八方，絲綿布帛之饒，覆衣天下。而田家作苦，役難利薄，亘歲從務，無或一日非農，而經税横賦之資，養生送死之具，莫不咸出於此。穰歲糶賤，糶賤則稼苦；饑年糴貴，糴貴則商倍。常平之議，行於漢世。元嘉十三年，東土潦浸，民命棘矣〔三三〕。太祖省費減用，開倉廩以振之，病而不凶，蓋此力也。大明之末，積旱成災，雖敝同往困，而救非昔主，所以病未半古，死已倍之，并命比室，口減過半。若常平之計，興於中年，遂切扶患，或不至是。若籠以平價，則官苦民優〔二四〕，議屈當時，蓋由於此。

校勘記

〔一〕正與季恭相值季恭便回舟夜還　「正與」、「回」三字原闕，據南史卷二七孔靖傳補。

〔二〕敕止浮華　南史卷二七孔靖傳作「鼇整浮華」。

〔三〕加冠軍　錢大昕考異卷二四：「『冠軍』下當有『將軍』二字。」

〔四〕遷尚書右僕射固讓義熙八年復督五郡諸軍征虜會稽內史　按晉書卷一〇安帝紀、通鑑卷一一六晉紀並云義熙八年二月丙子，「以吳興太守孔靖爲尚書右僕射」。

〔五〕脩飾學校督課誦習　「督課誦習」，原作「計課調習」，據南史卷二七孔靖傳改。按上句云「脩飾學校」，下句接「督課誦習」，皆言學校事，南史是。

〔六〕令書以爲尚書令　「令書」，原作「命書」，據南監本、北監本、殿本、局本改。

〔七〕子山士　「山士」，原作「㞳」，殿本作「㞳」，不成字。本書卷五二褚叔度傳：「孔季恭子山士。」卷二九符瑞志下、卷九九二凶傳有吳興太守孔山士。此山士二字，誤併成「㞳」。今改正。

〔八〕「尚書令柳元景」至「嗣湘東王彧議曰」　孫彪考論卷三：「『嗣』字不瞭，疑『衞尉』字之誤。時太宗正爲衞尉也。」

〔九〕資徙粗立　「徙」，原作「徒」，據殿本、通典卷一食貨一、冊府卷四八六改。

〔一〇〕又於永興立墅　「墅」，原作「野」，據南監本、北監本、汲本、殿本、局本、南史卷二七孔靖傳附孔靈符傳、册府卷二〇九、卷八一三改。

〔一一〕律文　「文」，原作「父」，據局本、通典卷一六七刑法五、册府卷六一五改。

〔一二〕免刑補治　「治」，原作「治」，據南史卷二七孔靖傳附孔深之傳改。

〔一三〕原死補治　「治」，原作「治」，據南史卷二七孔靖傳附孔深之傳改。通典卷一六七刑法五作「兵」，時治士亦得稱兵。

〔一四〕司徒右長史　「右」字原闕，據南史卷三六羊玄保傳補。按下有左長史庾登之，則此當有「右」字。

〔一五〕謂左長史庾登之吏部尚書王准之曰　「王准之」，原作「王淮之」，據本書卷六〇王准之傳改。

〔一六〕大明初進位光禄大夫五年遷散騎常侍特進　按本書卷六孝武帝紀，大明二年六月「戊子，以金紫光禄大夫羊玄保爲右光禄大夫」，八年閏五月「特進、右光禄大夫羊玄保卒」。疑「光禄大夫」前佚「右」字。又「遷」，南史卷三六羊玄保傳作「加」，據本書孝武帝紀，疑作「加」是。

〔一七〕子戎有才氣　「戎」字原闕，據北監本、汲本、殿本、局本、南史卷三六羊玄保傳補。

〔一八〕大明初爲尚書左丞　按下文云：「瑀出爲益州，奪士人妻爲妾。宏使羊希彈之，瑀坐免官。」據本書卷六孝武帝紀、卷四二劉穆之傳，劉瑀孝建三年爲益州刺史，同年坐奪士人妻爲妾，免官。本書卷一五禮志二亦有孝建元年六月「左丞臣羊希參議」事。是羊希任尚書左丞在孝建初。疑「大明」乃「孝建」之訛。

〔一九〕先常熾爐種養竹木雜果爲林芿　「雜果」，通典卷一食貨一作「薪果」。又「芿」字原闕，據南史卷三六羊玄保傳附羊希傳補。南史「芿」字，通典食貨一、册府卷四九五作「仍」。按「仍」、「芿」古今字。「芿」，意卽草不剪。謂陳根草不芟，新草又生，相因仍。列子黄帝篇：「藉芿燔林。」新唐書卷一六六杜佑傳：「朱坡樊川，頗治亭觀林芿，鑿山股泉。」

〔二〇〕爲始安王子真征虜司馬　「子真」，原作「子直」，據南監本、殿本、局本改。按始安王子真，本書卷八〇有傳。

〔二一〕自義熙十一年司馬休之外奔　「義熙」，原作「元熙」，據本書卷二武帝紀中改。按晉恭帝元熙止二年，無十一年。司馬休之外奔在義熙十一年。又「司」字原闕，據晉書卷三七宗室譙剛王遜傳附司馬休之傳訂補。

〔二二〕惟丹陽會稽而已　「惟」，原作「淮」，據南監本、北監本、殿本、局本改。

〔二三〕元嘉十三年東土潦浸民命棘矣　按元嘉十三年東南無水災事，本書卷五文帝紀、南史卷二宋本紀中、通鑑卷一二三宋紀皆記元嘉十二年六月揚州諸郡大水及以徐豫南兗三州穀賑災及斷酒事。本書卷三三五行志四亦云：「元嘉十二年六月，丹陽、淮南、吳、吳興、義興五郡大水，京邑乘船。」疑「十三年」乃「十二年」之訛。

〔二四〕則官苦民優　「苦」字原闕，據南監本、殿本、局本補。

宋書卷五十五

列傳第十五

臧燾　徐廣　傅隆

臧燾字德仁，東莞莒人，武敬皇后兄也。少好學，善三禮。貧約自立，操行爲鄉里所稱。晉孝武帝太元中，衞將軍謝安始立國學，徐、兗二州刺史謝玄舉燾爲助教〔一〕。

孝武帝追崇庶祖母宣太后，議者或謂宜配食中宗。燾議曰：「陽秋之義，母以子貴，故仲子、成風，咸稱夫人。經云『考仲子之宮』。若配食惠廟，則宮無緣別築。前漢孝文、孝昭太后，並繫子爲號，祭於寢園，不配於高祖、孝武之廟。後漢和帝之母曰恭懷皇后，安帝祖母曰敬隱皇后，順帝之母曰恭愍皇后〔二〕，雖不繫子爲號，亦祭於陵寢，不配章、安二帝。此則二漢雖有太后、皇后之異，至於並不配食，義同陽秋。唯光武追廢吕后，故以薄后配高祖廟。又衞后既廢，霍光追尊李夫人爲皇后，配孝武廟，此非母以子貴之例，直以高、武二廟無配故耳。夫漢立寢於陵，自是晉制所異。謂宜遠准陽秋考宮之義，近摹二漢不配之典，尊號既正，則罔極之情申，別建寢廟，則嚴禰之義顯，繫子爲稱，兼明母貴之所由，一舉而允三義，固哲王之高致也。」議者從之。

頃之，去官。以母老家貧，與弟熹俱棄人事〔三〕，躬耕自業，約己養親者十餘載。父母喪亡，居喪六年，以毀瘠著稱。服闋，除臨沂令。

義旗建，爲太學博士，參右將軍何無忌軍事，隨府轉鎮南參軍〔四〕。高祖鎮京口，與熹書曰：「頃學尚廢弛，後進頹業，衡門之內，清風輟響。良由戎車屢警，禮樂中息，浮夫近志，情與事染，豈可不敷崇墳籍，敦厲風尚。此境人士，子姪如林，明發搜訪，想聞令軌。然荆玉含寶，要俟開瑩，幽蘭懷馨，事資扇發，獨習寡悟，義著周典。今經師不遠，而赴業無聞，非唯志學者鮮，或是勸誘未至邪。想復弘之。」參高祖中軍軍事，入補尚書度支郎，改掌祠部。封高陵亭侯〔五〕。

時太廟鴟尾災，熹謂著作郎徐廣曰：「昔孔子在齊，聞魯廟災，曰必桓、僖也。今征西、京兆四府君，宜在毀落，而猶列廟饗，此其徵乎。」乃上議曰：「臣聞國之大事，在祀與戎，將營宮室，宗廟爲首。古先哲王，莫不致肅恭之誠心，盡崇嚴乎祖考，然後能流淳化於四海，通幽感於神明，固宜詳廢興於古典，循情禮以求中者也。禮，天子七廟，三昭三穆，與太祖而七。自考廟以至祖考五廟，皆月祭之，遠廟爲祧，有二祧，享嘗乃止。去祧爲壇，去壇爲墠，有禱然後祭之。此宗廟之次，親疎之序也。鄭玄以爲祧者文王、武王之廟，王肅以爲五世六世之祖。尋去祧之言，則祧非文、武之廟矣。文、武，周之祖宗〔六〕，何云去祧爲壇乎？明遠廟爲祧者，無服之祖也。又遠廟則有享嘗之禮，去祧則有壇墠之殊，明世遠者，其義彌疎也。若祧是文、武之廟，宜同月祭於太祖，雖推后稷以配天，由功德之所始，非尊崇之義每有差降也。又禮有以多貴者，故傳稱德厚者流光，德薄者流卑。又云自上以下，降殺以兩，禮也。此則尊卑等級之典，上下殊異之文。而云天子諸侯俱祭五廟，何哉？又王祭嫡殤，下及來孫，而上祀之禮，不過高祖。推隆恩於下流，替誠敬於尊屬，亦非聖人制禮之意也。是以泰始建廟，從王氏議，以禮父爲士，子爲天子諸侯，祭以天子諸侯，其尸服以士服。故上及征西，以備六世之數，宣皇雖爲太祖，尚在子孫之位，至於殷祭之日〔七〕，未申東向之禮，所謂子雖齊聖，不先父食者矣。今京兆以上既遷，太祖始得居正，議者以昭穆未足，欲屈太祖於卑坐，臣以爲非禮典之旨。所謂與太祖而七〔八〕，自是昭穆既足，太祖在六世之外，非爲須滿七廟，乃得居太祖也。議者又以四府君神主宜永同於殷祫，臣又以爲不然。傳所謂毀廟之主，陳乎太祖，謂太祖以下先君之主也。故白虎通云：『禘祫祭遷廟者，以其繼君之體，持其統而不絶也。』豈如四府君在太祖之前非繼統之主，無靈命之瑞，非王業之基，昔以世近而及，今則情禮已遠，而當長饗殷祫，永虚太祖之位，求之禮籍，未見其可。昔永和之初，大議斯禮，于時虞喜、范宣並以淵儒碩學，咸謂四府君神主，無緣永存於百世，或欲瘞之兩階，或欲藏之石室，或欲爲之改築，雖所秉小異，而大歸是同。若宣皇既居羣廟之上，而四主禘祫不已，則大晉殷祭，長無太祖之位矣。夫理貴有中，不必過厚，禮與世遷，豈可順而不斷。故臣子之情雖篤，而靈厲之謚彌彰；追遠之懷雖切，而遷毁之禮爲用。豈不有心於加厚，顧禮制不可踰爾。石室則藏於廟北，改築則未知所處，虞主所以依神，神移則有瘞埋之禮。四主若饗祀宜廢，亦神之所不依也，准傍事例，宜同虞主之瘞埋。然經典難詳，羣言紛錯，非臣卑淺所能折中。」時學者多從壽議，竟未施行。

遷通直郎，高祖鎮軍、車騎、中軍、太尉諮議參軍。高祖北伐關、洛，大司馬琅邪王同行，除大司馬從事中郎，總留府事。義熙十四年，除侍中。元熙元年，以脚疾去職。高祖受命，徵拜太常，雖外戚貴顯，而彌自沖約，茅屋蔬飡，不改其舊，所得奉禄，與親戚共之。永初三年，致仕，拜光禄大夫，加金章紫綬。其年卒，時年七十。少帝追贈左光禄大夫，加散騎常侍。

長子邃，護軍司馬，宜都太守。少子綽，太子中舍人，新安太守。邃長子諶之，尚書都官郎，烏程令。諶之弟凝之，學涉有當世才具，與司空徐湛之爲異常之交。年少時與北地傅僧祐俱以通家子始爲太祖所引見，時上與何尚之論鑄錢事，凝之便干其語，上因回與論之。僧祐引凝之衣令止，凝之大言謂僧祐曰：「明主難再遇，便應正盡所懷。」上與往復十餘反，凝之詞韻銓序，兼有理證，上甚賞焉。歷隨王誕後軍記室録事，欲以爲青州，其事不果。遷尚書右丞，以徐湛之黨，爲元凶所殺。子夤，尚書主客郎，沈攸之征西功曹〔九〕，爲攸之盡節，事在攸之傳。凝之弟潭之，亦有美譽。太宗世，歷尚書吏部郎，御史中丞。後廢帝元徽中，爲左民尚書，卒官。潭之弟澄之，太子左積弩將軍。元嘉二十七年，領軍於盱眙，爲索虜所破，見殺，追贈通直郎。綽子焕，順帝昇明中，爲武昌太守。沈攸之攻郢城，焕棄郡赴之，攸之敗，伏誅。

傅僧祐，祖父弘仁，高祖外弟也。以中表歷顯官，征虜將軍、南譙太守，太常卿。子邵，員外散騎侍郎，妻熹女也，生僧祐，有吏才，再爲山陰令，甚有能名，末世令長莫及。亦以徐湛之黨，爲元凶所殺。

徐廣字野民，東莞姑幕人也。父藻，都水使者。兄邈，太子前衞率。

家世好學，至廣尤精，百家數術，無不研覽。謝玄爲州，辟廣從事西曹〔一〇〕。又譙王司馬恬鎭北參軍。晉孝武帝以廣博學，除爲祕書郎，校書祕閣，增置職僚。轉員外散騎侍郎，領校書如故。隆安中，尚書令王珣舉爲祠部郎。

李太后薨，廣議服曰：「太皇太后名位允正，體同皇極，理制備盡，情禮彌申。陽秋之義，母以子貴，既稱夫人，禮服從正，故成風顯夫人之號，文公服三年之喪〔一一〕。子於父之所生，體尊義重。且禮祖不厭孫〔一二〕，固宜遂服無屈。而緣情立制，若嫌明文不存，則疑斯從重。謂應同於爲祖母後，齊衰三年服。」從其議。

時會稽王世子元顯録尚書，欲使百僚致敬，臺内使廣立議，由是内外並執下官禮，廣常爲愧恨焉。元顯引爲中軍參軍，遷領軍長史。桓玄輔政，以爲大將軍文學祭酒。

義熙初，高祖使撰車服儀注〔一三〕，乃除鎭軍諮議參軍，領記室。封樂成縣五等侯。轉員外散騎常侍，領著作郎。二年，尚書奏曰：「臣聞左史述言，右官書事，乘、志顯於晉、鄭，陽秋著乎魯史。自皇代有造，中興晉祀，道風帝典，焕乎史策。而太和以降，世歷三朝，玄風聖迹，倏爲疇古。臣等參詳，宜敕著作郎徐廣撰成國史。」詔曰：「先朝至德光被，未著方策，宜流風緬代，永貽將來者也。便敕撰集。」

六年，遷散騎常侍〔一四〕，又領徐州大中正，轉正員常侍。時有風雹爲災，廣獻書高祖曰：「風雹變未必爲災，古之聖賢輒懼而修己，所以興政化而隆德教也。嘗忝服事，宿眷未忘，思竭塵露，率誠于習。明公初建義旗，匡復宗社，神武應運，信宿平夷。且恭謙儉約，虛心匪懈，來蘇之化，功用若神。頃事故既多，刑德並用，戰功殷積，報敍難盡，萬機繁湊，固應難速，且小細煩密，羣下多懼。又穀帛豐賤，而民情不勸，禁司互設，而劫盜多有，誠由俗弊未易整，而望深未易炳。追思義熙之始，如有不同，何者？好安願逸，萬物之大趣，習舊駭新，凡識所不免。要當俯順羣情，抑揚隨俗，則朝野歡泰，具瞻允康矣。言無可採，願矜其愚款之志。」又轉大司農，領著作郎皆如故。十二年，晉紀成，凡四十六卷，表上之。遷祕書監。

初，桓玄篡位，安帝出宮，廣陪列悲慟，哀動左右。及高祖受禪，恭帝遜位，廣又哀感，涕泗交流。謝晦見之，謂之曰：「徐公將無小過？」廣收淚答曰：「身與君不同。君佐命興王，逢千載嘉運；身世荷晉德，實眷戀故主。」因更歔欷。

永初元年，詔曰：「祕書監徐廣，學優行謹，歷位恭肅，可中散大夫。」廣上表曰：「臣年時衰耄，朝敬永闕，端居都邑，徒增替怠。臣墳墓在晉陵，臣又生長京口，戀舊懷遠，每感暮心。息道玄謬荷朝恩，忝宰此邑，乞相隨之官，歸終桑梓，微志獲申，殞沒無恨。」許之，贈賜甚厚。性好讀書，老猶不倦。元嘉二年，卒，時年七十四。答禮問百餘條，用於今世。廣兄子豁〔一五〕，在良吏傳。

傅隆字伯祚，北地靈州人也。高祖咸，晉司隸校尉。曾祖晞，司徒屬。父祖早亡。隆少孤，又無近屬，單貧有學行，不好交游。義熙初，年四十，始爲孟昶建威參軍〔一六〕，員外散騎侍郎。坐辭兼，免。復爲會稽征虜參軍〔一七〕。家在上虞，及東歸，便有終焉之志。歷佐三軍，首尾八年。除給事中。尚書僕射、丹陽尹徐羨之置建威府〔一八〕，以爲録事參軍，尋轉尚書祠部郎，丹陽丞，入爲尚書左丞〔一九〕。以族弟亮爲僕射，緦服不得相臨，徙太子率更令，廬陵王義真車騎諮議參軍，出補山陰令。太祖元嘉初，除司徒右長史，遷御史中丞，當官而行，甚得司直之體。轉司徒左長史〔二〇〕。

時會稽剡縣民黄初妻趙打息載妻王死亡。遇赦，王有父母及息男稱、息女葉，依法徙趙二千里外。隆議之曰：「原夫禮律之興，蓋本之自然，求之情理，非從天墮，非從地出也。父子至親，分形同氣，稱之於載，即載之於趙，雖云三世，爲體猶一，未有能分之者也。稱雖創巨痛深，固無讎祖之義。若稱可以殺趙，趙當何以處載？將父子孫祖，互相殘戮，懼非先王明罰，咎繇立法之本旨也。向使石厚之子、日磾之孫〔二一〕，砥鋒挺鍔，不與二祖同戴天日，則石碏、秺侯何得流名百代，以爲美談者哉。舊令云，『殺人父母，徙之二千里外』。不施父子孫祖明矣。趙當避王朞功千里外耳。令亦云，『凡流徙者，同籍親近欲相隨者，聽之』。此又大通情體，因親以教愛者也。趙既流移，載爲人子，何得不從；載從而稱不行，豈名教所許？如此，稱、趙竟不可分。趙雖内愧終身，稱當沈痛没齒，孫祖之義，自不得永絶，事理固然也。」從之。

又出爲義興太守，在郡有能名。徵拜左民尚書，坐正直受節假，對人未至，委出，白衣領職。尋轉太常。

十四年，太祖以新撰禮論付隆使下意，隆上表曰：「臣以下愚，不涉師訓，孤陋閭閻，面牆靡識，謬蒙詢逮，愧懼流汗。原夫禮者，三千之本，人倫之至道。故用之家國，君臣以之親〔二二〕。用之婚冠，少長以之仁愛，夫妻以之義順。用之鄉人，友朋以之三益，賓主以之敬讓。所謂極乎天，播乎地，窮高遠，測深厚，莫尚於禮也。其樂之五聲〔二三〕，易之八象，詩之風雅，書之典誥，春秋之微婉勸懲，無不本乎禮而後立也〔二四〕。其源遠流廣，其體大而義精〔二五〕，非夫叡哲大賢，孰能明乎此哉。況遭暴秦焚亡，百不存一。漢興，始徵召故老，搜集殘文，其體例紕繆，首尾脱落，難可詳論。幸高堂生頗識舊義，諸儒各爲章句之説，既明不獨達，所見不同，或師資相傳，共枝別幹。故聞人、二戴，俱事后蒼，俄已分異；盧植、鄭玄，偕學馬融，人各名家。又後之學者，未逮曩時，而問難星繁，充斥兼兩，摛文列錦，煥爛可觀。然而五服之本或差，哀敬之制舛雜，國典未一於四海，家法參駁於縉紳，誠宜考詳遠慮，以定皇代之盛禮者也。伏惟陛下欽明玄聖，同規唐、虞，疇咨四岳，興言三禮，而伯夷未登，微臣竊位，所以大懼負乘，形神交惡者，無忘夙夜矣。而復猥充博採之數，與聞爰發之求，實無以仰酬聖旨萬分之一。不敢廢嘿，謹率管穴所見五十二事上呈。蚩鄙茫浪，伏用竦赧。」

明年，致仕，拜光祿大夫。歸老在家，手不釋卷，博學多通，特精三禮。謹於奉公，常手抄書籍。二十八年，卒，時年八十三。

史臣曰：選賢於野，則治身業弘；求士於朝，則飾智風起。六經奧遠，方軌之正路；百家淺末，捷至之偏道。漢世登士，閭黨爲先，崇本務學，不尚浮詭，然後可以俯拾青組，顧蔑籯金。於是人厲從師之志，家競專門之術，藝重當時，所居一旦成市，黌舍暫啓，著録或至萬人。是故仕以學成，身由義立。自魏氏膺命，主愛雕蟲，家棄章句，人重異術。又選賢進士，不本鄉閭，銓衡之寄，任歸臺閣。以一人之耳目，究山川之險情，賢否臆斷，萬不值一。由是仕憑借譽，學非爲己，崇詭遇之巧速，鄙稅駕之遲難，士自此委笥植經，各從所務，早往晏退，以取世資。庠序黌校之士，傳經聚徒之業，自黄初至于晉末，百餘年中，儒教盡矣。高祖受命，議創國學，宫車早晏，道未及行。迄于元嘉，甫獲克就，雅風盛烈，未及曩時，而濟濟焉，頗有前王之遺典。天子鸞旗警蹕，清道而臨學館，儲后冕旒黼黻，北面而禮先師，後生所不嘗聞，黄髮未之前覩，亦一代之盛也。臧燾、徐廣、傅隆、裴松之、何承天、雷次宗，並服膺聖哲，不爲雅俗推移，立名於世，宜矣。潁川庾蔚之、雁門周野王、汝南周王子、河内向琰、會稽賀道養，皆託志經書，見稱於後學。蔚之略解禮記，并注賀循喪服行於世云。

校勘記

〔二〕徐兗二州刺史謝玄舉燾爲助教　「助教」，原作「明教」，據北監本、汲本、殿本、局本、南史卷一八臧燾傳、册府卷五七六改。

〔三〕後漢和帝之母曰恭懷皇后安帝祖母曰敬隱皇后順帝之母曰恭愍皇后　「敬隱皇后順帝之母曰」九字原闕，據南史卷一八臧燾傳、册府卷五七六補。按據後漢書卷一〇皇后紀、卷五五章帝八王清河孝王慶傳，和帝生母梁貴人，追謚恭懷皇后。安帝祖母宋貴人，追謚敬隱皇后。

順帝生母李氏，追謚恭愍皇后。

〔三〕以母老家貧與弟熹俱棄人事　「母老」，南史卷一八臧燾傳作「父母老」。按下文云：「約己養親者十餘載。父母喪亡，居喪六年。」疑作「父母老」是。

〔四〕隨府轉鎮南參軍　「參軍」，原作「將軍」，據南史卷一八臧燾傳改。按時何無忌爲鎮南將軍。

〔五〕封高陵亭侯　「封」上原有「襲」字，南史卷一八臧燾傳張森楷校勘記：「按燾前人初未封侯，何以云襲？疑『襲』字衍。」按張校是，今據刪。又「亭」字原闕，據南史臧燾傳補。

〔六〕文武周之祖宗　「文武」二字原闕，據南史卷一八臧燾傳補。

〔七〕至於殷祭之日　「殷祭」，原作「敬祭」，據南史卷一八臧燾傳改。按孫彪考論卷三：「『敬祭』是『殷祭』之誤。」

〔八〕所謂與太祖而七　「謂」字原闕，據南史卷一八臧燾傳補。

〔九〕沈攸之征西功曹　「沈攸之」，原作「徐羨之」，據殿本、局本改。按錢大昕考異卷二四：「『徐羨』當作『沈攸』，攸之傳所載功曹臧寅，即其人也。」

〔一〇〕謝玄爲州辟廣從事西曹　按晉書卷八二徐廣傳：「謝玄爲兗州，辟從事。」疑「州」上脱「兗」字。

〔一一〕故成風顯夫人之號文公服三年之喪　「文公」，原作「僖公」，晉書卷二〇禮志中、南史卷三三徐廣傳作「昭公」，今據通典卷八一禮四一改。按錢大昕考異卷二三：「『昭公』，徐廣傳作

『僖公』。然成風之薨，不在僖公之世。且安帝於李后爲祖母，非僖公於成風之比。竊謂當是『文公』之誤也。」參見本書卷一五禮志二校勘記〔四四〕。

〔一二〕且禮祖不厭孫　「禮」字原闕，據本書卷一五禮志二、南史卷三三徐廣傳補。

〔一三〕高祖使撰車服儀注　「車服」，原作「軍服」，據晉書卷八二徐廣傳、南史卷三三徐廣傳、建康實録卷一〇、册府卷五六四改。按本書卷一八禮志五：「晉立服制令，辨定衆儀，徐廣車服注，略明事目，並行於今者也。」

〔一四〕遷散騎常侍　「散騎常侍」，晉書卷八二徐廣傳、南史卷三三徐廣傳、册府卷五五四作「驍騎將軍」。按下又云「轉正員常侍」。正員常侍即散騎常侍，則此當是「驍騎將軍」。

〔一五〕廣兄子豁　「兄」字原闕，據本書卷九二良吏徐豁傳補。錢大昕考異卷二四：「按良吏傳，豁乃廣兄子，晉太子右衞率邈之子也。史脱兄字。」

〔一六〕始爲孟昶建威參軍　「參軍」，原作「將軍」，據南史卷一五傅亮傳附傅隆傳改。張熷讀史舉正：「『將軍』當從南史作『參軍』。」

〔一七〕復爲會稽征虜參軍　此句文義不明，當有脱誤。按册府卷八一三作「後爲會稽征虜府參軍」。

〔一八〕尚書僕射丹陽尹徐羡之置建威府　「建」字原闕，據殿本補。按本書卷四三徐羡之傳，羡之時任尚書僕射、建威將軍、丹陽尹。

〔一九〕尚書左丞　原作「尚書左右丞」，據南史卷一五傅亮傳附傅隆傳删正。

〔二〇〕轉司徒左長史　「左」，原作「右」，據南史卷一五傅亮傳附傅隆傳改。按上文有「除司徒右長史，遷御史中丞」，此當是轉司徒左長史。

〔二一〕向使石厚之子日磾之孫　「石厚之子」四字原闕，據南監本、局本、南史卷一五傅亮傳附傅隆傳、通典卷一六七刑法五、册府卷六一五補。

〔二二〕君臣以之親　殿本作「君臣以之尊父子以之親」，册府卷五七六作「君臣以之至親」。

〔二三〕其樂之五聲　「五」字原闕，據南監本、北監本、汲本、殿本、局本、册府卷五七六補。

〔二四〕無不本乎禮而後立也　「立也」上，册府卷五七六有「成由乎禮而後」六字。

〔二五〕其源遠流廣其體大而義精　册府卷五七六作「其源遠其流廣其體大其義精」。

宋書卷五十六

列傳第十六

謝瞻　孔琳之

謝瞻字宣遠，一名檐字通遠，陳郡陽夏人，衞將軍晦第三兄也〔一〕。年六歲，能屬文，爲紫石英讚、果然詩，當時才士，莫不歎異。初爲桓偉安西參軍，楚臺祕書郎。瞻幼孤，叔母劉撫養有恩紀，兄弟事之，同於至親。劉弟柳爲吳郡，將姊俱行，瞻不能違，解職隨從，爲柳建威長史。

尋爲高祖鎮軍、琅邪王大司馬參軍，轉主簿，安成相，中書侍郎，宋國中書、黄門侍郎，相國從事中郎。弟晦時爲宋臺右衞，權遇已重，於彭城還都迎家，賓客輻輳，門巷填咽。時瞻在家，驚駭謂晦曰：「汝名位未多，而人歸趣乃爾。吾家以素退爲業〔二〕，不願干豫時事，交遊不過親朋，而汝遂勢傾朝野，此豈門户之福邪？」乃籬隔門庭，曰：「吾不忍見此。」及還彭城，言於高祖曰：「臣本素士，父、祖位不過二千石。弟年始三十，志用凡近，榮冠臺府，位任顯密，福過災生，其應無遠。特乞降黜，以保衰門。」前後屢陳。高祖以瞻爲吴興郡，又自陳請，乃爲豫章太守。晦或以朝廷密事語瞻，瞻輒向親舊陳説，以爲笑戲，以絶其言。晦遂建佐命之功，任寄隆重，瞻愈憂懼。

永初二年，在郡遇疾，不肯自治，幸於不永。晦聞疾奔往，瞻見之，曰：「汝爲國大臣，又總戎重，萬里遠出，必生疑謗。」時果有訴告晦反者。瞻疾篤還都，高祖以晦禁旅，不得出宿，使瞻居于晉南郡公主婿羊賁故第，在領軍府東門。瞻曰：「吾有先人弊廬，何爲於此！」臨終，遺晦書曰：「吾得啓體幸全，歸骨山足，亦何所多恨。弟思自勉厲，爲國爲家。」遂卒，時年三十五〔三〕。

瞻善於文章，辭采之美，與族叔混、族弟靈運相抗〔四〕。靈運父瑍〔五〕，無才能，爲祕書郎，早年而亡。靈運好臧否人物，混患之，欲加裁折，未有方也，謂瞻曰：「非汝莫能。」乃與晦、曜、弘微等共遊戲，使瞻與靈運共車，靈運登車〔六〕，便商較人物，瞻謂之曰：「祕書早亡，談者亦互有同異。」靈運默然，言論自此衰止。

弟瞬字宣鏡，幼有殊行。年數歲，所生母郭氏，久嬰痼疾，晨昏温凊，嘗藥捧膳〔七〕，不闞一時，勤容戚顏，未嘗暫改，恐僕役營疾懈倦，躬自執勞。母爲病畏驚，微踐過甚，一家尊卑，感噉至性，咸納屨而行，屏氣而語，如此者十餘年。初爲州主簿，中軍行參軍，太子舍人，俄遷祕書丞。自以兄居權貴，己蒙超擢，固辭不就。徐羨之請爲司空長史〔八〕，黃門郎。元嘉三年，從坐伏誅，時年三十一。有詔宥其子世平，又早卒，無子〔九〕。

孔琳之字彥琳，會稽山陰人。祖沈，晉丞相掾。父廞〔一〇〕，光祿大夫。琳之彊正有志力，好文義，解音律，能彈棊，妙善草隸。郡命主簿，不就，後辟本國常侍。桓玄輔政爲太尉，以爲西閤祭酒〔一一〕。桓玄時議欲廢錢用穀帛，琳之議曰：「洪範八政，以貨次食，豈不以交易之所資〔一二〕，爲用之至要者乎。若使不以交易，百姓用力於爲錢，則是妨其爲生之業，禁之可也。今農自務穀，工自務器，四民各肆其業，何嘗致勤於錢。故聖王制無用之貨，以通有用之財，既無毀敗之費，又省運置之苦，此錢所以嗣功龜貝，歷代不廢者也。穀帛爲寶，本充衣食，今分以爲貨，則致損甚多。又勞毀於商販之手，耗棄於割截之用，此之爲敝，著於自曩。故鍾繇曰：『巧僞之民，競蘊濕穀以要利，制薄絹以充資。』魏世制以嚴刑，弗能禁也。是以司馬芝以爲用錢非徒豐國，亦所以省刑。錢之不用，由於兵亂積久，自至於廢，有由而然，漢末是也。今既用而廢之，則百姓頓亡其財〔一三〕。今括囊天下之穀〔一四〕，以周天下之食，或倉庾充衍，或糧靡斗儲，以相資通，則貧者仰富，致之之道，實假於錢。一朝斷之，便爲棄物，是有錢無糧之民，皆坐而饑困，此斷錢之立敝也。且據今用錢之處不爲貧，用穀之處不爲富。又民習來久，革之必惑。語曰：『利不百，不易業。』況又錢便於穀邪？魏明帝時，錢廢穀用，三十年矣。以不便於民，乃舉朝大議。精才達治之士〔一五〕，莫不以宜復用錢，民無異情，朝無異論。彼尚舍穀帛而用錢，足以明穀帛之弊，著於已試。世或謂魏氏不用錢久〔一六〕，積累巨萬，故欲行之，利公富國。斯殆不然。昔晉文後舅犯之謀，而先成季之信，以爲雖有一時之勳，不如萬世之益。于時名賢在列，君子盈朝，大謀天下之利害，將定經國之要術。若穀實便錢，義不昧當時之近利，而廢永用之通業，斷可知矣。斯實由困而思革，改而更張耳。近孝武之末，天下無事，時和年豐，百姓樂業，便自穀帛殷阜，幾乎家給人足，驗之事實，錢又不妨民也。頃兵革屢興，荒饉荐及，飢寒未振，實此之由。公既援而拯之，大革視聽，弘敦本之教，明廣農之科，敬授民時，各順其業，遊蕩知反，務末自休，固以南畝競力，野無遺壤矣。於是以往，升平必至，何衣食之足恤。愚謂救弊之術，無取於廢錢。」

玄又議復肉刑，琳之以爲：「唐、虞象刑，夏禹立辟，蓋淳薄既異，致化實同，寬猛相濟，惟變所適。書曰『刑罰世輕世重』，言隨時也。夫三代風純而事簡，故罕蹈刑辟；季末俗巧而務殷，故動陷憲網。若三千行於叔世，必有踊貴之尤〔一七〕，此五帝不相循法，肉刑不可悉復者也。漢文發仁惻之意，傷自新之路莫由，革古創制，號稱刑厝，然名輕而實重，反更傷民。故孝景嗣位，輕之以緩。緩而民慢，又不禁邪，期于刑罰之中，所以見美在昔，歷代詳論而未獲厥中者也。兵荒後，罹法更多。棄市之刑，本斬右趾，漢文一謬，承而弗革，所以前賢恨恨，議之而未辯。鍾繇、陳羣之意，雖小有不同，而欲右趾代棄市。若從其言，則所活者衆矣。降死之生，誠爲輕法，然人情慎顯而輕昧，忽遠而驚近，是以盤盂有銘，韋弦作佩，況在小人，尤其所惑，或目所不覩，則忽而不戒，日陳于前，則驚心駭矚。由此言之，重之不必不傷，輕之不必不懼，而可以全其性命，蕃其產育，仁既濟物，功亦益衆。又今之所患，逋逃爲先，屢叛不革，宜令逃身靡所〔一八〕，亦以肅戒未犯，永絕惡原。至於餘條，宜依舊制。豈曰允中，貴獻管穴。」

玄好人附悅，而琳之不能順旨，是以不見知。遷楚臺員外散騎侍郎。遭母憂，去職。服闋，除司徒左西掾，以父致仕自解。時司馬休之爲會稽內史、後將軍，仍以琳之爲長史。父憂，去官。服闋，補太尉主簿，尚書左丞，揚州治中從事史，所居著績。

時責衆官獻便宜〔一九〕，議者以爲宜修庠序，卹典刑，審官方，明黜陟，舉逸拔才，務農簡調。琳之於衆議之外，別建言曰：「夫璽印者，所以辯章官爵，立契符信。官莫大於皇帝，爵莫尊於公侯。而傳國之璽，歷代迭用，襲封之印，奕世相傳，貴在仍舊，無取改作。今世唯尉一職，獨用一印，至於内外羣官，每遷悉改，討尋其義，私所未達。若謂官各異姓，與傳襲不同，則未若異代之爲殊也。若論其名器，雖有公卿之貴，未若帝王之重。若以或有誅夷之臣，忌其凶穢，則漢用秦璽，延祚四百，未聞以子嬰身戮國亡，而棄之不佩。帝王公侯之尊，不疑於傳璽，人臣衆僚之卑，何嫌於即印。載籍未聞其說，推例自乖其准。而終年刻鑄，喪功消實，金銀銅炭之費，不可稱言，非所以因循舊貫易簡之道。愚謂衆官即用一印，無煩改作。若有新置官，又官多印少，文或零失，然後乃鑄，則仰裨天府，非唯小益。」

又曰：「凶門柏裝，不出禮典，起自末代，積習生常，遂成舊俗。爰自天子，達于庶人，誠行之有由，卒革必駭。然苟無關於情，而有愆禮度，存之未有所明，去之未有所失，固當式遵先典，釐革後謬，況復兼以游費，寔爲民患者乎。凡人士喪儀，多出閭里，每有此須，動十數萬，損民財力，而義無所取。至於寒庶，則人思自竭，雖復室如懸磬，莫不傾產殫財，所謂葬之以禮，其若此乎。謂宜謹遵先典，一罷凶門之式，表以素扇，足以示凶。」

又曰：「昔事故飢荒，米穀綿絹皆貴，其後米價登復，而絹于今一倍。綿絹既貴，蠶業者滋，雖懃厲兼倍，而貴猶不息。愚謂致此，良有其由。昔事故之前，軍器正用鎧而已，至於袍襖裲襠，必俟戰陣，實在庫藏，永無損毀。今儀從直衛及邀羅使命，或有防衛送迎〔二〇〕，悉用袍襖之屬，非唯一府，衆軍皆然。綿帛易敗，勢不支久。又晝以禦寒，夜以寢臥，曾未周年，便自敗裂。每絲緜新登，易折租以市，又諸府競收，動有千萬〔二一〕，積貴不已，實由於斯，私服爲之艱匱〔二二〕，官庫爲之空盡。愚謂若侍衛所須，固不可廢，其餘則依舊用鎧。小小使命送迎之屬，止宜給仗，不煩鎧襖。用之既簡，則其價自降。」

又曰：「夫不恥惡食，唯君子能之。肴饌尚奢，爲日久矣。今雖改張是弘，而此風未革。所甘不過一味，而陳必方丈，適口之外，皆爲說目之費，富者以之示夸，貧者爲之單產，衆所同鄙，而莫能獨異。愚謂宜粗爲其品，使奢儉有中，若有不改，加以貶黜，則德儉之化，不日而流。」

遷尚書吏部郎。義熙六年，高祖領平西將軍，以爲長史，大司馬琅邪王從事中郎，又除高祖平北、征西長史，遷侍中。宋臺初建，除宋國侍中。出爲吳興太守，公事免。

永初二年，爲御史中丞，明憲直法，無所屈橈。奏劾尚書令徐羨之曰：「臣聞事上以奉憲爲恭，臨下以威嚴爲整。然後朝典惟明，莅衆必肅。斯道或替，則憲綱其頽。臣以今月七日，預皇太子正會。會畢車去，并猥臣停門待闕。有何人乘馬，當臣車前，收捕驅遣命去。何人罵詈收捕，諮審欲録。每有公事，臣常慮有紛紜，語令勿問，而何人獨罵不止，臣乃使録。何人不肯下馬，連叫大唤，有兩威儀走來，擊臣收捕。尚書令省事倪宗又牽威儀手力，擊臣下人。宗云：『中丞何得行凶，敢録令公人。』凡是中丞收捕，威儀悉皆縛取。』臣勑下人一不得鬬，凶勢輈張，有頃乃散。又有羣人就臣車側，録收捕樊馬子，互行築馬子頓伏，不能還臺。臣自録非，本無對校，而宗敢乘勢凶恣，篡奪罪身。尚書令臣羨之，與臣列車，紛紜若此，或云羨之不禁，或云羨之禁而不止。縱而不禁，既乖國憲；禁而不止，又不經通。陵犯監司，凶聲彰赫，容縱宗等，曾無糾問，虧損國威，無大臣之體，不有準繩，風裁何寄。羨之内居朝右，外司輦轂，位任隆重，百辟所瞻。而不能弘惜朝章，肅是風軌。致使宇下縱肆，凌暴憲司，凶赫之聲，起自京邑，所謂己有短垣，而自踰之。又宗爲篡奪之主，縱不糾問，二三虧違，宜有裁貶。請免羨之所居官，以公還第。宗等篡奪之愆，已屬掌故御史隨事檢處。」詔曰：「小人難可檢御，司空無所問，餘如奏。」羨之任居朝端，不欲以犯憲示物。時羨之領揚州刺史，琳之弟璩之爲治中，羨之使璩之解釋琳之，停寢其事。琳之不許。璩之固陳，琳之謂曰：「我觸忤宰相，正當罪止一身爾，汝必不應從坐，何須勤勤邪！」自是百僚震肅，莫敢犯禁。高祖甚嘉之，行經蘭臺，親加臨幸。又領本州大中正，遷祠部尚書。不治産業，家尤貧素。

景平元年，卒，時年五十五。追贈太常。

子邈，有父風，官至揚州治中從事史。邈子覬，別有傳。覬弟道存，世祖大明中，歷黃門、吏部郎，臨海王子頊前軍長史、南郡太守。晉安王子勛建僞號，爲侍中，行雍州事。事敗自殺。

史臣曰：民生所貴，曰食與貨。貨以通幣，食爲民天。是以九棘播於農皇，十朋興於上代。昔醇民未離，情嗜疎寡，奉生贍己，事有易周。一夫躬稼，則餘食委室；匹婦務織，則兼衣被體。雖懋遷之道，通用濟乏，龜貝之益，爲功蓋輕。而事有譌變，隆敝代起，昏作役苦，故穡人去而從商，商子事逸，末業流而浸廣，泉貨所通，非復始造之意。於是競收罕至之珍，遠蓄未名之貨，明珠翠羽，無足而馳，絲罽文犀，飛不待翼，天下蕩蕩，咸以棄本爲事〔二三〕。豐衍則同多稌之資，饑凶又減田家之蓄。錢雖盈尺，既不療於堯年〔二四〕，貝或如輪，信無救於湯世〔二五〕，其蠹病亦已深矣。固宜一罷錢貨，專用穀帛，使民知役生之路，非此莫由。夫千匹爲貨，事難於懷璧，萬斛爲市，未易於越鄉，斯可使末伎自禁，游食知反。而年世推移，民與事習，或庫盈朽貫，而高廩未充，或家有藏鏹，而良疇罕闢。若事改一朝，廢而莫用，交易所寄，旦夕無待，雖致乎要術，而非可卒行。先宜削華止僞，還淳反古，抵璧幽峯，捐珠清壑。然後驅一世之民，反耕桑之路，使縑粟羨溢，同於水火。既而蕩滌圜法，銷鑄勿遺，立制垂統，永傳于後，比屋稱仁，豈伊唐世。桓玄知其始而不覽其終，孔琳之覩其末而不統其本，豈慮有開塞，將一往之談可然乎。

校勘記

〔一〕衞將軍晦第三兄也　「第三兄」，南史卷一九謝晦傳附謝瞻傳作「次兄」，疑是。按南史謝晦傳云：「朗子重字景重，位會稽王道子驃騎長史。重生絢、瞻、晦、皭、遯。」則瞻乃晦之次兄。

〔二〕吾家以素退爲業　原作「吾家素以退爲業」，據南史卷一九謝晦傳附謝瞻傳、册府卷八四九訂正。按御覽卷一九七引宋書作「吾家以遠退爲業」，册府卷八〇七作「吾家素以靜退爲業」，通鑑卷一一九宋紀永初二年作「吾家素以恬退爲業」。

〔三〕遂卒時年三十五　按逯欽立先秦漢魏晉南北朝詩：「嚴可均全宋文云：『考瞻卒於永初二年，年三十五。靈運誅於元嘉十年，年四十九。則靈運長於瞻二歲，疑有一誤。』逯案，靈運生卒無誤，瞻卒年三十五當爲三十九之訛。瞻永初年卒，時如爲三十九，則長於靈運二歲，元興元年任桓偉參軍爲十九歲。如爲三十五歲，則元興元年僅十五歲，以常例衡之，不應是時即爲參軍也。」按逯說是。此「三十五」當是「三十九」之訛。

〔四〕與族叔混族弟靈運相抗　「混」，原作「昆」，據南監本、殿本、局本、南史卷一九謝晦傳附謝瞻傳、册府卷八三八改。「族弟」之「族」字原闕，據南史卷一九謝晦傳附謝瞻傳補正。

〔五〕靈運父瑍　「瑍」，原作「奐」，據局本、本書卷六七謝靈運傳改正。

〔六〕使瞻與靈運共車靈運登車　「共車靈運」四字原闕，據南史卷一九謝晦傳附謝瞻傳、御覽卷六一九引宋書補。

〔七〕嘗藥捧膳　「嘗」，原作「河」，顯誤。南監本、北監本、汲本、殿本、局本作「和」，册府卷七五二、御覽卷四一二引宋書作「嘗」，義並可通，今據册府、御覽改。

〔八〕徐羨之請爲司空長史　「徐羨之」，原作「徐羊之」，據殿本、局本改。

〔九〕無子　「子」字原闕，北監本、汲本、殿本、局本作「後」，今據南監本補。

〔一〇〕父歆　「歆」，原作「殷」，據晉書卷七八孔愉傳附孔沈傳、南史卷二七孔琳之傳改。

〔一一〕桓玄輔政爲太尉以爲西閤祭酒　此十三字原作「輕之尉」三字，據南史卷二七孔琳之傳訂補。李慈銘札記：「『輕之尉』，當云『轉太尉』，『尉』下據南史脱『西閤祭酒』四字。」

〔一二〕豈不以交易之所資　「所」字原闕，據晉書卷二六食貨志、南史卷二七孔琳之傳、通典卷八食貨八補。

〔一三〕則百姓頓亡其財　「財」，晉書卷二六食貨志、通典卷八食貨八、册府卷四九九作「利」。

〔一四〕今括囊天下之穀　「之」字原闕，據晉書卷二六食貨志、通典卷八食貨八、册府卷四九九補。

〔一五〕精才達治之士　「才」，原作「力」，據晉書卷二六食貨志、南史卷二七孔琳之傳、通典卷八食貨八、冊府卷四九九改。

〔一六〕世或謂魏氏不用錢久　「或」字原闕，據晉書卷二六食貨志、冊府卷四九九補。

〔一七〕必有踊貴之尤　「有」，原作「省」，據南史卷二七孔琳之傳改。

〔一八〕宜令逃身靡所　「宜令」二字原闕，據南史卷二七孔琳之傳補。

〔一九〕時責衆官獻便宜　「時責」二字原闕，據南史卷二七孔琳之傳、御覽卷六八三引宋書補。

〔二〇〕或有防衞送迎　「或」字原闕，據冊府卷四七一補。

〔二一〕動有千萬　「動」，原作「勳」，據冊府卷四七一改。按張元濟校勘記、張森楷校勘記並云：「『勳』當作『動』。」

〔二二〕私服爲之艱匱　「艱匱」，原作「難貴」，據冊府卷四七一改。

〔二三〕咸以棄本爲事　「棄」，原作「兼」，據南監本、殿本、局本、通典卷八食貨八改。

〔二四〕既不療於堯年　通典卷八食貨八作「既不療饑於堯年」。

〔二五〕信無救於湯世　通典卷八食貨八作「信無救渴於湯世」。

宋書卷五十七

列傳第十七

蔡廓

蔡廓字子度，濟陽考城人也。曾祖謨，晉司徒。祖系，撫軍長史。父綝，司徒左西屬。

廓博涉羣書，言行以禮。起家著作佐郎。時桓玄輔晉，議復肉刑，廓上議曰：「夫建封立法，弘治稽化，必隨時置制，德刑兼施。貞一以閑其邪，教禁以檢其慢，灑湛露以膏潤，厲嚴霜以肅威，晞風者陶和而安恬，畏戾者聞憲而警慮。雖復質文迭用，而斯道莫革。肉刑之設，肇自哲王。蓋由曩世風淳，民多惇謹，圖像既陳，則機心冥戢，刑人在塗，則不逞改操，故能勝殘去殺，化隆無爲。季末澆僞，法網彌密，利巧之懷日滋，恥畏之情轉寡，終身劇役，不足止其姦，況乎黥劓，豈能反其善，徒有酸慘之聲，而無濟治之益。至於棄市之條，實非不赦之罪，事非手殺〔一〕，考律同歸，輕重均科，減降路塞，鍾、陳以之抗言，元皇所爲留愍。今英輔翼讚，道邈伊、周，雖閉否之運甫開，而遐遺之難未已。誠宜明慎用刑，愛民弘育，申哀矜以革濫，移大辟於支體，全性命之至重，恢繁息於將來。使將斷之骨，荷更榮於三陽，干時之華，監商飆而知懼。威惠俱宣，感畏偕設，全生拯暴，於是乎在。」

遷司徒主簿，尚書度支殿中郎，通直郎，高祖太尉參軍，司徒屬，中書、黃門郎。以方鯁閑素，爲高祖所知。及高祖領兗州，廓爲別駕從事史，委以州任。尋除中軍諮議參軍，太尉從事中郎。未拜，遭母憂。性至孝，三年不櫛沐，殆不勝喪。服闋，相國府復板爲從事中郎，領記室。宋臺建，爲侍中，建議以爲：「鞫獄不宜令子孫下辭明言父祖之罪，虧教傷情，莫此爲大。自今但令家人與囚相見〔二〕，無乞鞫之訴，便足以明伏罪〔三〕，不須責家人下辭。」朝議咸以爲允，從之。

世子左衞率謝靈運輒殺人，御史中丞王准之坐不糾免官，高祖以廓剛直，不容邪枉，補御史中丞。多所糾奏，百僚震肅。時中書令傅亮任寄隆重，學冠當時，朝廷儀典，皆取定於亮，每諮廓然後施行。亮意若有不同，廓終不爲屈。時疑揚州刺史盧陵王義真朝堂班次，亮與廓書曰：「揚州自應著刺史服耳。然謂坐起班次，應在朝堂諸官上，不應依官次坐下。足下試更尋之。詩序云：『王姬下嫁於諸侯，衣服禮秩，不係其夫，下王后一等。』推王姬下王后一等，則皇子居然在王公之上。陸士衡起居注，式乾殿集，諸皇子悉在三司上。今抄疎如別。又海西即位赦文，太宰武陵王第一，撫軍將軍會稽王第二，大司馬第三。大司馬位既最高，又都督中外，而次在二王之下，豈非下皇子邪。此文今具在也。永和中，蔡公爲司徒〔四〕，簡文爲撫軍開府，對録朝政。蔡爲正司，不應反在儀同之下，而于時位次，相王在前，蔡公次之耳。諸例甚多，不能復具疎。揚州反乃居卿君之下，恐此失禮，宜改之邪。」廓答曰：「揚州位居卿君之下，常亦惟疑。然朝廷以位相次，不以本封，復無明文云皇子加殊禮。齊獻王爲驃騎，孫秀來降，武帝欲優異之，以秀爲驃騎，轉齊王爲鎮軍，在驃騎上。若如足下言，皇子便在公右〔五〕，則齊王本次自尊，何改鎮軍，令在驃騎上，明知故依見位爲次也。又齊王爲司空，賈充爲太尉，俱録尚書署事，常在充後。潘正叔奏公羊事，于時三録，梁王肜爲衞將軍，署在太尉隴西王泰、司徒王玄沖下。近太元初，賀新宮成，司馬太傅爲中軍，而以齊王柔之爲賀首。立安帝爲太子，上禮〔六〕，徐邈爲郎，位次亦以太傅在諸王下。又謁李太后，宗正尚書符令以高密王爲首，時王東亭爲僕射。王、徐皆是近世識古今者。足下引式乾公王，吾謂未可爲據。其云上出式乾，召侍中彭城王植、荀組、潘岳、嵇紹、杜斌〔七〕，然後道足下所疎四王，在三司之上，反在黄門郎下，有何義？且四王之下則云大將軍梁王肜、車騎趙王倫，然後云司徒王戎耳。梁、趙二王亦是皇子，屬尊位齊，在豫章王常侍之下，又復不通。蓋書家指疎時事〔八〕，不必存其班次；式乾亦是私宴，異於朝堂。如今含章西堂，足下在僕射下，侍中在尚書下耳。來示又云曾祖與簡文對録，位在簡文下。吾家故事則不然，今寫如別。王姬身無爵位，故可得不從夫而以王女爲尊。皇子出任則有位，有位則依朝，復示之班序。唯引泰和赦文，差可爲言。然赦文前後，亦參差不同。太宰上公，自應在大司馬前耳。簡文雖撫軍，時已授丞相殊禮，又中外都督，故以本任爲班，不以督中外便在公右也。今護軍總方伯，而位次故在持節都督下，足下復思之。」

遷司徒左長史，出爲豫章太守，徵爲吏部尚書。廓因北地傅隆問亮：「選事若悉以見付，不論；不然，不能拜也。」亮以語録尚書徐羨之，羨之曰：「黄門郎以下，悉以委蔡，吾徒不復厝懷；自此以上，故宜共參同異。」廓曰：「我不能爲徐干木署紙尾也。」遂不拜。干木，羨之小字也。選案黄紙，録尚書與吏部尚書連名，故廓云「署紙尾」也。羨之亦以廓正直，不欲使居權要，徙爲祠部尚書。

太祖入奉大統，尚書令傅亮率百僚奉迎，廓亦俱行。至尋陽，遇疾，不堪前。亮將進路，詣廓別，廓謂曰：「營陽在吳，宜厚加供奉。營陽不幸，卿諸人有弑主之名，欲立於世，將可得邪。」亮已與羨之議害少帝，乃馳信止之，信至，已不及。羨之大怒曰：「與人共計議，云何裁轉背，便賣惡於人。」及太祖即位，謝晦將之荆州，與廓別，屏人問曰：「吾其免乎？」廓曰：「卿受先帝顧命，任以社稷，廢昏立明，義無不可。但殺人二昆，而以之北面〔九〕，挾震主之威，據上流之重，以古推今，自免爲難也。」

廓年位並輕，而爲時流所推重，每至歲時，皆束帶到門。奉兄軌如父，家事小大，皆諮而後行，公祿賞賜，一皆入軌，有所資須，悉就典者請焉。從高祖在彭城，妻郗氏書求夏服，廓答書曰：「知須夏服，計給事自應相供，無容別寄。」時軌爲給事中。元嘉二年，廓卒，時年四十七。高祖嘗云：「羊徽、蔡廓，可平世三公。」少子興宗。

興宗年十歲失父〔一〇〕，哀毁有異凡童。廓罷豫章郡還，起二宅。先成東宅，與軌，廓亡而館宇未立，軌罷長沙郡還，送錢五十萬以補宅直。興宗年十歲〔一一〕，白母曰：「一家由來豐儉必共〔一二〕，今日宅價不宜受也。」母悦而從焉。軌有愧色，謂其子淡曰：「我年六十，行事不及十歲小兒。」尋喪母。

少好學，以業尚素立見稱。初爲彭城王義康司徒行參軍，太子舍人，南平穆王冠軍參軍，武昌太守。又爲太子洗馬，義陽王友，中書侍郎。中書令建平王宏、侍中王僧綽並與興宗厚善。元凶弒立，僧綽被誅，凶威方盛，親故莫敢往，興宗獨臨哭盡哀。出爲司空何尚之長史，又遷太子中庶子。

世祖踐阼，還先職，遷臨海太守，徵爲黄門郎，太子中庶子，轉游擊將軍，俄遷尚書吏部郎。時尚書何偃疾患，上謂興宗曰：「卿詳練清濁，今以選事相付，便可開門當之，無所讓也。」轉司徒左長史，復爲中庶子，領前軍將軍，遷侍中。每正言得失，無所顧憚，由是失旨。竟陵王誕據廣陵城爲逆，事平，興宗奉旨慰勞。州別駕范義與興宗素善，在城内同誅。興宗至廣陵，躬自收殯，致喪還豫章舊墓，上聞之，甚不悅。廬陵内史周朗以正言得罪，鎖付寧州，親戚故人，無敢瞻送〔一二〕，興宗在直，請急，詣朗別。上知尤怒。坐屬疾多日，白衣領職。尋左遷司空沈慶之長史，行兗州事，還爲廷尉卿。

有解士先者，告申坦昔與丞相義宣同謀。時坦已死，子令孫時作山陽郡，自繫廷尉。興宗議曰：「若坦昔爲戎首，身今尚存，累經肆眚，猶應蒙宥。令孫天屬，理相爲隱。況人亡事遠，追相誣訐，斷以禮律，義不合關。若士先審知逆謀，當時即應聞啓，苞藏積年，發因私怨，況稱風聲路傳，實無定主，而干黷欺罔，罪合極法。」又有訟民嚴道恩等二十二人，事未洗正，敕以當訊，權繫尚方。興宗以訟民本在求理，故不加械，即若繫尚方，於事爲苦。又司徒前劾送武康令謝沈及郡縣尉還職司十一人，坐仲良鑄錢不禽，久已判結。又送郡主簿丘元敬等九人，或下疾假，或去職已久。又加執啓，事悉見從。

出爲東陽太守，遷安陸王子綏後軍長史、江夏内史，行郢州事。徵還，未拜，留爲左民尚書。頃之，轉掌吏部。時上方盛淫宴，虐侮羣臣，自江夏王義恭以下，咸加穢辱，唯興宗以方直見憚，不被侵媟〔一四〕。尚書僕射顏師伯謂議曹郎王耽之曰：「蔡尚書常免昵戲，去人實遠。」耽之曰：「蔡豫章昔在相府，亦以方嚴不狎，武帝宴私之日，未嘗相召，每至官賭，常在勝朋。蔡尚書今日可謂能負荷矣。」

大明末，前廢帝即位，興宗告太宰江夏王義恭，應須策文，義恭曰：「建立儲副，本爲今日，復安用此。」興宗曰：「累朝故事，莫不皆然。近永初之末，營陽王即位，亦有文策，今在尚書，可檢視也。」不從。興宗時親奉璽綬，嗣主容色自若，了無哀貌。興宗出謂親故曰：「魯昭在戚而有嘉容，終之以釁結大臣，昭子請死。國家之禍，其在此乎。」時義恭録尚書事，受遺輔政，阿衡幼主，而引身避事，政歸近習。越騎校尉戴法興、中書舍人巢尚之專制朝權，威行近遠。興宗職管九流，銓衡所寄，每至上朝，輒與令録以下，陳欲登賢進士之意，又箴規得失，博論朝政。義恭素性恇橈，阿順法興，常慮失旨，聞興宗言，輒戰懼無計。先是大明世，奢侈無度，多所造立，賦調煩嚴，徵役過苦。至是發詔，悉皆削除，由此紫極殿南北馳道之屬，皆被毀壞，自孝建以來至大明末，凡諸制度，無或存者。興宗於都坐慨然謂顏師伯曰：「先帝雖非盛德主，要以道始終。三年無改，古典所貴。今殯宫始徹，山陵未遠，而凡諸制度興造，不論是非，一皆刊削。雖復禪代，亦不至爾。天下有識，當以此窺人。」師伯不能用。

興宗每陳選事，法興、尚之等輒點定回換，僅有在者。興宗於朝堂謂義恭及師伯曰：「主上諒闇，不親萬機，而選舉密事，多被删改，復非公筆，亦不知是何天子意。」王景文、謝莊等遷授失序〔一五〕，興宗又欲爲美選。時薛安都爲散騎常侍、征虜將軍、太子左率，殷恒爲中庶子〔一六〕。興宗先選安都爲左衛將軍，常侍如故；殷恒爲黄門，領校。太宰嫌安都爲多，欲單爲左衛，興宗曰：「率衛相去，唯阿之間。且已失征虜，非乃超越，復奪常侍，頓爲降貶。若謂安都晚達微人，本宜裁抑，令名器不輕，宜有貫序。謹依選體，非私安都。」義恭曰：「若宫官宜加超授者〔一七〕，殷恒便應侍中，那得爲黄門而已。」興宗又曰：「中庶、侍中，相去實遠。且安都作率十年，殷恒中庶百日，今又領校，不爲少也。」使選令史顏禕之、薛慶先等往復論執，義恭然後署案。

既中旨以安都爲右衛，加給事中，由是大忤義恭及法興等，出興宗吴郡太守。固辭郡，執政愈怒，又轉爲新安王子鸞撫軍司馬、輔國將軍、南東海太守，行南徐州事。又不拜，苦求益州。義恭於是大怒，上表曰：「臣聞慎節言語，大易有規，銓序九流，無取裁□。

若乃結黨連羣，譏訴互起，街談巷議，罔顧聽聞，乃撤實憲制所宜禁經之巨蠹〔一八〕。侍中祕書監臣彧自表父疾，必求侍養，聖旨矜體，特順所陳，改授臣府元僚，兼帶軍郡。雖臣駑劣，府任非輕，准之前人，不爲屈後。京郡本以爲禄，不計户之少多，遇缺便用，無關高下。撫軍長史莊滯府累朝，每陳危苦，内職外守，稱未堪依。唯王球昔比，賜以優養，恩慈之厚，不近於薄。前新除吴郡太守興宗，前居選曹，多不平允，鴻渥含宥，恕其不閑，改任大都，寵均阿輔，仍苦請益州，雅違成命。伏尋揚州刺史子尚、吴興太守休若，並國之茂戚，魯、衞攸在，猶牧守東山，竭誠撫莅，而辭擇適情，起自庶族〔一九〕，逮佐北藩，尤無欣荷。御史中丞永，昔歲餘愆，從恩今授。光禄勳臣淹，雖曰代臣，累經降黜，後效未申，以何取進。司徒左長史孔覬，前除右衞，尋徙今職，回换之宜，不爲乃少。竊外談謂彧等咸爲失分，又聞興宗躬自怨懟，與尚書右僕射師伯疏，辭旨甚苦，臣雖不見，所聞不虚。臣以凡才，不應機務，謬自幸會，受任三朝，進無古人舉賢之美，退無在下獻替之績，致茲紛紜，伏增慙悚。然此源不塞，此風弗變，將虧正道，塵穢盛猷。伏願聖聽，賜垂覽察。」詔曰：「太宰表如此，省以憮然。朕恭承洪緒，思弘盛烈，而在朝倰競，驅扇成風，將何以式揚先德，克隆至化。公體國情深，保釐攸託，便可付外詳議。」義恭因使尚書令柳元景奏曰：「臣義恭表、詔書如右。攝曹辨覈尚書袁愍孫牒：『此月十七日，詣僕射顔師伯，語次，因及尚書蔡興宗有書固辭今授，仍出疏見示〔二〇〕，乃者數紙，不意悉何所道，緣此因及朝士。當今聖世，不可使人以爲少。今牒。』數之，朝廷處之實得所，臣等亦自謂得分，常多在門，袁愍孫無或措多，而愚意欲啓更量出内之宜，芻蕘管見，願在聞徹。選令史宣傳密事，故因附上聞，亦外人言此。令薛慶先列〔二一〕：『今月十八日，往尚書袁愍孫論選事。愍孫云，昨詣顏僕射，出蔡尚書疏見示，言辭甚苦。又云所得亦少。主上踐阼始爾，朝士有此人不多，物議謂應美用，乃更恨少，使咨事便啓録公。又謝莊□時未老，其疾以轉差，今居此任，復爲非宜，謂宜中書令才望爲允。又孔覬南士之美，所歷已多，近頻授即復回改，於理爲屈，門下無人，此是名選。又張永人地可論〔二二〕，其去歲愆戾，非爲深罪，依其望復門下一人。張淹昔忝南下，預同休戚〔二三〕，雖屢經愆黜，事亦已久，謂應祕書監。』帶授興宗手跡數紙，文翰炳然，事證明白，不假覈辨。愍孫任居官人，職掌銓裁，若有未允〔二四〕，則宜顯言，而私加許與，自相選署，託云物論，終成虛詭，隱末出端，還爲矛楯。臣聞九官成讓，虞風垂則，誹主怨時，漢罪夙斷。況義爲身發，言謗朝序，亂辟害政，混穢大猷，紛紜彰謬，上延詔旨，不有霜准，軌憲斯淪。請解興宗新附官，須事御，收付廷尉法獄治罪，免愍孫所居官。」詔曰：「興宗首亂朝典，允當明憲，以其昔經近侍，未忍盡法，可令思愆遠封。愍孫竊評自己，委咎物議，可以子領職。」

除興宗新昌太守，郡屬交州。朝廷莫不嗟駭。先是，興宗納何后寺尼智妃爲妾，姿貌甚美，有名京師，迎車已去，而師伯密遣人誘之，潛往載取，興宗迎人不覺。及興宗被徙，論者並云由師伯，師伯甚病之。法興等既不欲以徙大臣爲名，師伯又欲止息物議〔二五〕，由此停行。頃之，法興見殺，尚之被繫，義恭、師伯誅，復起興宗爲臨海王子頊前軍長史、輔國將軍、南郡太守，行荆州事，不行。

時前廢帝凶暴，興宗外甥袁顗爲雍州刺史，勸興宗行，曰：「朝廷形勢，人所共見，在內大臣，朝夕難保。舅今出居陝西，爲八州行事〔二六〕，顗在襄、沔，地勝兵强，去江陵咫尺，水陸通便。若朝廷有事，可共立桓、文之功，豈與受制凶狂，禍難不測，同年而語乎。今不去虎口，而守此危逼，後求復出，豈得哉。」興宗曰：「吾素門平進，與主上甚疎，未容有患。宮省內外，人不自保，會應有變。若內難得弭，外釁未必可量。汝欲在外求全，我欲居內免禍，各行所見，不亦善乎。」時京城危懼，衣冠咸欲遠徙，後皆流離外難，百不一存。

重除吏部尚書。太尉沈慶之深慮危禍，閉門不通賓客，嘗遣左右范羨詣興宗屬事。興宗謂羨曰：「公閉門絕客，以避悠悠請託耳，身非有求，何爲見拒。」還造慶之，慶之遣羨報命，要興宗令往。興宗因說之曰：「先帝雖無功於天下，要能定平凶逆，在位十一年，以道晏駕。主上紹臨，四海清謐，即位正是舉止違衷，小小得失耳，亦謂春秋尚富，進德可期。而比者所行，人倫道盡。今所忌憚，唯在於公，百姓喁喁，無復假息之望，所冀正在公一人而已。若復坐視成敗者，非唯身禍不測，四海重責，將有所歸。公威名素著，天下所服，今舉朝遑遑，人人危怖，指麾之日，誰不景從，如其不斷，旦暮禍及。僕昔佐貴府〔二七〕，蒙眷異常，故敢盡言，願公思爲其計。」慶之曰：「僕比日前，慮不復自保，但盡忠奉國，始終以之，正當委天任命耳。加老罷私門，兵力頓闕，雖有其意，事亦無從。」興宗曰：「當今懷謀思奮者，非要富貴，求功賞，各欲免死朝夕耳。殿內將帥，正聽外間消息，若一人唱首，則俯仰可定。況公威風先著，統戎累朝，諸舊部曲，布在宮省，宗越、譚金之徒〔二八〕，出公宇下，並受生成，攸之、恩仁，公家口子弟耳〔二九〕，誰敢不從。且公門徒義附，並三吳勇士，宅內奴僮，人有數百。陸攸之今入東討賊，又大送鎧仗，在青溪未發。攸之公之鄉人，驍勇有膽力，取其器仗，以配衣宇下，使攸之率以前驅，天下之事定矣。僕在尚書中，自當率百僚案前世故事，更簡賢明，以奉社稷。昔太甲罪不加民，昌邑虐不及下，伊尹、霍光猶成大事，況今蒼生窘急，禍百往代乎。又朝廷諸所行造，民間皆云公悉豫之。今若沈疑不決，當有先公起事者，公亦不免附從之禍。車駕屢幸貴第，醉酣彌留，又聞屏左右獨入閤內，此萬世一時，機不可失。僕荷眷深重〔三〇〕，故吐去梯之言，宜詳其禍福。」慶之曰：「深感君無已〔三一〕。意此事大，非僕所能行，事至故當抱忠以没耳。」頃之，慶之果以見忌致禍。

時領軍王玄謨大將有威名，邑里訛言云已見誅，市道喧擾。玄謨典籤包法榮者，家在東陽，興宗故郡民也，爲玄謨所信，見使至，興宗因謂曰：「領軍殊當憂懼。」法榮曰：「領軍比日殆不復食〔三二〕，夜亦不眠，常言收已在門，不保俄頃。」興宗曰：「領軍憂懼，當爲方略，那得坐待禍至。」初，玄謨舊部曲猶有三千人，廢帝頗疑之，徹配監者。玄謨太息深怨，啓留五百人巖山營墓，事猶未畢，少帝欲獵，又悉喚還城。巖兵在中堂，興宗勸以此衆舉事，曰：「當今以領軍威名，率此爲朝廷唱始，事便立剋。領軍雖復失脚，自可乘轝處分。禍殆不測，勿失事機。君還，可白領軍如此。」玄謨遣法榮報曰：「此亦未易可行，期當不泄君言。」太宗踐祚，玄謨責所親故吏郭季産、女壻韋希真等曰：「當艱難時，周旋輩無一言相扣發者。」季産曰：「蔡尚書令包法榮所道，非不會機，但大事難行爾，季産言亦何益。」玄謨有慚色。

右衞將軍劉道隆爲帝所寵信，專統禁兵，乘輿嘗夜幸著作佐郎江斅宅，興宗馬車從，道隆從車後過，興宗謂曰：「劉公！比日思一閑寫。」道隆深達此旨，掐興宗手曰：「蔡公！勿多言。」帝每因朝宴，捶歐羣臣〔三三〕，自驃騎大將軍建安王休仁以下侍中袁愍孫等，咸見陵曳，唯興宗得免。

頃之，太宗定大事。是夜，廢帝橫尸在太醫閤口，興宗謂尚書右僕射王景文曰：「此雖凶悖，要是天下之主，宜使喪禮粗足〔三四〕。若直如此〔三五〕，四海必將乘人。」

時諸方並舉兵反，國家所保，唯丹陽、淮南數郡，其間諸縣，或已應賊〔三六〕。東兵已至永世，宮省危懼，上集羣臣以謀成敗。興宗曰：「今普天圖逆，人有異志，宜鎮之以靜〔三七〕，以至信待人。比者逆徒親戚，布在宮省，若繩之以法，則土崩立至，宜明罪不相及之義。物情既定，人有戰心，六軍精勇，器甲犀利，以待不習之兵，其勢相萬耳。願陛下勿憂。」上從之。

加游擊將軍，未拜，遷尚書右僕射，尋領衞尉，又領兗州大中正。太宗謂興宗曰：「諸處未定，殷琰已復同逆。頃日人情云何？事當濟不？」興宗曰：「逆之與順，臣無以辨。今商旅斷絕，而米甚豐賤，四方雲合，而人情更安，以此卜之，清蕩可必。但臣之所憂，更在事後，猶羊公言既平之後，方當勞聖慮耳。」尚書褚淵以手板築興宗，興宗言之不已，上曰：「如卿言。」赭圻平，函送袁顗首，敕從登南掖門樓觀之〔三八〕，興宗潸然流涕，上不悅。事平，封興宗始昌縣伯，食邑五百户，固讓不許，封樂安縣伯，邑三百户，國秩吏力，終以不受。

時殷琰據壽陽爲逆，遣輔國將軍劉勔攻圍。四方既平，琰嬰城固守，上使中書爲詔譬琰，興宗曰：「天下既定，是琰思過之日，陛下宜賜手詔數行以相弘慰。今直中書爲詔，彼必疑謂非真，未是所以速清方難也。」不從。琰得詔，謂劉勔詐造，果不敢降。攻戰經時，久乃歸順〔三九〕。

先徐州刺史薛安都據彭城反，後遣使歸順。泰始二年冬〔四〇〕，遣張永率軍迎之。興宗曰：「安都遣使歸順，此誠不虛。今宜撫之以和，即安所莅，不過須單使及咫尺書耳〔四一〕。若以重兵迎之，勢必疑懼，或能招引北虜，爲患不測。叛臣釁重，必宜翦戮，則比者所宥，亦已弘矣。況安都外據彊地，密邇邊關，考之國計，尤宜馴養。如其遂叛，將生旰食之憂。彭城嶮固，兵强將勇，圍之既難，攻不可拔，疆塞之虞，二三宜慮，臣爲朝廷憂之。」時張永已行，不見從。安都聞大軍過淮，嬰城自守，要取索虜。永戰大敗，又值寒雪，死者十八九，遂失淮北四州。其先見如此。初，永敗問至，上在乾明殿〔四二〕，先召司徒建安王休仁，又召興宗，謂休仁曰：「吾慙蔡僕射〔四三〕。」以敗書示興宗，曰：「我愧卿。」

三年春，出爲使持節、都督郢州諸軍事、安西將軍、郢州刺史。坐詣尚書切論以何始真爲諮議參軍，初不被許，後又重陳，上怒，貶號平西將軍，尋又復號。初，吳興丘珍孫言論常侵興宗。珍孫子景先，人才甚美，興宗與之周旋。及景先爲鄱陽郡，值晉安王子勛爲逆，轉在竟陵，爲吳喜所殺。母老女穉，流離夏口。興宗至郢州，親自臨哭，致其喪柩家累，令得東還。在任三年，遷鎮東將軍、會稽太守，加散騎常侍，尋領兵置佐，加都督會稽、東陽、新安、永嘉、臨海五郡諸軍事，給鼓吹一部。會稽多諸豪右，不遵王憲。又幸臣近習，參半宮省，封略山湖，妨民害治。興宗皆以法繩之。會土全實，民物殷阜，王公妃主，邸舍相望，橈亂在所，大爲民患，子息滋長，督責無窮。興宗悉啓罷省。又陳原諸逋負，解遣雜役，並見從。三吴舊有鄉射禮，久不復修，興宗行之，禮儀甚整。先是元嘉中，羊玄保爲郡，亦行鄉射。

太宗崩，興宗與尚書令袁粲、右僕射褚淵、中領軍劉勔、鎮軍將軍沈攸之同被顧命。以興宗爲使持節、都督荆湘雍益梁寧南北秦八州諸軍事、征西將軍、開府儀同三司、荆州刺史，加班劍二十人，常侍如故。被徵還都。時右軍將軍王道隆任參内政，權重一時，躡履到前，不敢就席，良久方去，竟不呼坐。元嘉初，中書舍人秋當詣太子詹事王曇首〔四四〕，不敢坐。其後中書舍人王弘爲太祖所愛遇〔四五〕，上謂曰：「卿欲作士人，得就王球坐，乃當判耳。殷、劉並雜，無所知也。若往詣球，可稱旨就席。」球舉扇曰：「若不得爾。」弘還，依事啓聞，帝曰：「我便無如此何。」五十年中，有此三事。道隆等以興宗彊正，不欲使擁兵上流，改爲中書監、左光禄大夫，開府儀同三司、常侍如故，固辭不拜。

興宗幼立風概，家行尤謹，奉宗姑，事寡嫂，養孤兄子，有聞於世。太子左率王錫妻范，聰明婦人也，有才藻學見，與錫弟僧達書，詰讓之曰：「昔謝太傅奉嫂王夫人如慈母，今蔡興宗亦有恭和之稱。」其爲世所重如此。妻劉氏早卒，一女甚幼，外甥袁覬始生彖而妻劉氏亦亡。興宗姊，即覬母也〔四六〕，一孫一姪，躬自撫養，年齒相比，欲爲婚姻，每見興宗，輒言此意。大明初，詔興宗女與南平王敬猷婚，興宗以姊生平之懷，屢經陳啓，答曰：「卿諸人欲各行己意，則國家何由得婚？且姊言豈是不可違之處邪。」舊意既乖，彖亦他娶。其後彖家好不終，顗又禍敗，彖等淪廢當時，孤微理盡。敬猷遇害，興宗女無子嫠居，名門高胄，多欲結姻，明帝亦敕適謝氏，興宗並不許，以女適彖。北地傅隆與廓相善，興宗脩父友敬。

泰豫元年，薨，時年五十八。遺令薄葬，奏還封爵。追贈後授，子景玄固辭不受〔四七〕，又奏還封，表疎十餘上，見許。詔曰：「景玄表如此。故散騎常侍、中書監、左光禄大夫、開府儀同三司、樂安縣開國伯興宗，忠恪立朝，謀猷宣著，往屬時難，勳亮帷幄，錫珪分壤，寔允通誥。而懇誠慊訴，備彰存没，廉概素情，有絜聲軌。景玄固陳先志，良以惻然。雖彝典宜全，而哀款難奪，可特申不瞑之請，永矜克讓之風。」初，興宗爲郢州，府參軍彭城顔敬以式卜曰：「亥年當作公，官有大字者，不可受也。」及有開府之授，而太歲在亥，果薨於光禄大夫之號焉。文集傳於世。

景玄雅有父風，爲中書郎，晉陵太守，太尉從事中郎。昇明末卒。

史臣曰：世重清談，士推素論，蔡廓雖業力弘正，而年位未高，一世名臣，風格皆出其下。及其固辭銓衡，恥爲志屈，豈不知選録同體，義無偏斷乎。良以主闇時難，不欲居通塞之任也。遠矣哉！

校勘記

〔一〕事非手殺　「手殺」，原作「王殺」，南監本、北監本、汲本、殿本、局本作「三殺」，今據晉書卷三〇刑法志、通典卷一六八刑法六、册府卷六一五改。

〔二〕自今但令家人與囚相見　「但令」二字原闕，據南監本、局本、南史卷二九蔡廓傳、通典卷一六四刑法二補。

〔三〕便足以明伏罪　「便足」，原作「使民」，據南監本、局本、南史卷二九蔡廓傳、通典卷一六四刑法二、册府卷六一〇、卷六一五改。

〔四〕蔡公爲司徒　「司徒」下原有「司馬」二字。李慈銘札記：「蔡公，謂蔡謨也，時簡文以會稽王爲撫軍。此『司馬』二字當衍。」按晉書卷七七蔡謨傳，謨曾爲司徒，卒贈司空，無爲司馬事。

李説是，今據刪。

〔五〕皇子便在公右　「便」，原作「使」，據册府卷五七二改。孫虨考論卷三：「『使』當爲『便』。」

〔六〕上禮　「上」，原作「止」，據册府卷五七二改。

〔七〕召侍中彭城王植荀組潘岳嵇紹杜斌　「召侍中」，原作「古傳中」。孫虨考論卷三：「『古傳』疑是『召侍』之訛。晉書彭城王植傳，爲侍中、尚書，當是時。」按孫説是，今改正。

〔八〕蓋書家指疎時事　「指」，原作「旨」，據北監本、汲本、殿本、局本改。

〔九〕而以之北面　「之」字原闕，據南史卷二九蔡廓傳、通鑑卷一二〇宋紀元嘉元年、册府卷四六五補。

〔一〇〕興宗年十歲失父　按下文載蔡興宗泰豫元年（四七二）卒，時年五十八。則興宗當生於晉安帝義熙十一年（四一五），其父蔡廓宋文帝元嘉二年（四二五）卒時，當爲十一歲。

〔一一〕年十歲　南史卷二九蔡廓傳附蔡興宗傳、御覽卷八三五引宋書作「年十一」。按蔡廓卒時興宗年當爲十一歲，已見上條，此作「年十歲」亦誤。據建康實録卷一二、蔡廓元嘉二年十二月戊申卒，是月壬午朔，戊申爲月之二十七日。蔡廓亡後，蔡軌罷長沙郡還，當在次年。若建康實録所載有據，則是時興宗應爲十二歲。

〔一二〕白母曰一家由來豐儉必共　「曰一」二字，原作「且」一字，據北監本、汲本、殿本、局本、南史卷二九蔡廓傳附蔡興宗傳、御覽卷八三五引宋書、册府卷七七四訂正。

〔一三〕親戚故人無敢瞻送　「瞻送」，原作「贍送」。按「贍送」不辭，本書卷四二王弘傳曰：「桓玄剋京邑，收道子付廷尉，臣吏畏恐，莫敢瞻送。」世說新語排調言謝安「後出爲桓宣武司馬，將發新亭，朝士咸出瞻送」。「贍送」當即「瞻送」之訛，今改正。

〔一四〕不被侵媟　「媟」，原作「嫌」，據北監本、汲本、殿本、局本、南史卷二九蔡廓傳附蔡興宗傳、册府卷四六〇改。

〔一五〕王景文謝莊等遷授失序　「謝莊」，原作「謝章」，據南史卷二九蔡廓傳附蔡興宗傳改。

〔一六〕殷恒爲中庶子　「殷恒」，原作「殷常」，據南史卷二九蔡廓傳附蔡興宗傳改。李慈銘札記：「『殷常』當作『殷恒』，趙宋諱改，應據南史正。」下三出「殷常」，並改。

〔一七〕若宮官宜加超授者　「若宮」二字原闕，據南史卷二九蔡廓傳附蔡興宗傳補。

〔一八〕乃撤實憲制所宜禁經之巨蠹　句有訛奪，不可解。

〔一九〕而辭擇適情起自庶族　李慈銘札記：「此當作『而興宗起自庶族，辭擇適情』，兩句互倒，又脱『興宗』二字耳。」

〔二〇〕仍出疏見示　「示」，原作「公」，李慈銘札記：「『見公』當作『見示』。」今據改。

〔二一〕令薛慶先列　「令」，南監本、北監本、汲本、殿本、局本作「今」。李慈銘札記：「慶先即前所云選令史薛慶先也。列者，列辭，猶陳也。（中略）如今之云某人供也。」孫虨考論卷三：「上言薛安都選事有令史薛慶先。」「薛」，原作「辥」，據南監本改。

〔一二〕又張永人地可論　「張永」，原作「張求」，據南監本、局本改。

〔一三〕張淹昔忝南下預同休戚　「昔」，原作「替」；「同」，原作「因」。李慈銘札記：「『替』當作『昔』，『因』當作『同』。」今據改。

〔一四〕若有未允　「允」，原作「久」，李慈銘札記：「『久』當作『允』。」今據改。

〔一五〕師伯又欲止息物議　「議」，原作「義」，據南監本、北監本、汲本、殿本、局本、南史卷二九蔡廓傳附蔡興宗傳改。

〔一六〕爲八州行事　「行」字原闕，據南史卷二九蔡廓傳附蔡興宗傳、通鑑卷一三〇宋紀泰始元年補。

〔一七〕僕昔佐貴府　「昔」，原作「不」，據北監本、汲本、殿本、局本、南史卷二九蔡廓傳附蔡興宗傳改。

〔一八〕宗越譚金之徒　「宗越」，原作「宋越」，據本書卷八三宗越傳改。

〔一九〕攸之恩仁公家口子弟耳　「恩仁」，疑當作「思仁」，沈思仁見本書卷八四孔覬傳。

〔二〇〕僕荷眷深重　「眷」，原作「養」，據南史卷二九蔡廓傳附蔡興宗傳改。

〔二一〕深感君無已　「君」，原作「若」，據南監本、北監本、汲本、殿本、局本改。

〔二二〕領軍比日殆不復食　「比日」，原作「此日」，據通鑑卷一三〇宋紀泰始元年改。

〔二三〕捶毆羣臣　「羣」，原作一字空格，南監本作「一」，今據北監本、汲本、殿本、局本、南史卷二九蔡廓傳附蔡興宗傳補。

〔三四〕宜使喪禮粗足　「禮」字原闕，據南監本、殿本、局本、南史卷二九蔡廓傳附蔡興宗傳補。

〔三五〕若直如此　「直」，原作「旨」，據南監本、北監本、汲本、殿本、局本、南史卷二九蔡廓傳附蔡興宗傳改。

〔三六〕或已應賊　「賊」字原闕，據北監本、汲本、殿本、局本、南史卷二九蔡廓傳附蔡興宗傳、册府卷四七七補。

〔三七〕宜鎮之以靜　「之」字原闕，據南史卷二九蔡廓傳附蔡興宗傳、册府卷四七七、通鑑卷一三一宋紀泰始二年補。

〔三八〕勑從登南掖門樓觀之　「南」，原作「高」，據局本、南史卷二九蔡廓傳附蔡興宗傳改。

〔三九〕久乃歸順　「久」，原作「人」，據局本、南史卷二九蔡廓傳附蔡興宗傳、册府卷四六五改。

〔四〇〕泰始二年冬　「泰始二年」，原作「天始元年」，據南史卷二九蔡廓傳附蔡興宗傳、册府卷四六五改。按本書卷八明帝紀，薛安都引北魏軍在泰始二年冬。

〔四一〕不過須單使及咫尺書耳　「不過」，原作「乃遣」，據册府卷四六五改。

〔四二〕上在乾明殿　「殿」，原作「欲」，據南史卷二九蔡廓傳附蔡興宗傳、册府卷四六五改。

〔四三〕吾慙蔡僕射　「吾」，原作「所」，據北監本、汲本、殿本、局本、南史卷二九蔡廓傳附蔡興宗傳、册府卷二一〇九改。

〔四四〕中書舍人秋當詣太子詹事王曇首　「秋當」，原作「狄當」，據南史卷二九蔡廓傳附蔡興宗傳改。廣韻卷二：秋，「又姓，宋中書舍人秋當」。參見本書卷四六校勘記〔一七〕。

〔四五〕其後中書舍人王弘爲太祖所愛遇　「王弘」，本書卷五八王球傳作「徐爰」，南史卷二九蔡廓傳附蔡興宗傳作「弘興宗」。錢大昕考異卷二四：「按球傳云中書舍人徐爰，不言興宗。」李慈銘札記：「南史王球傳作徐爰，差爲得之。（中略）宋書復因上言王曇首，遂訛王弘。南史因在蔡興宗傳，遂訛作弘興宗，要皆傳刻之訛，非沈、李之誤。」

〔四六〕外甥袁覬始生彖而妻劉氏亦亡興宗姊即覬母也　兩「覬」字，原並作「顗」。錢大昕考異卷二四：「『此兩『顗』字當作『覬』，因前文有外甥袁顗，相涉而訛耳。覬與顗爲親兄弟，則顗母即覬母。顗、覬皆爲興宗甥，無可疑者。此後人傳寫之訛，非史家之失也。」錢説是，今據改。按南齊書卷四八袁彖傳云：「袁彖（中略）父覬。」

〔四七〕子景玄固辭不受　「子景玄」，南史卷二九蔡廓傳附蔡興宗傳：「子順，字景玄。」蓋景玄本名順，沈約避梁武帝父諱，單稱其字。

宋書卷五十八

列傳第十八

王惠　謝弘微　王球

王惠字令明，琅邪臨沂人，太保弘從祖弟也〔一〕。祖劭，車騎將軍。父默，左光禄大夫。

惠幼而夷簡，爲叔父司徒謐所知。恬靜不交遊，未嘗有雜事。陳郡謝瞻才辯有風氣，嘗與兄弟羣從造惠，談論鋒起，文史間發，惠時相酬應，言清理遠，瞻等慙而退。高祖聞其名，以問其從兄誕〔二〕，誕曰：「惠後來秀令，鄙宗之美也。」即以爲行太尉參軍事，府主簿，從事中郎。世子建府，以爲征虜長史，仍轉中軍長史。時會稽内史劉懷敬之郡，送者傾京師，惠亦造别，還過從弟球。球問：「向何所見？」惠曰：「惟覺即時逢人耳。」常臨曲水，風雨暴至，座者皆馳散，惠徐起，姿制不異常日。世子爲荆州，惠長史如故，領南郡太守，不拜。宋國初建，當置郎中令，高祖難其人，謂傅亮曰：「今用郎中令，不可令減袁曜卿也。」既而曰：「吾得其人矣。」乃以惠居之。遷世子詹事，轉尚書，吳興太守。

少帝即位，以蔡廓爲吏部尚書，不肯拜，乃以惠代焉。惠被召即拜，未嘗接客，人有與書求官者，得輒聚置閣上，及去職，印封如初時。談者以廓之不拜，惠之即拜，雖事異而意同也。兄鑒，頗好聚斂，廣營田業，惠意甚不同，謂鑒曰：「何用田爲？」鑒怒曰：「無田何由得食！」惠又曰：「亦復何用食爲。」其標寄如此。元嘉三年，卒，時年四十二。追贈太常。無子。

謝弘微，陳郡陽夏人也。祖韶，車騎司馬。父思〔三〕，武昌太守。從叔峻，司空琰第二子也，無後，以弘微爲嗣。弘微本名密，犯所繼内諱，故以字行。

童幼時，精神端審，時然後言。所繼叔父混名知人，見而異之，謂思曰：「此兒深中夙敏，方成佳器。有子如此，足矣。」年十歲出繼。所繼父於弘微本緦麻，親戚中表，素不相識，率意承接，皆合禮衷。義熙初，襲峻爵建昌縣侯。弘微家素貧儉，而所繼豐泰，唯受書數千卷，國吏數人而已，遺財祿秩，一不關豫。混聞而驚歎，謂國郎中令漆凱之曰：「建昌國祿，本應與北舍共之，國侯既不措意，今可依常分送。」弘微重違混言，乃少有所受。

混風格高峻，少所交納，唯與族子靈運、瞻、曜、弘微並以文義賞會〔四〕。嘗共宴處，居在烏衣巷，故謂之烏衣之遊，混五言詩所云「昔爲烏衣遊，戚戚皆親姪〔五〕」者也。其外雖復高流時譽，莫敢造門。瞻等才辭辯富，弘微每以約言服之，混特所敬貴，號曰微子。謂瞻等曰：「汝諸人雖才義豐辯，未必皆愜衆心，至於領會機賞，言約理要，故當與我共推微子。」常云：「阿遠剛躁負氣，阿客博而無檢，曜恃才而持操不篤，晦自知而納善不周，設復功濟三才，終亦以此爲恨。至如微子，吾無間然。」又云：「微子異不傷物，同不害正，若年迨六十，必至公輔。」嘗因酣宴之餘，爲韻語以獎勸靈運、瞻等曰：「康樂誕通度，實有名家韻，若加繩染功，剖瑩乃瓊瑾。宣明體遠識，穎達且沈儁，若能去方執，穆穆三才順。阿多標獨解，弱冠纂華胤，質勝誠無文，其尚又能峻。通遠懷清悟，采采摽蘭訊，直轡鮮不躓，抑用解偏吝。微子基微尚，無勌由慕藺，勿輕一簣少，進往將千仞。數子勉之哉，風流由爾振，如不犯所知，此外無所慎。」靈運等並有誡厲之言，唯弘微獨盡褒美。曜，弘微兄，多，其小字也。遠即瞻字。靈運小名客兒。

晉世名家身有國封者，起家多拜員外散騎侍郎，弘微亦拜員外散騎，琅邪王大司馬參軍。

義熙八年，混以劉毅黨見誅，妻晉陵公主改適琅邪王練，公主雖執意不行，而詔與謝氏離絶〔六〕，公主以混家事委之弘微。混仍世宰輔，一門兩封，田業十餘處，僮僕千人〔七〕，唯有二女，年數歲。弘微經紀生業，事若在公，一錢尺帛出入，皆有文簿。遷通直郎。高祖受命，晉陵公主降爲東鄉君，以混得罪前代，東鄉君節義可嘉，聽還謝氏。自混亡，至是九載，而室宇脩整，倉廩充盈，門徒業使，不異平日，田疇墾闢，有加於舊。東鄉君嘆曰：「僕射平生重此子，可謂知人。僕射爲不亡矣。」中外姻親，道俗義舊，見東鄉之歸者，入門莫不歎息，或爲之涕流，感弘微之義也。性嚴正，舉止必循禮度，事繼親之黨，恭謹過常。伯叔二母，歸宗兩姑，晨夕瞻奉，盡其誠敬。內或傳語通訊，輒正其衣冠。婢僕之前，不妄言笑，由是尊卑小大，敬之若神。

太祖鎮江陵，宋初封宜都王，以琅邪王球爲友，弘微爲文學。母憂去職，居喪以孝稱，服闋踰年，菜蔬不改。除鎮西諮議參軍。太祖即位，爲黄門侍郎，與王華、王曇首、殷景仁、劉湛等號曰五臣。遷尚書吏部郎，參預機密。尋轉右衛將軍。諸故吏臣佐，並委弘微選擬。居身清約，器服不華，而飲食滋味，盡其豐美。

兄曜歷御史中丞，彭城王義康驃騎長史，元嘉四年卒。弘微蔬食積時，哀戚過禮，服雖除，猶不噉魚肉。沙門釋慧琳詣弘微，弘微與之共食，猶獨蔬素。慧琳曰：「檀越素既多疾，頃者肌色微損，即吉之後，猶未復膳。若以無益傷生，豈所望於得理。」弘微答曰：「衣冠之變，禮不可踰。在心之哀，實未能已。」遂廢食感咽，歔欷不自勝。弘微少孤，事兄如父，兄弟友穆之至，舉世莫及也。弘微口不言人短長，而曜好臧否人物，曜每言論，弘微常以它語亂之。

六年，東宮始建，領中庶子，又尋加侍中。弘微志在素宦，畏忌權寵，固讓不拜，乃聽解中庶子。每有獻替及論時事，必手書焚草，人莫之知。上以弘微能營膳羞，嘗就求食。弘微與親故經營，既進之後，親人問上所御，弘微不答，別以餘語酬之，時人比漢世孔光。八年秋，有疾，解右衛，領太子右衛率，還家。議欲解弘微侍中，以率加吏部尚書，固陳疾篤，得免。

九年，東鄉君薨，資財鉅萬，園宅十餘所，又會稽、吳興、琅邪諸處，太傅、司空琰時事業〔八〕，奴僮猶有數百人。公私咸謂室內資財，宜歸二女，田宅僮僕，應屬弘微。弘微一無所取，自以私祿營葬。混女夫殷叡素好樗蒱，聞弘微不取財物，乃濫奪其妻妹及伯母兩姑之分以還戲責，內人皆化弘微之讓，一無所爭。弘微舅子領軍將軍劉湛性不堪其非，謂弘微曰：「天下事宜有裁衷。卿此不治，何以治官。」弘微笑而不答。或有譏之曰：「謝氏累世財產，充殷君一朝戲責，理之不允，莫此爲大。卿親而不言〔九〕，譬棄物江海以爲廉耳。設使立清名，而令家內不足，亦吾所不取也。」弘微曰：「親戚爭財，爲鄙之甚。今內人尚能無言，豈可導之使爭。今分多共少，不至有乏，身死之後，豈復見關。」東鄉君葬，混墓開，弘微牽疾臨赴，病遂甚。十年，卒，時年四十二。時有一長鬼寄司馬文宣家，云受遺殺弘微，弘微疾增劇，輒豫告文宣。弘微既死，與文宣分別而去。弘微臨終，語左右曰：「有二封書〔一〇〕，須劉領軍至，可於前燒之，慎勿開也。」書皆是太祖手敕。上甚痛惜之，使二衞千人營畢葬事。追贈太常。子莊，別有傳。

王球字倩玉，琅邪臨沂人，太常惠從父弟也。父謐，司徒。

球少與惠齊名。美容止。除著作佐郎，不拜。尋除琅邪王大司馬行參軍，轉主簿，豫章公世子中軍功曹。宋國建，初拜世子中舍人。高祖受命，仍爲太子中舍人，宜都王友，轉諮議參軍，以疾去職。元嘉四年，起爲義興太守。從兄弘爲揚州，服親不得相臨，加宣威將軍，在郡有寬惠之美，徙太子右衞率。入爲侍中，領冠軍將軍，又領本州大中正，徙中書令，侍中如故。

遷吏部尚書。球公子簡貴，素不交遊，筵席虛靜，門無異客。尚書僕射殷景仁、領軍劉湛並執重權，傾動內外，球雖通家姻戚，未嘗往來。頗好文義，唯與琅邪顏延之相善〔一一〕。居選職，接客甚希，不視求官書疏，而銓衡有序，朝野稱之。本多羸疾，屢自陳解。遷光祿大夫，加金章紫綬，領廬陵王師。

兄子履進利爲行，深結劉湛，委誠大將軍彭城王義康，與劉斌、孔胤秀等並有異志〔一二〕，球每訓厲，不納。自大將軍從事中郎，轉太子中庶子，流涕訴義康不願違離，以此復爲從事中郎。太祖甚銜之。及湛誅之夕，履徒跣告球。球命爲取履，先溫酒與之，謂曰：「常日語汝，何如？」履怖懼不得答。球徐曰：「阿父在，汝亦何憂。」命左右：「扶郎還齋〔一三〕。」上以球故，履得免死，廢於家。

十七年，球復爲太子詹事，大夫、王師如故。未拜，會殷景仁卒，因除尚書僕射，王師如故。素有脚疾。錄尚書江夏王義恭謂尚書何尚之曰：「當今乏才，羣下宜加勠力，而王球放恣如此，恐宜以法糾之。」尚之曰：「球有素尚，加又多疾，應以淡退求之，未可以文案責也〔一四〕。」猶坐白衣領職。時羣臣詔見，多不即前，卑疎者或至數十日，大臣亦有十餘日不被見者。唯球輒去，未嘗肯停。十八年，卒，時年四十九。追贈特進、金紫光祿大夫，加散騎常侍。無子，從孫奐爲後。大明末，吳興太守。

或人問史臣曰：「王惠何如？」答之曰：「令明簡。」又問：「王球何如？」答曰：「倩玉淡。」又問：「謝弘微何如？」曰：「簡而不失，淡而不流，古之所謂名臣，弘微當之矣。」

校勘記

〔一〕太保弘從祖弟也　「弟」字原闕，據局本補。殿本考證：「按晉書，王恬、王劭，皆導之子。恬生珣，珣生弘。劭生默，默生惠。當云『弘從祖弟』。」

〔二〕以問其從兄誕　「其」字原闕，據南史卷二三王惠傳補。

〔三〕父思　「思」，晉書卷七九謝萬傳作「恩」。

〔四〕唯與族子靈運瞻曜弘微並以文義賞會　「瞻」下，南史卷二〇謝弘微傳、册府卷八一六、卷八一八、卷八六八並有「晦」字，疑是。按下文載謝混與諸族子爲烏衣之遊時云「晦自知而納善不周」。又載謝混以韻語獎勸謝靈運等云「宣明體遠識，穎達且沈儁，若能去方執，穆穆三才順」。宣明，謝晦字。是謝混與諸族子以文義相賞會時必有晦也。

〔五〕昔爲烏衣遊戚戚皆親姪　「姪」，南史卷二〇謝弘微傳作「姓」。

〔六〕而詔與謝氏離絶　「與」，原作「其」，據南監本、北監本、汲本、殿本、局本、南史卷二〇謝弘微傳、册府卷八〇三改。

〔七〕僮僕千人　「僕」，原作「業」，南史卷二〇謝弘微傳作「役」，今據南監本、北監本、汲本、殿本、局本、册府卷八〇三改。

〔八〕太傅司空琰時事業　「太傅司空琰」，南史卷二〇謝弘微傳作「太傅安司空琰」。按晉書卷七九謝安傳，謝安卒後贈太傅；謝琰卒後贈司空，而未嘗有太傅之任。疑「太傅」下脫「安」字。

〔九〕卿親而不言　「親」，御覽卷七五四引晉書、通鑑卷一二二宋紀元嘉九年作「視」。

〔一〇〕有二封書　「二封」，南史卷二〇謝弘微傳作「二廚」，疑是。

〔一一〕唯與琅邪顏延之相善　「顏延之」，原作「顏並之」，據殿本、局本改。按事見本書卷七三顏延之傳。

〔一二〕與劉斌孔胤秀等並有異志　「孔胤秀」，原作「孔胤季」，據本書卷六八武二王彭城王義康傳改。

〔一三〕扶郎還齋　「郎」，原作「即」，據南史卷二三王惠傳改。

〔一四〕未可以文案責也　「責」，原作「索」，據南史卷二三王惠傳、册府卷四七八改。